语言生态监测概论

肖自辉 范俊军 著

SPM 南方传媒 广东人民出版社

·广州·

图书在版编目（CIP）数据

语言生态监测概论/肖自辉，范俊军著. —广州：广东人民出版社，
2022.9

ISBN 978 - 7 - 218 - 15614 - 9

Ⅰ.①语…　Ⅱ.①肖…②范…　Ⅲ.①语言学—生态学—研究
Ⅳ.①H0 - 05

中国版本图书馆 CIP 数据核字（2021）第 268083 号

YUYAN SHENGTAI JIANCE GAILUN
语言生态监测概论

肖自辉　范俊军　著

出 版 人：肖风华

责任编辑：林小玲　张竹媛　李　希
责任校对：吴丽平
责任技编：吴彦斌　周星奎
封面设计：李卓琪
内文设计：科新电脑技术服务中心

出版发行：广东人民出版社
地　　址：广州市大沙头四马路 10 号（邮政编码：510199）
电　　话：（020）85716809（总编室）
传　　真：（020）83289585
网　　址：http://www.gdpph.com
印　　刷：广东虎彩云印刷有限公司
开　　本：787mm×1092mm　1/16
印　　张：15.25　字　数：253 千
版　　次：2022 年 9 月第 1 版
印　　次：2022 年 9 月第 1 次印刷
定　　价：45.00 元

如发现印装质量问题，影响阅读，请与出版社（020 -85716808）联系调换。
售书热线：（020）87716172

本著作受到国家社科基金重点项目"中国语言生态监测理论及信息平台建设研究——以岭南地区为中心"（编号：12AZD114）资助

本书出版获得广东省高水平大学建设经费的资助

目　　录

第一章　语言与生态概说

第一节　语言生态观

一、早期语言生态观的萌芽

最早将语言与自然、生态联系在一起的思想，可以追溯到 19 世纪上半叶德国古典主义和浪漫主义文学鼎盛时期。这个时期出现了"语言是一种生物"的观念，认为语言有"生命"是很自然的事情，因为语言同自然生物一样也有诞生、发展和最终死亡的过程。德国哲学家洪堡特在其关于语言的重要著述中使用了这种观念模式，他借用亚里士多德"生物圆极"（entelechy）的目的论原理概念来解释语言的活态，即不断趋于完善（比如成熟）这一意义。在很多方面，洪堡特借鉴了赫尔德的思想，认为人类和语言离不开文化语境和自然环境：

> 人是一个物种，一种能唱歌的生物，只不过曲调里加入了自己的思想。然而，语言不只是把来自自然的大量不确定的物质元素移植到心灵里面，它也为心灵提供了我们所在自然的整体形式。自然展现在我们面前的是一个能感觉到的色彩缤纷、充满光芒的多样世界。我们稍作思考就会发现规律和我们的思维形式相吻合。事物除了它的实在之外，其外在展示出完美，就像给人看的魔术一样。规律和感知物在其外在结成联盟，这种联盟我们迄今尚不清楚，我们因其着迷并被它挟持。我们在语言里面也发现所有这种和谐的联盟，而且语言能够表达这种联盟。①

---

① von HUMBOLDT W, HEATH P, LOSONSKY M. On language: on the diversity of human language construction and its influence on the mental development of the human species [M]. Cambridge : Cambridge University Press, 1999: 60 –61.

　　洪堡特认为，自然秩序和语言结构中发现的秩序以及"思维活动"产生的秩序都有联系。语言学家不要孤立思考，不要止于对事物成分的分解和分析，而应将语言看成一个有机体，惟其是整体时才有了具体的属性和特征。"因为任何情况下语言都不可能像死去的植物一样被检验。语言与生命这两个概念无法分割……"①

　　由此可见，把洪堡特的观点归入生态的范畴是合理的，因为他把整体性、相互性、创造性、动态永恒性、关联性这些基本原则，作为语言可持续理论的核心要素加以阐释，这些要素也使语言世界观得到了解释。不过，值得注意的是，洪堡特的术语也大多是隐喻性的，都是一些没有解释的模糊概念。

　　1859年出版的达尔文的《物种起源》，激发了奥格斯特·施莱歇尔（August Schleicher，1873）将这些新思想引入语言学科。施莱歇尔从进化论角度解释作为一种生物体的语言模式，将语言看成是一个独立的生物体。这样，施莱歇尔把语言学归到了自然科学。他将语言看作一种生物的观点——认为语言同独立的有机主体一样具有自主能力，显示了这种语言模式的缺陷，因为语言只是人类生存条件的器官进化结果，这些生存条件本身离不开大自然。因此，任何生物体——包括智人种，都无法离开自然而独立存在。相互依存是生命过程的根本特征。

　　到了20世纪中叶，产生了一种以维特根斯坦为代表的扩展、修正的语言生物体模式观，这种理论模式认为，语言不是一个独立的有机体，而是语言有机体和其环境相互依存的结果。这种观点开启了一种新的观察语言的模式，即把语言作为一种生命形态来看待。

　　"生命形态"的语言生态概念在维特根斯坦的《哲学研究》一书中出现了多次。他说，"构想一种语言意味着构想一种生命形态"②。如果读者对此不加深思，就可能会误将这句话理解为：语言是一种生命形态。但其意思并非如此，维特根斯坦后面解释说："语言游戏（language game）这个词的意思是为了强调说话是一个行为的一部分，或者说是一种生命的形式。"③在生活场景中，当语言游戏被当作一种行为时，就会出现这样的解释："语言游戏"总是蕴含在语言环境和超语言环境中，也就是说，它蕴含在和有机体及其行为模式相类似的生命形态之中，在生态结构里，生命形态总是

---

　　① 洪堡特.洪堡特语言哲学文集［M］.北京：商务印书馆，2011.

　　②③ WITTGENSTEIN L. Philosophical investigations（G. E. M. Anscombe, Trans.）［M］.Oxford：Blackwell，1953.

同它们有机的和无机的环境交织在一起。正如生物体和（它们的）环境通常通过信息、能量、物质过程相联系一样，人类最重要的特征就是通过语言游戏建立其生命形态的联系。

基于这种类比，维特根斯坦的语言生态思想可能是语言生态理论的一种雏形，因为他描述和阐释了语言形式同语言的和非语言的环境之关系。维特根斯坦的其他论述也隐含了生态的观点，因为在他看来，语言已深深根植在人的生命、社会现实和物质世界之中。

从实用的观点来看，我们也可以把维特根斯坦作为语言生态理论的先驱，因为从某种程度上说，他把语言用作一种治疗形式："除了多种方法即各种疗法之外，不存在一种哲学的方法。"研究维特根斯坦的治疗观，可能会得出这样的印象：这实际是一种顺势疗法。显然，维特根斯坦希望通过更多的语言刺激来治愈语言混乱。如果语言真如我们所构建的那样，是生命形态的构成成分，那么对语言运用的批评就是对生命形态的批评。基于这一点，生态语言学批评得以创立。

二、语言生态隐喻观

"语言生态"这个概念正式出现则是在 1972 年，是由美国斯坦福大学教授豪根正式提出并使用的。他开始将"生态隐喻"用于语言，指出"大多数的语言记录都只是从简单而粗糙地描写该语言的使用人口和位置或者部分历史情况开始，很少有能告诉读者本应该要了解的该语言的社会地位和语言功能。语言学家一般急于去研究它的语音、语法和词汇，导致很少关注语言外部的生态——也就是我所讲的'语言生态'"。并且在《语言生态学》一文中他提出要"研究任何特定语言与环境之间的相互作用关系"。①

隐喻观下的"语言生态"是特定语言与所在族群、社会、文化及地理环境相互依存、相互作用的生存发展状态，就好像自然界特定生物和非生物的生态。从生态学的角度来看，进化总是协同进化，因为所有生物的进化都与所在环境的其他生物相互依存。同样，人类语言和言语行为的演进也是与所处环境相关的人口、社会经济、政治和科技事件协同发展。语言可能对某些影响其他现象的事件格局产生干预，而这些事件也可能影响语言的组构。例如，构成国家的各语言群体的分布就可以影响国家的政治格局，同时该国的政治决策也可能对这些语言群体的生存产生重大影响。

---

① HAUGEN E. The ecology of language [M]. Stanford University Press，1972.

　　这种生态隐喻观重视"整体"而非部分，让我们充分认识现实中各种现象的相互关系，以及生物体自身生存于其中的生态系统内部相依关系的关键性质，不再将语言对象和事件当作是真空中的、与其他事实和现象相隔绝的东西来研究，而是将它们看作与其所处环境多方面相关的实体来研究，这对语言学研究来说是一个巨大的进步。

　　因此，从社会语言学以及普通语言学的观念来看，生态隐喻具有启发性。一方面它能使我们更好地理解人类交际系统的变迁，另一方面它允许我们将这些系统与人类努力建设的社会互动的世界全面整合在一起。① 而且在这个隐喻中，语言被视为物种，它们彼此接触，可以互相取代，并可能走向濒危或灭绝，正确的方向是保护和提高少数族群或濒危语言的地位。在这种隐喻观下，关注语言多样性和语言生存轨迹。

　　但是即使濒危物种到濒危语言的一般映射似乎合乎逻辑，也没有理由因此认为，语言之间的相互作用和自然环境与有机体的作用方式类似，因为语言毕竟不受热力学定律、能量流和地球化学循环的影响。就像彭尼库克（2004）所说②：

　　　　尽管语言生态学作为理解语言和环境的一种途径，是一种既通俗又富有成效的概念，但我们注意到，语言嵌入社会、文化、经济和自然生态多方面，并在相互关系中运作。因此一个关键的探索语言生态点的概念，需要非常警惕生态隐喻的政治后果：语言的细目化、客观化和多规范化会使它们成为自然物体，而不是文化文物；语言多样性对人类可能是至关重要的，但语言多样性可能不是最重要的尺度；语言不适应世界：它们是人类创造新世界的努力的一部分。

　　因此，我们可以说，语言生态是一个隐喻，就像所有的隐喻一样，有其用途和局限性。这个隐喻的危险在于，任何一种研究都认为语言和它们使用的场所之间的关系可以称为"生态语言学"，因为这是隐喻而不是实际的生态关系。

---

　　① 转引自 Bastardas-Boada, Albert（2002）"Biological and linguistic diversity: transdisciplinary explorations for a socioecology of languages" Diverscité langues, vol. VII.

　　② PENNYCOOK A. Language policy and the ecological turn [J]. Language policy 2004, 3: 213 – 239.

三、语言生态的分类观

尽管美国豪根提出的语言生态"研究任何特定语言与环境之间的相互作用关系"观点深入人心，但事实上我们不得不承认，自其提出该观点以后，语言生态的内涵问题还是成了一个颇有争论的难题：就自然生物体而言，其个体或种群生态环境的边界是清晰的，但如何认识和界定一种语言的环境，即语言的生态究竟是什么？虽说分歧即为差异，而差异意味着创新，但生态语言学者们也逐渐意识到，正因为"语言生态"概念内涵的模糊性和不确定性，导致几十年来生态语言学者从各自的理解出发，诠释语言生态的学术理念，提出语言生态的考察和研究方法，导致生态语言学学科原理、方法、属性极不明确，研究范围过于宽泛。近年来生态语言学家越来越意识到有必要清楚界定何为语言的生态环境，不少生态语言学家开始着手对现有的语言生态概念进行分类梳理和思考，影响力较大的有两种观点。

一是库托（2013）的三分法，将"语言生态"分成三类①。

（1）语言的自然环境，即自然世界及生物。

（2）语言的心理环境，即人的大脑及思维。这也是豪根提到的"语言只存在于其使用者的意识里"，如乔姆斯基的生成语法即把语言看作一种心理现象。

（3）语言的社会环境，即人类社会——这也是豪根在1972年提到的"语言的真实环境就是将语言作为代码之一的人类社会"。

二是史蒂芬森和菲尔提出的四分法，将语言的"生态"分为四种类型②。

（1）象征性的生态环境，即把语言之间以及语言内部的关系类化为象征性的生态环境，着重于语言之间的相互关系。

（2）自然环境，即地形、气候、动物、植物等自然世界和生物。

（3）社会文化生态环境，即语言社团的政治、文化、历史环境。正如布莱克利奇2008年所说："语言和说话者，及语言和社会结构的关系都服

---

① COUTO H. Ecological approaches in linguistics：a historical overview［J］. Language sciences, 2013，41（PA）.

② STEFFENSEN S V，FILL A. Ecolinguistics the state of the art and future horizons［J］. Language Sciences, 2014；41（PA）.

从于他们的社会、政治和历史背景。"①

（4）认知生态环境，即人类的思维、认知。正如豪根 2001 年所说：
"（某种语言的）生态一部分是心理学的，即它与其他语言在双语者和多语
者的思维中的相互作用；另一部分是社会学的，即它通过其作为传播媒介
的功能与社会的互动。语言的生态主要由学习、使用、传送它的人决定。"②

尽管菲尔将生态环境分为四种，但他也认为这四种不同的生态环境并
没有截然的界限。首先，语言的生态环境并不仅仅只是象征体系、社会群
体、自然/生物环境或者认知内容中的任何一种。就像利奥·范·利尔说的
"环境包括身体的、社会的、象征的等能提供给活动空间的启示"。其次，
从四个角度来区分语言环境，但集中在其中某一个维度时并不否定其他维
度的重要性。因此菲尔提出一种"联合的生态语言科学"。这种观念摒弃了
隐喻的生态学和非隐喻的生态学的区分，更倾向于一种联合的生态语言学，
提出没有生态能够隐喻的观点。他为生态语言学勾勒出一个另类的、非隐
喻的方法，即将生态语言学发展为一种自然语言科学，其存在的目的就是
去处理社会和自然之间的联系。作者建议确定"一条介于将语言与生态的
断然分开和将语言和生态无原则的联系在一起的中间途径"③ ——扩展生态
学假说，即通过将价值和意义融入生态结构来扩展人类生态。

四、语言生态的自然主义观

虽然上述多分法全面对语言生态观进行了总结、归类，但这种多分法
明显还是倡导"生态"的隐喻观念。随着环境主义和生态文明思想的广泛
传播和深入人心，自然主义的语言生态观在近 10 年得到了长足发展。许多
学者已经摒弃了隐喻的语言生态观，认为隐喻的"语言的生态"倡导研究
语言之间的相互作用关系和社会环境关系，虽然有一定价值，但容易导致
将任何讨论语言之间关系的研究都贴上"语言生态学"的标签，对语言生
态学科的发展可能带来危险。亚历山大和艾伦·斯蒂博（2013）提出了语

---

① BLACKLEDGE A. Language ecology and language ideology [C] // CREESE A, MARTIN P, HORNBERGER N H (Eds.). Encyclopedia of Language and Education, 27. Volume 9: Ecology of Language. 2ⁿᵈ ed. Berlin: Springer Science + Business Media LLC, 2008: 27 - 40.

② HAUGEN E. The ecology of language [C] // FILL A, MÜHLHÄUSLER P (Eds.). The ecolinguistics reader: language, ecology and environment. London: Continuum, 2001: 57 - 66 (Reprint of Haugen, 1972).

③ COUTO H. Ecological approaches in linguistics: a historical overview [J]. Language sciences, 2013, 41 (PA).

言生态学的新定义："研究语言与人类、其他生物体和自然环境之间关系的学科，目标在于维持生命体之间的稳定关系。"① 这个定义重申和肯定了"生态"概念的原旨，生态就是由相互作用的生物、地球化学循环和大气组成的自然系统，而不是由相互作用的语言所构成的隐喻的生态。

第二节　生态语言学的产生和发展

一、生态语言学的产生

"生态语言学"研究本身肇始于美国语言学家豪根 1970 年关于"语言生态"的一次报告。这个报告认为语言是大环境的一部分，开启了对语言与其环境相互作用的研究（并成了后来 1972 年出版的经典著作《生态语言学》的标题），也奠定了生态语言学的"豪根范式"。他认为这种环境不仅包括生态系统，还包括社会的其他语言，以及说话者思维中相互作用的语言。因此，语言是个人—社会—社会力量—自然环境这个大生态的一部分，里面的各个部分都最大程度地相互作用、相互塑造。之后语言和环境关系研究逐渐引起人们的关注，由此也奠定了语言生态学的基础。1979 年，心理学家赛尔辛格（Salzinger）首次使用"生态语言学"（Ecolinguistics）这个名词。20 世纪 80 年代，基于豪根的语言生态隐喻思想，德国比勒费尔德大学的一批学者进一步将生态学原理和方法应用于语言研究。例如皮特·芬克根据生态系统观提出了"语言世界系统"（language world systems）概念，强调语言的创新性受到我们使用方式的威胁，就好比生命的创新性受到我们对待自然方式的威胁。②

但一般认为生态语言学作为一个学科得以正式建立和巩固是在 20 世纪 90 年代，其标志就是一系列对生态语言学的理论、方法和问题做系统阐述的生态语言学专著出现，如《生态语言学》［特兰珀（Trampe），1990］、《生态语言学引论》（菲尔，1993）、《生态语言学：语言科学研究的新范式》［麦凯（Makkai），1993］等。这些以"语言生态学"或"生态语言

---

① ALEXANDER R J, STIBBE A. From the analysis of ecological discourse to the ecological analysis of discourse［J］. Language sciences, 2013, 41 (PA): 104 – 110.

② FINKE P. Politizität zum verhältnis vontheoretischer Härte und praktischer Relevanz in der Sprachwissenschaft［M］// PETER FINKE (Ed.). Sprache im Politischen Kontext. Tübingen: Niemeyer, 1983: 15 – 75.

学"为题的著述,使学科理论框架得以确立。1993年,国际应用语言学会上举行了"生态语言学:问题、理论与方法"专题讨论。1995年,菲尔于奥地利克拉根福市召集了"语言、生态学与生态语言学"国际学术研讨会。1996年,国际应用语言学会成立生态语言学分会。

豪根的语言生态隐喻奠定了语言生态学的主流研究范式;20世纪90年代以韩礼德(M. A. K. Halliday)发表《意义表达的新方式:对应用语言学的挑战》一文为标志,表明生态语言学出现另外一种研究范式,即"非隐喻范式"(non - metaphorical model)。这个时期全球生态危机使人类生存与发展问题变得十分严峻。学科使命感和社会责任感促使语言学家思考这样的问题:在生态环境问题中,语言、语言学、语言学家究竟能起什么作用?是否应该有所作为?1990年韩礼德在国际应用语言学会议(AILA)上告诫语言学家不可忽视语言在生态问题中的作用。他的报告促使语言研究者对语言和环境问题的关系做出新的思考,即把语言和语言研究作为生态问题的组成部分加以考察,从而形成了生态语言学的另一研究范式。在这次会议上,有学者提出用eco-linguistics作为语言与生态问题研究的统称。不同于关注语言的濒危、存亡,语言的多样性,语言生态规划等议题之"隐喻模式",生态语言学的"非隐喻范式"强调语言以及语言学在自然环境问题中所发挥的作用,突出语言学家的社会责任。自此,生态语言学的两大研究范式基本确定。

二、生态语言学的发展

进入21世纪以后,生态语言学进入全新的发展阶段,菲尔·亚历山大、葛特利·杜尔、邦·穆勒豪斯勒等学者成为这一新兴学科的活跃人物。心理学家、哲学家、人类学家、生态学家也纷纷关注或涉及生态语言学研究。互联网上出现了若干生态语言学网站,如菲尔的生态语言学网站、丹麦欧登塞南丹麦大学"生态、语言与意识形态研究小组"。

语言生态学把语言学和生态学结合起来,把语言多样性与生物文化多样性的依存关系作为基本的理论出发点,强调语言多样性对人类生存与发展的必要性和重要性,并从全球生态系统的高度思考语言多样性问题,探索语言、文化与生物多样性之间的作用问题。其研究内容涉及语言多样性、濒危语言、语言进化、语言习得、语言批评、语言与生态危机、语言政策和语言人权等方面。

从国外来看,生态语言学的学术思想和学科方法更是在学术界得到了有效的传播，语言生态观已经普遍为语言学和相关学科所接收，在德国、奥地利、丹麦等欧洲国家尤其备受学界和官方的关注，有的国家和地区成立了专门的研究组织，大学里纷纷开设了生态语言学课程。而且国外一些政府机构、社会组织和民间群体，对生态语言学的"绿色语言""绿色文明"思想给予了很大的关注。因而可以说，在生态语言学领域，学术思想活跃，交流活动频繁，研究成果丰硕，应用富有成效，一片生机勃勃。具体有以下三个方面：

（一）研究队伍不断壮大

以奥地利格拉茨大学菲尔为首的生态语言学研究群体，是开创和推动生态语言学科的一支老团队，其成员有伊冯（Yvonne Stork）、马里塔·卡尔德隆（Marieta Calderón）、阿德莱德·费雷拉（Adelaide Ferreira）、彼得·芬克（Peter Finke）和特兰珀等等。他们致力于生态语言学的理论研究和学科建设，建有生态语言学网站（www. kfuni – graz. at），积极组织和参与各类生态语言学活动，研究成果丰硕。此外，还出现了以下有特色和专长的研究群体：（1）以杜尔（Jørgen Døør）和邦（Jørgen Bang）为首的丹麦欧登塞生态语言小组，主张从辩证的途径去研究生态语言学。他们吸收了"语言是一种生活方式"的观点，把语言看作一种相互作用、对话，而非抽象系统。（2）以穆勒豪斯勒（Peter Mühlhäusler）和约书亚·纳什（Joshua Nash）等人为首的澳大利亚阿德莱德语言生态学派，致力于从生态角度探讨语言接触、语言政策、语言规划等问题。（3）路易莎·马菲（Luisa Maffi）语界学派，以保护语言—生物—文化多样性为目标，强调传统环境知识的记录和传承。

2005年英国学者艾伦·斯蒂博正式发起成立语言与生态论坛，广泛吸收兴趣者和志愿者，开办交流网站①，创办《语言生态》在线杂志，汇集和分享世界各地学者的语言生态思考心得、工作动态和研究著作论文。至2015年年底，语言与生态论坛已吸纳300多位成员，包括20多个国家语言生态领域的专家学者、研究生以及环境主义志愿者，分享论文和著作也已超过300多种，成为一个国际性的语言生态学研究群体。

（二）学术交流频繁拓展

近几年国际上召开了多次以"生态语言学"为主题的学术会议，吸引

---

① 生态论坛的交流网址为 www. ecoling. net.

了诸多学者和环境主义者。影响较大的如 2009 年在南丹麦大学召开的"生态语言学：科学的生态学"学术交流会、2012 年在意大利阿斯蒂召开的"生态语言学：沟通环境和景观"国际学术会议、2015 年在澳大利亚格雷兹召开的生态语言学学术研讨会等。全球影响甚大的国际应用语言学会议（AILA）也单独设有生态语言学专题研讨，还出版过以生态语言学为主题的会议论文集。此外，还有以濒危语言、语言多样性、生态话语批评等生态语言学相关内容为议题开展的国际学术会议，如 2009 年在新加坡举行的"语言和多样性"学术研讨会等。2015 年 6 月暨南大学召开的"首届亚太语言文化生态国际会议"，是我国首届以生态语言学为主题的学术研讨会，旨在研究亚太地区语言文化及其生态系统。

（三）新著新论主题广泛

近十年来，国外出现了不少生态语言学的重要著作，如杜尔和邦的《语言、生态和社会：从辩证法途径》（2007）、艾伦·斯蒂博的《生态语言学：语言、生态和我们生活的故事》（2012）和邦等的《关于生态语法思想》（2010）。生态语言学的论文更是不胜枚举。2007 年克里斯（A. Creese）、马丁（P. Martin）和雷斯伯格（H. Hornberger）编辑的《语言与教育百科全书》（第二版）第九卷增加了"语言生态"专题，选编了 24 篇生态语言学论文，全面地反映了生态语言学自提出以来的历史演变、理论渊源及最新进展。2013 年 *Language Sciences*（《语言科学》）杂志出版了"语言的生态和自然的生态"专刊，收录了 11 篇生态语言学重要论文。菲尔和彭茨（Hermine Penz）主编的《劳特利奇生态语言学手册》是英国劳特利奇出版公司于 2017 年 8 月出版，手册由生态语言学各领域领军学者撰写论文，点明相关领域的核心概念并展开综述，是生态语言学研究领域集大成者。

21 世纪以来，国内也出版了若干有分量的译著、文集和专著，比如2013 年出版的冯广艺的著作《语言生态学引论》[①] 是基于生态哲学的视角所作的思考，此外，还有《生态语言学文选》（范俊军、肖自辉，2018）、《语言与语言生态研究》（邵宜，2016）、《南方少数民族语言生态研究》（冯广艺、李庆福，2016）、《语言社会生态调查和话语记录用表》（范俊军、

---

① 该书主要是从语言接触、语言国策、语言态度、语言和谐、语言运用、生态文明建设等与语言生态的关系出发对语言生态系统做出思考。具体参见：冯广艺. 语言生态学引论［M］. 北京：人民出版社，2013。

肖自辉，2018）、《生态语言观与生态诗学美语言哲学》（赵奎英，2017）、《内蒙古人口较少民族居住区语言生态与语言传承研究》（许晋，2017）、《生态批评的多维度实践》（唐建南，2017）等。CSSCI 期刊也发表了几十篇颇有见地的生态语言学研究论文，总体来看多是生态隐喻和生态方法的阐述和引介，或是从隐喻的视角研究语言的生态状况。近十年来国家社科基金和教育部人文社科基金也资助了若干语言生态研究的课题。当然，其中也有新的思考，如范俊军提出的开展语言生态监测观点，国家社科基金支持"中国语言生态监测理论及信息平台建设研究"立项研究。

从研究领域来看，传统的生态语言学主题主要有濒危语言、语言多样性、生态话语批评等，这些至今仍是生态语言学的研究热点和重点，并取得了新的发展。同时生态语言学积极朝应用方向发展，以生态视角的语言规划研究为代表。此外，近年来生态语言学交叉领域的研究也十分活跃，涉及心理学、人类学、历史学、政治学、文学、地理学、生物学等自然科学和相关人文科学，其中尤以与心理学的结合成果突出。

1. 语言和生物多样性问题

早在语言生态学出现之初，语言和生物多样性问题已成为国际语言学界关注的焦点，这一方面的主题源于隐喻的生态观，内容主要包括两大块：一是语言多样性与生物多样性的关系问题；二是语言濒危、语言保护、语言消亡和语言复兴等问题。

（1）语言多样性与生物多样性的关系问题。在 2002 年，奈特尔（Daniel Nettle）和罗曼（Suzanne Romaine）就强调语言消亡和生物多样性减少有关，甚至创造了"生物—语言多样性"（biolinguistic diversity）这个新术语来描写这种联系①，认为语言产生、分化和消亡与自然环境生物物种产生、演化、演替相关，语言多样性减少以及语言消亡与世界生物多样性减少的演替状况有关，或者说语言多样性本身就是生物多样性的组成部分，希望我们能重视人类和文化之间的相互作用，尤其是他们的语言、话语和超人类世界的编码概念，以及人类和文化如何在超人类世界中相互影响。早期的生态语言学研究也已经显示，生物多样性和语言多样性存在相似性，生物多样性程度越高的地区，语言多样性程度也越高，比如对生物多样性巨丰富国家和语言多样巨高国家的比较发现，两类情况有高度的重合即共

---

① NETTLE D, ROMAINE S. Vanishing voices：the extinction of the world's languages ［M］. New York：Oxford University Press，2002.

现分布，越接近赤道越明显，纬度越高越弱。从语言结构多样性层面看，某些特定音类、词汇和语法结构也可能与特定地理生态环境特性（如特定物种、植被、地形、地貌、气候等）相关。近年来该领域的研究更加深入。如，戈伦弗洛（L. J. Gorenflo）等以 35 个生物多样性热点地区及 5 个荒野地区为样本，指出全世界 70% 的语言位于生态多样性热点地区和人为影响小、生物多样性丰富的荒野地区，其中 2804 种语言存在于生态多样性热点地区。此外，在自然生态特殊的地区，往往存在当地独有的语言，这些语言多面临濒危和灭绝。①

（2）语言濒危、语言保护、语言消亡和语言复兴等问题。21 世纪以来以濒危语言为主题的研究一直在不断深化和拓展，费什曼（Fishman）、戴维·克里斯托尔（David Crystal）、安德鲁·多比尔（Andrew Dalby）等是主要的濒危语言研究者；语界等非政府组织则是濒危语言保护的主要实践者。2010 年，语界发布《语言多样性指数》②，这是世界上对语言多样性趋势所做的第一次定量统计和分析研究报告。数据得出：1970—2005 年，全球语言多样性减少 20%，本土语言多样性在世界大多数地区急剧减少；世界上 16 种最强势语言则增加了 45%～55% 的使用人口。鉴于语言多样性下降的局面，语界还开展"地球之声"工程③，记录和保护全球土著族群的口述历史、神话、传说、诗歌、史诗、谚语、歌曲、仪式歌谣等口述文学，以加强族群身份意识并确保土著世界观、价值观和信念、知识和实践传给下一代。此外语界也非常重视传统生态知识的调查，斯坦福（Stanford Zent）首次提出对植物、动物、植物与动物的关系、群落景观、土壤、气候等类型的传统环境知识的活力情况开展评估，并分概念体系和实用技能两类设计出定量评估指标体系和评估方案。

2. 话语生态批评

话语生态批评，指狭义的生态批评，即运用生态保育和保护的思想理念对全社会或特定领域、行业和社群的话语进行分析和批评。亚历山大和艾伦·斯蒂博区分了"生态话语的分析"和"话语的生态分析"，前者指内

---

① GORENFLO L J, ROMAINE S, MITTERMEIER R A, WALKER – PAINEMILLA K. Co – occurrence of linguistic and biological diversity in biodiversity hotspots and high biodiversity wilderness areas［J］. Proceedings of the National Academy of Sciences of the United States of America, 2012, 109（21）: 8032 – 8037.

② 语言多样性指数的研究情况参见 http://terralingua. org/our – work/linguistic-diversity/.

③ "地球之声"工程的工作内容参见 http://terralingua. org/our-work/voices-of-the-earth/.

容有关生态环境的话语之分析，后者指用生态思想分析所有话语。①

　　话语生态批评深受深层生态学（Deep Ecology）等理论影响，与当今的环境主义思想契合，对建构社会生态保护意识起到积极作用，因此逐渐成为生态语言学研究的主流方向，受到政府、社会、民间组织的关注。如欧美绿色政治的拥护者提倡生态话语，并吸收了生态话语批评的观点和理论；作为不少跨国企业也经常把生态话语作为其品牌的一个宣传元素。

　　早期的话语生态批评多局限在对明确的环境或生态问题的文本分析，对有悖自然生态和谐的非生态因素进行批判性分析，近年来话语生态批评的视野却不再受此拘束，转向所有潜在的鼓励人们破坏或保护生态系统的话语。积极的话语生态批评，即对积极的有利于生态和谐的话语进行分析，成为一个新的潮流。如艾伦·斯蒂博（2012）从日本俳句、动画片到雷切尔·卡森（Rachel Carson）的抒情科学著作等一系列文本作为积极话语的例子，鼓励尊重自然和满足人类需要但不依赖过度的消费。② 因此，亚历山大和艾伦·斯蒂博（2013）提出要从"生态话语的批评"转向"话语的生态批评"，认为所有的话语都有可能对人类行为产生影响，所有人类行为都对支持生命的生态系统有潜在影响。③ 总体上看，近十年生态话语批评的主题主要包括广告（如 Hogben，2008；Slater，2007）、环境保护主义（如 Alexander，2010）、自然资源（如 Meisner，2007）、能源（如 Russell et al.，2011）、动物（如 Goatly，2006；Stibbe，2012）、生态旅游（如 Milstein，2008、2011）、气候变化（如 Doulton & Brown，2009；Ihlen，2009）、生态可持续性（如 Kowalski，2013）等。目前生态话语批评的对象复杂，跨度大，深度不一。但是总体来说有一些共同的特征：（1）主题集中在那些不仅对人类如何对待自身，还对人类如何对待生命赖以生存的生态系统有重要影响的话语上。（2）分析是通过一系列语言特征汇集起来显示特别的世界观或者说"文化代码"来实现的。文化代码就是一种共同的价值观、规范、精神和社会信仰，能构建和反映社会群体的"普遍意识"。比如把无限制的经济增长看作人类社会可行的、有价值的目标就是目前流行的文化代

　　① ALEXANDER R，STIBBE A. From the analysis of ecological discourse to the ecological analysis of discourse [J]. Language Sciences，2014，41：104 – 110. DOI：http：//dx. doi. org/10. 1016/j. langsci. 2013.08.11.

　　② STIBBE A. Chance Encounters：a collection of haiku – inspired photographs of Japanese nature [EB/OL]. 2012. www. ecoling. net/photography1. html.

　　③ ALEXANDER R J，STIBBE A. From the analysis of ecological discourse to the ecological analysis of discourse [J]. Language Sciences，2013，41（PA）：110.

码之一。（3）生态话语批评的世界观的标准根据均来自一个显式的或隐式的生态哲学。（4）批评的目标通过揭露和吸引社会对生态破坏现象的关注，或者寻找那些能保护生命的话语；或者通过增强对语言在生态保护或破坏中能起到的作用的意识，使大家了解政策，了解教育发展或者提供能重建文本的思路。

近年来话语生态批评的研究方法也更为扩展，如话语批评分析与语料库语言学技术开始相结合，即通过语料库产生的定量的数据可以支撑话语批评分析方法得出的结果，从而证明具体的语言特征如何支持话语过程，如评估和论证策略，以及由话语者或作家采用的更普遍的意识形态。亚历山大（2009）通过语料库数据分析阐述否定词和话语模式，并质问石油公司和农业如何使用语言在当前的生态危机争论和选择位置，并披露一些令人不安的真相。①

3. 语言规划的生态视角

从生态视角研究语言规划早在 20 世纪 90 年代就成为一种新的研究思路。卡普兰（Kaplan）和巴尔道夫（Baldauf）的《语言规划：从实践到理论》（1997）在考察现有各种语言规划理论和实践的基础上，首次提出语言规划的生态观。② 基于生态思想的语言规划，简称生态的语言规划（Ecological language planning）。在语言生态视角，语言规划看作是与自然生态因素和文化生态因素息息相关的一个过程，它关注的是如何确定这些维持语言多样性的生态因素和保持语言多样性最大化的问题。从生态出发的语言规划主要有两种情况：一是在对话语进行生态批评的基础上，所做的"生态型语言规划"，建构生态友好型语言，即绿色语言。20 世纪末就已经有类似的研究，但主要集中在生态语法建构上。近年来开始关注词汇层面的生态规划，尤其是生态环境术语的建构。也有不少学者提出异议，新型语言的建构需要经历时间的考验，而且作为一项社会运动，仅靠语言学界的努力

---

① 亚历山大主要是从话语衔接、主题结构、否定词、名词化和词汇化等方面进行语料库分析，重点探讨如何建设环境话语体系，并如何从话语中发现并抵制"漂绿行为"。具体参见 ALEXANDER R J. Framing discourse on the environment：a critical discourse approach [M]. London：Routledge，2009.

② 该书提出了一种语言规划的生态模型，认为语言规划不是一种孤立的行为，因此语言规划的研究者和实施者应该从"语言消亡""语言生存""语言变化""语言复生""语言变化和语言扩散""语言融合""语言接触""语言能力的发展"等生态系统变量着手进行研究，才能解决由于这些因素的变化带来的问题。具体参见 KAPLAN R B，BALDAUF R B. Language planning：from practice to theory [M]. Clevedon：Multilingual Matters Ltd，1997.

远远不够，需要借助社会和机构的力量方能成功。二是在研究语言多样性的生态价值的基础上，对语言进行生态型地位规划，尽可能保持语言的多样性。与生态型语言规划不同，生态地位型规划以语言的社会价值为出发点，如语言的人权价值（Skutnabb-Kangas 等，2009）、团体认同价值（Edwards，2009；Edwards，J.，2010）等。

4. 语言生态的心理视角

这种研究将语言的生态理解为语言的心理环境。正如豪根 2001 年所说"（某种语言的）生态一部分是心理学的，即它与其他语言在双语者和多语者的思维中的相互作用；另一部分是社会学的，即它通过其作为传播媒介的功能与社会的互动。语言的生态主要由学习、使用、传送它的人决定"。语言生态的心理视角的研究吸收了心理学理论，尤其是吉普森（Gibson）、霍奇（Hodge）、福尔（Fowle）的生态心理学理论。在 20 世纪六七十年代出现的生态心理学，主要理论是"直接知觉论"，不认同传统知觉理论——主张知觉是由刺激引起感觉后转化而成的、间接的——而认为知觉是人类直接感知表象。如霍奇斯（Hodges）（2013）从生态心理学的角度，提出从消极观察到积极行动，更关注外部环境。他认为，已有的语言科学往往将语言与其生态语境剥离，即"说和听一直被设定为无干扰和不分场所的"[1]。生态方法则回归语言应有的地位，它是在社会环境里发生的言语行为，语言被看作寻求价值的活动，主要是身体和实用价值，目的是实现价值，包括关心他人和自我，以及居住环境。在心理上，语言是集中于对话的阵列，它可以发挥感知、行动和推理功能，是更分散、更易受干扰的言语活动。

生态心理学常用于语言习得研究，生态心理学家里德阐述了语言发展有两大阶段：暗示阶段和预测阶段，并指出幼儿并非学习语言，而是发展一种认知社会以及沟通的技能。马克·加纳（Mark Garner）（2013）从心理学角度认为语言作为一种生态现象，是动态的、有情境的、整体的。在这种框架下，传统的"语言规则"概念过于简单且不合时宜，规则并不构成语言，但他们影响语言在某一社区使用的态度，规则被强加在语言上，由此得出语言和词汇都有规则。作者把这些规则称作"二阶语言"，也就是说话模式"在语言社区里的使用随着时间的发展，不再拥有个人特征"。"一

---

① HODGES B H. Righting language：a view from ecological psychology. Language Sciences［J］，2013，41（PA）：93 –103.

阶语言"应该是语言学研究的主要目标。一阶语言即个人使用语言，是为了"与他人交流"。

三、生态语言学存在的问题

由上可见，21世纪以来生态语言学发展取得了许多重要的、有当代社会应用价值的进展和成就，以至于库托宣称："现在我们可以肯定地说，生态语言学是一门成熟的学科。"① 不过，也应该认识到，生态语言学至今仍存在一些亟待解决的问题。

问题一：学科定义、内涵、方法尚待明确

2012年12月—2013年1月，适语言生态论坛10周年之际，国际语言生态协会发起了一项生态语言学的学科调查，涉及生态语言学内涵、目标、趋势等多个方面，目的是"了解不同学者对生态语言学概念的理解，以及不同学者的学科旨趣和学术观念"②。此次调查的前两个问题就是：（1）如何定义"生态语言学"？（2）生态语言学的关键主题和主要目标是什么？从问卷结果来看，生态语言学家对生态语言学的主要问题有不同的看法。如，问题（1）如何定义"生态语言学"？大多数人赞同它是"研究语言与我们生存的自然世界的关系"，表明自然主义生态观逐渐深入人心，但也有其他意见。问题（2）"生态语言学的关键主题是什么"的回答则更为多样，8人认为是"环境话语和分析"，另外8人认为"主要主题和目标是语言学的生态或者说社会和自然生态之间的联系"，6人认为是培养和产生"积极的文本使用，即对人类、社会和自然和谐关系有益的文本"。正如托德·李瓦舍（Todd Le Vasseur）指出："从调查反馈的信息来看，生态语言学还是一个在继续发展进步的学科，还在继续寻找更清晰的方法和自我定义。"③ 可见，学界对生态语言学的定义仍有诸多不同看法，学科内涵尚未完全明确，研究方法更是五花八门，如批评话语分析、语料库分析、隐喻理论、社会语言学、框架法、语义学、生态科学、功能语言学、评估分析法、传播人种学等。究竟如何将学科原理、方法、属性明确化？

---

① COUTO H. Ecological approaches in linguistics: a historical overview [J]. Language Sciences, 2013, 41 (PA): 125.

② 此次调查的详细情况可参见：肖自辉. 国外生态语言学的几个关注点 [J]. 暨南大学学报, 2016 (06).

③ LEVASSEUR T. Defining "Ecolinguistics?": Challenging emic issues in an evolving environmental discipline [J]. Journal of Environmental Studies and Sciences, 2015, 5 (1): 21-28.

需要解决如下问题：

（1）对语言生态的内涵做出界定。前文提到，正是因为"语言生态"概念内涵的模糊性和不确定性，几十年来语言生态学者从各自的理解出发诠释语言生态的学术理念，提出多种不同的考察和研究方法。因此，首先对语言的"生态"进行界定和分类是解决问题的前提。生态语言学家已经注意到这个问题，提出"联合生态观"和自然主义生态观等。

（2）明确生态语言学研究对象应该关注哪类环境，以及每类环境的"生态"意义。因此，需要对"生态语言学"提出更为准确、界定分明的新定义。国际语言生态协会的生态语言学学科调查提出关于生态语言学的几条影响力较大的论述，其中第一条就是："生态语言学是一门研究语言对人类、其他生物和自然环境的影响的学科，以实现更好的生存、社会公正、生态和谐为目标。"该论述是基于自然主义生态语言观逐渐成为主流而得出的，并得到大部分生态语言学者的认同。

将学科严格定义为"语言对人类、其他生物和自然环境的影响的学科"，将语言与其他生物和自然环境的相互关系为其研究的主要对象，因此顺理成章地把生态语言学与以研究社会为出发点的社会语言学、以研究文化为目的的文化语言学、以研究民族为宗旨的民族语言学等区分开来，使其能从长时间在语言学和生态学"边缘"地带徘徊的困境中解脱出来。此外，将突出生态效益，提倡人与自然的和谐作为学科发展方向，在全球自然环境危机下，更有利于学科对自然环境甚至社会的和谐、稳定起到直接的推动作用。

问题二：研究范围宽泛，且缺乏互动

国际语言生态协会2012—2013年所做的学科调查中有一个问题："您觉得生态语言学存在哪些问题？"有10人（43%）的答案是"研究范围过于宽泛"。其实，早在2003年，穆勒豪斯勒就质疑："究竟什么不属于生态语言学？"似乎世上所有事物都跟生态相关，是否所有涉及语言和生态内容的都是生态语言学研究的范围？这是生态语言学界面临的一大困境。该问题的出现源于生态语言学交叉性、边缘性、多样性。不同性质的学科都从自身的角度来研究语言与生态，甚至在一些学者看来不是生态语言学的问题，在另一些人看来却正是其兴趣所在，这样自然就出现了多种研究视野和研究方向。"事实上"研究范围过于宽泛"并非生态语言学独有的问题，而是交叉学科必然出现的现象。对生态语言学来说，问题的关键在于，"迄今为止，在生态语言学的主要问题不是内部分歧或权力斗争，而是各部分之间

缺乏真正的互动"。也就是说，如何实现生态语言学各研究主题的互动和联系，才是解决问题的根本。对此，库托提出："生态语言学远远超出了社会语言学和生态批评话语分析两大范畴，因为即使形态句法、语音和语音现象也可从生态学角度来考虑。我们可将生态语言学看作一个平台，允许不同的研究方向和思路，就好比一个发射台，火箭可从多个方向起飞。"① 因此，一方面，我们应"将生态语言学看作一个平台"，允许不同的思路和方向；另一方面，要实现各研究范畴之间的互动和关联，尤以抑制学科研究范围漫无边际的扩展，实现统一的理论体系的形成为主。

问题三：应用研究稍显薄弱

从总体上看，无论国内还是国外，生态语言学研究仍局限于语言和生态关系的学术思考，而相关实践应用研究尽管较之以前已有进展，但仍显不足。生态语言学发轫于保护和促进人类语言文化多样性的现实之需，它的动力和生命力就在于应用，这也是学科的使命。可见，生态语言学研究应积极转向实践，从社会实践应用中拓展和深化内涵。为进一步加强应用研究，需从以下两个方面开展：

一是立足语言生态危机，紧贴时代需要，加强实证性研究和对策性研究，促进语言多样性。近年来学界已经做了大量研究工作并取得了明显成绩，但有些研究还应进一步加强。例如，如何借助统计实现语言生态定量定性评估？如何真正实现濒危语言的保护、复兴？如何才能使语言多样性实现最大化？如何真正揭示语言和自然生态的相关性？如何广泛地了解语言中的传统环境知识？等等。

二是开展相对宏观和战略性的研究。目前应用工作多停留在微观和具体层面，但从长远发展来看，生态语言学的应用研究更应把自身置于全球环境，站得高一点，就看得远一些。如全球环境下政府语言政策的问题；如何通过语言规划来促进自然环境的可持续发展？等等。总之，通过学科知识的普及，营造社会的生态话语，并以其有效的社会应用，为社会生态文明和自然生态和谐提供思想和方法指引，这是生态语言学不可推卸的责任。

因此，生态语言学既有不可替代的社会效应，同时作为新的交叉性的研究领域，也对语言学科及人与自然关系的研究开拓了一个崭新的视野和

---

① COUTO H. Ecological approaches in linguistics: a historical overview [J]. Language Sciences, 2013, 41 (PA): 125.

研究方法，必将有着广阔的发展前景。而对于我国生态语言学来说，一是要继续跟踪引进国外生态语言学研究的最新成果；二是立足中国的国情，利用各种理论和方法来分析和研究中国的语言和生态问题，尝试解决各种现实问题。

第三节　生态语言学的概念体系

一种学说理论成为学科的核心标志是，它的思想原理、研究对象、研究内容、研究方法以及实践应用，形成了内涵和外延明确的概念，并有一套规范的术语，用定义或释义定型下来。2004 年英国"语言与生态论坛"网站创办人艾伦·斯蒂博做过一次电子邮件问卷调查，试图澄清生态语言学的学科定义、内容、方法、作用等一系列问题。虽然从答卷中获得了一些富有启示的看法，但由于问卷反馈面比较窄（仅有 26 份回复）①，该论坛未能辨明并建立生态语言学概念体系。生态语言学概念和名词术语大多散见于国内外学者的研究著述中，有些概念得到了阐释或定义，有些只是提出了名称（甚至名称说法不一）而缺乏辨析和诠释，有些概念的含义仍然显得模糊或存有争议，个别还有误解或讹谬。为了使读者对生态语言学有一个清晰的总体认识，笔者从所能查阅到的国内外文献中遴选出常见的生态语言学的概念和术语，对其进行汇集、辨析、正名、诠释、定义，并揭示这些概念的关联，以初步建立生态语言学的基本概念系统规范。生态语言学名词术语的系统汇释，迄今国内外尚未有人做过，而这又是非常重要的和急需的。有了基本的概念和术语系统，读者可以便捷地认识生态语言学的基本知识和基础理论，有助于生态语言学思想的传播；同时相关的研究者也可以在此基础上对生态语言学的有关学说、观点、方法、研究方法进行思考、深化、修正和革新。

【生态语言学】eco-linguistics

学科标准中文名称，英文简称和代码为 EL。有学者区分生态语言学和语言生态学，但这只是内容的不同方面，不足以分出两个学科门类。将"语言生态学"作为学科别名，它的内容是生态语言学的组成部分。

【语言生态】the ecology of language；a language ecology

---

① 托德·李瓦舍.定义生态语言学：挑战演化环境学科中的主位问题［M］//范俊军，肖自辉.生态语言学文选.广州：广东人民出版社，2018.

影响语言生存和发展的各种内部和外部环境条件及其相互作用关系。内部环境指语言结构要素和系统、说话者的个体语言，外部环境指语言和语言之间的接触，语言赖以生存的社会、文化、族群和自然生态环境。这里的生态具有半隐喻义。参见"语言生态隐喻"。

【生态的/非生态的/反生态的（语言）】ecologic /unecologic/anti-ecologic

有利于生态保育和保护的语言表达、语言范畴和言语行为，是生态的或合乎生态的；反之，不利于生态保育和保护，或对生态产生潜在副作用的语言表达、语言范畴和言语行为，是非生态的或反生态的。例如，开山垦地时说"野火烧不尽，春风吹又生"可能鼓动人们烧山垦地，对植被水土造成破坏。说"蛇胆泡酒可清肝明目、强身壮体，越毒越好"，可潜在唆使人们捕杀毒蛇，造成动物灭绝。这类话语和言语行为是反生态或非生态的。

【生态的语言】ecologic language

符合生态保育和保护的言语、文本和语法范畴。言语主要指交际活动的口语表达，文本指书面表达，语法范畴是语言要素和结构体现的语法意义。

【生态话语】ecologic discourse/discourse on ecology

有两个含义：① 符合生态保育和保护的口头表达和书面文本，即生态的话语。② 内容与生态环境有关的口头言说和书面文本，即关于生态环境的话语。

【社会生态话语】social ecologic speech

一个社会普遍符合生态保育和保护的话题以及言语表达，即社会普遍的、生态的话语。生态文明社会的重要标志是，社会大众日常语言表达普遍都是生态的话语。社会生态话语体现了人与自然、人与人、人与社会之间相互尊重、相互依存、相互维持的和谐关系。

【社会话语生态】the ecology of social speech

社会的话语生态，是一个社会的主流话语和言语表达环境。社会各领域、行业、阶层和群体在日常生活及特定工作事务中的主流和强势话题，以及言语表达的风气和环境，构成了社会的话语生态。每个社会的日常生活言语交际和特定工作事务的言语交流，都会显现主流或强势话题和言说方式，而且与领域、行业和群体的习惯、风气、约定俗成有关。例如演艺圈社群、角色片酬、男女潜规则、明星炒作攻讦等话题和言语风气形成了它的社会话语生态。

【生态词汇】 ecologic lexicon

有两个意义：① 生态环境的名词和术语，即生态词。例如，种群、群落、生境、物种灭绝、生物多样性等。② 符合生态保育和保护的文明词语。例如，和谐、爱惜生命、回归自然、回收物、循环利用等。

【生态语法】 ecologic grammar

又称绿色语法。有两个意义：① 语言形式和结构是有功能的，从生态功能看，有些形式和结构是非生态的，而有些则是生态的。例如，动词的名词化（名物化）隐匿（淡化）了行为和动态，不利于人们从句意上认识事物的互动作用过程，容易把世界和环境描绘成各种静态离散物体的集合。又如英语"空气""水""铁""土""火"等是不可数名词、无复数形式，给人的意义暗示似乎这些物质取之不尽、用之不竭，从生态功能观来看，这类语法范畴是非生态的，因为水土矿产资源是有限的。② 言语交际中用词造句选用生态的语言形式和结构，因为用生态的语法结构说出的话语能传达生态的语意，有助于形成生态的思维，从而使人养成生态的言语行为习惯。例如，"路边死了一条蛇"使用了存现句，掩盖（略去）了施事，显示的语意好像是蛇自己死了，句式选择就不合"绿色语法"，没有暴露犯事者，不利于动物保护。又如"生态旅游""生态山庄"这类广告语种用了"生态"一词，实际上并没有传达生态保护意识，相反掩盖了开发商对生态环境的无序和过度开发，这是一种非生态的"漂绿"行为。绿色语法概念由英国语言学者安德鲁·格特力（Andrew Goatly）首先提出①，其思想脱胎于韩礼德功能语法，美国学者斯格尔伯格（Mary J. Schleppegrell）②对此也有贡献。

【生态批评】 ecological criticism

广义的生态批评是运用生态保育和保护的思想观念对社会的话语、现象和行为进行分析和批评，褒扬生态的话语、现象和行为，摒弃反生态的话语、现象和行为。狭义的生态批评是指对社会话语进行生态批评。

【生态话语批评】 ecological discourse criticism

也称话语生态批评，指狭义的生态批评，即运用生态保育和保护的思想理念对全社会或特定领域、行业和社群的话语进行分析和批评。有学者

---

① GOATLY A. Green grammar and grammatical metaphor, or Language and the myth of power, or metaphors we die by [J]. Journal of Pragmatics, 1996, 25 (4), DOI: 10.1016/0378 – 2166 (95) 00057 – 7.

② SCHLEPPEGRELL M J. What makes a grammar green? A reply to Goatly [J]. Journal of Pragmatics, 1997, 28 (2): 245 – 248. DOI: 10.1016/S0378 – 2166 (96) 00079 – 3.

区分了"生态话语的分析"（内容有关生态环境的话语之分析）和"话语的生态分析"（用生态思想分析所有话语）[1]。"生态话语"本身包含两个意义，因而"生态话语批评"这个术语自然也涵盖了生态话语的分析和话语的生态分析。统一用"生态话语批评"作为标准术语，将"话语生态批评"作为同义别名，符合概念规范。

【语言多样性】language diversity

一定地理范围或特定社群里多种语言并存并用的传统和现实局面。语言多样性通常用语言种类多样性、语言人口均衡度、语言结构多样性进行衡量和测定。语言种类多样性指并存的语言中语种和语系是否多样。例如，两个地区都有 5 种语言，甲地 5 种语言分属 5 个语系，乙地 5 种语言分属 3 个语系，则甲地语言多样性高于乙地。语言人口均衡度指并存的多种语言，每种语言使用人口和场合是否相当或稳定。例如，甲地 5 种语言中每种语言的人口数量差不多，而乙地大多数人使用其中 1 种语言，极少数人使用其他 4 种语言，则甲地的语言人口均衡度高于乙地。语言结构多样性指并存的语言中，语音类别、特色词汇、句法构造的相似度和相差度。例如，甲地 5 种语言的音类、词汇、句法都很相似，而乙地 5 种语言有 3 种相差较大，有 2 种很接近，则乙地的结构多样性高于甲地。综合运用三个要素，可以对语言多样性进行计量[2]，得出定量和定性判断。

【生物 - 文化多样性】bio-cultural diversity

加拿大学者路易莎·马菲提出了生命多样性学说。[3] 地球的生命是多样性的，生命多样性包括人种和物种多样性以及自然、文化和语言的多样性。生物多样性、语言多样性、文化多样性具有相关性，它们可能协同进化，构成一个复杂的社会 - 生态适应系统。这些多样性在各层面的缺失，将会导致世界生命力的减弱和丧失。马菲领导的非政府组织"语界"在研究世界生物 - 文化多样性方面做出了重要贡献。该组织发布了《语言多样性指

① ALEXANDER R J, STIBBE A. From the analysis of ecological discourse to the ecological analysis of discourse [J]. Language Sciences, 2014, 41: 104 - 110. DOI: http://dx. doi. org/10. 1016/j. langsci. 2013.08.011.

② GREENBERG J H. The measurement of linguistic diversity [J]. Language, 1956, 32 (1): 109 - 115.

③ MAFFI L. On biocultural diversity: linking language, knowledge and the environment [M]. Washington: Smithsonian Institution, 2001: 1 - 11.

数：全球语言发展状况的新量化方法》① 《全球生物文化多样性指数》② 两个著名研究报告。生物－文化多样性的观点被写入了联合国教科文组织的文件《语言活力与语言濒危》。

【生物－语言多样性】bio-linguistic diversity

英国纽卡索大学行为科学家奈特尔③和牛津大学语言学家罗曼④提出的学说，认为语言产生、分化和消亡与自然环境生物物种产生、演化、演替相关，语言多样性减少以及语言消亡与世界生物多样性减少的演替状况有关，或者说语言多样性本身就是生物多样性的组成部分。这个术语用来描述这种多样性关系。文化包含语言，因而生物－语言多样性是生物－文化多样性的下位概念。⑤

【语言与生态相关性】the correlation of language and ecology

语言多样性和语言现象与地理生态环境状况具有计量上的共现分布。例如，从语种多样性维度看，全球生态环境和语言多样性存在较高程度的正相关，地球上生态热点区和荒原区往往分布了较多数量的语种。对生物多样性巨丰富国家和语言多样巨高国家的比较发现，两类情况也有高度的重合即共现分布，越接近赤道越明显，纬度越高越弱。从语言结构多样性层面看，某些特定音类、词汇和语法结构也可能与特定地理生态环境特性（如特定物种、植被、地形、地貌、气候等）相关。语言与生态相关还可能是负相关。语言与生态在特定方面和一定程度上的相关性，可能是偶然，也可能是某种内在关系，要解释这种相关性，有赖于大量实证调查研究。语言与生态相关性的发现主要表现为语言多样性和生态（生物）多样性的相关分布，研究对象主要是生物多样性巨丰富国家、全球生态区、生物多样性热点地区。环保主义者戴维·哈蒙（David Harmon）⑥ 在这方面做了开

① HARMON D, JONATHAN L. Index of Linguistic Diversity. Terralingua：unity in biocultural diversity. Archived from the original on 22 August 2012.

② JONATHAN L, HARMON D. A global index of biocultural diversity [J]. Ecological Indicators. 5 (3)：231 –241. Doi：10.1016/j. ecolind. 2005. 02. 005

③ NETTLE D. Linguistic diversity [M]. Oxford：Oxford University Press，1999.

④ NETTLE D, ROMAINE S. Vanishing voices：the extinction of the world's languages [M]. New York：Oxford University Press，2002.

⑤ SKUTNABB-KANGAS T, PHILLIPSON R. Language ecology [M] // VERSCHUEREN J, ÖSTMAN J, BLOMMAERT J (Eds.). Handbook of Pragmatics. Amsterdam & Philadelphia：John Benjamins Publishing Company，2001：1 – 18.

⑥ HARMON D. The status of the world's languages as reported in the Ethnologue [J]. Southwest Journal of Linguistics，1995，14：1 – 33.

创性研究，托弗·斯库特纳布·坎加斯（Tove Skutnabb-kangas），路易莎·马菲，史密斯（Eric A. Smith）① 做出了重要贡献②。

【语言生态监测】 measuring of the language ecology

通过实地调查和技术分析等方法手段，对影响语言生存和发展的各种环境要素及其相互作用状况进行经常的或周期的观察、普查、测定和监视，揭示语言生态进程的变化规律和态势。语言生态监测对于全面了解语言国情，保护和促进语言多样性，提供政策制定和实施行动的科学依据。语言生态监测的实践，就是建立国家和地方层级的监测点（站）网络，实现实时数据调查和汇集，长期积累各地语言生态的数据信息，建立历时数据系统。语言生态监测概念由我国学者肖自辉、范俊军创立。③

【语言生态评估】 evaluation of the language ecology

依据一定时期全国或特定区域语言生态监测数据和信息资料，对全国或特定范围的语言生态质量状况进行计量分析和建模，对语言活力程度和语言生态等级做出定性判断，预测语言生态的发展态势。语言生态监测是语言生态评估的基础，语言生态评估结果可为语言发展和语言保护的科学决策提供依据。

【语种】 language species

有两个含义：① 语言的品种和种类，是根据语言结构特性的个性分类。一个语种就是一种独立的语言。② 语言同物种一样是生命体，即语言物种，它有产生、成长和消亡进程，语言和语言之间如同生物体一样相互依存和相互作用。语言物种这个概念首先由芝加哥大学非裔美国学者萨利科科·穆夫温（Salikoko Mufwene）教授提出，在其语言演化理论中，认为语言是一个物种，和寄生物种有许多相似之处。④ 他的观点主要体现在 *The Ecology of Language Evolution*（《语言演化的生态》）这部著作中。

【语言栖息地】 language habitat

也称语言生境，是特定语种赖以生存的稳定的范围和环境。语言栖息

① SMITH E. On the coevolution of cultural, linguistic, and biological diversity [M] // MAFFI L (Eds.). Biocultural Diversity: Linking Language, Knowledge and the Environment. Washington, D. C.: Smithsonian Institute Press. 2001: 95 – 117.

② SKUTNABB-KANGAS T, MAFFI L, HARMON D. Sharing A World of Difference. The Earth's Linguistic, Cultural, and Biological Diversity [M]. Paris: UNESCO Publishing, 2003.

③ 肖自辉，范俊军.语言生态的监测与评估指标体系 [J].语言科学, 2011（3）.

④ MUFWENE S S. The ecology of language evolution [M]. Cambridge: Cambridge University Press, 2001: 15.

地给语种的生命提供条件，包括说话人－听话人－个体－情景，说话人－听话人－群体－社区，地域－文化，言语行为和言语系统，是多种条件和现象的交互复合体。语言栖息地的基本单位是语言社区或语言社群。语言栖息地是仿照生物栖息地而建立的概念。生态语言学的语言世界系统观认为，语言世界系统和自然生态系统具有同构性和共享性。德国学者彼得·芬克首先提出这个术语。

【语言圈】 logosphere

仿照生态学的生态圈而创造的术语。同世界所有生物构成生物链系统、形成最大生命系统——生物圈一样，世界所有语言形成各种语族、语群、语系，各种语族、语群语系又相互关联、形成世界语言系统链——语言圈。语言圈英文名称 Logosphere 源自希腊语，最初指词语的意义和语境，后来指虚拟现实。法国哲学家加斯东·巴什拉（Gaston Bachelard）用它指人类的话语世界。美国语言学家迈克尔·克劳斯（Michael Krauss）将它与生物圈类比，用来描述联结世界语言的关系网络。[1] 生物圈是一个封闭且能自我调控的系统，世界语言圈是否同生物圈一样也具有同构性，语系链是否也像生物链那样存在从下至上的低端和高端的相生相克的语言链，这些问题目前还缺乏可靠的实证研究。

【语言位】 language niche

仿照生态学的生态位而创造的术语，指语种（含方言）在语群（多语）生态系统中，在时间、空间、社群中所占据的位置及其与相关语种之间的功能作用关系。语言位表示语群生态系统中每种语言生存所必需的生境最小阈值。由于竞争，每个语种在语群生态系统中的功能生态位有所不同，但只要生态位稳定，语言的生存活力就能维持。例如，多语社区里不同语言的使用人口、使用场合、使用人群并不均衡，有的悬殊，一种语言可能人口少、使用场合少，但只要人群稳定、场合稳定，该语言就具备了生存必需的语言位和位宽度。

【语言活力】 language vitality

语言的生命力、生存力，一种语言在特定社群、地域、领域中传承、

---

① MAFFI L, KRAUSS M, YAMAMOTO A. The World Languages in Crisis: Questions, Challenges, and a Call for Action [J]. Presented for discussion with participants at the 2nd International Conference on Endangered Languages of the Pacific Rim, Kyoto, Japan. UNESCO Document 20 Language Vitality & Endangerment November 30 – December 2, 2001. Conference Handbook on Endangered Languages of the Pacific Rim. Osaka: Endangered Languages of the Pacific Rim Project. 2001, 75 – 78.

传播、交际使用的功能作用总和。多种因素影响语言活力。语言活力的重要标志是具有持续稳定的交际功能。语言活力的衰减往往导致语言濒危和灭绝。语言活力持续的关键是语言在社群和领域的现代语言生活中维持交际适应，这需要语言族群和语言学家通过积极的语言规划来提升语言的现代生活表达力。

【濒危语言】 endangered language

正在走向灭绝的语言。一种语言如果儿童不再学习和使用，最终就会灭绝。语言濒危可能是外部压力造成，例如军事、经济、宗教、文化、教育的逼迫以及自然灾害和病疫；也可能是内部因素，例如语言群体对母语的消极态度，把自己的社会弱势地位和边缘化地位同族群文化联系起来，认为自己的语言文化很老土、不文明，于是抛弃自己的语言文化，希望摆脱社会歧视，融入现代市场经济，过上美好生活。语言濒危是全球性问题，世界绝大多数濒危语言都是使用人口很少、欠发达和偏远地区的少数民族语言。

【语言保护】 language protection

语言的保育和保持。对于交际功能正在衰退或活力减弱的语言，采取措施保持和增强语言活力，使它得到继续传承、传播和使用，从而保持人类语言的多样性。语言保护的目标是使语言持续稳定地传承、传播和使用。保护行动的核心是开展语言教学，进行语言创新，使其适应现代语言生活的交际表达需要。

【语言生态文明】 language ecology civilizaiton

有两个含义：① 社会的多种语言和谐并存，充分发挥各自功能，没有语言歧视，社会大众学习多语、使用多语、享受多语生活、自觉维护语言多样性，成为普遍遵从的文化伦理、社会价值和行为风尚。② 人们在社会交际、思想交流和语言创作时，普遍使用有利于生态保育和保护的文明语言，拒绝语言污染和语言暴力。

【传统生态知识】 traditional ecological knowledge

语言社群基于世代生活经验、观察及其与环境互动而积累、传承和创造的与生态环境相关的知识，包括动植物知识、地理环境知识、气象和气候知识，至关生存的传统技术有狩猎、捕鱼、采集、农业和畜牧业技术等，以及对自然物象崇拜、神化、俗化的认知和礼仪知识。传统生态知识系统既包括符合生态保育和保护的知识即生态的知识，也包括非生态的知识。

这个术语由加拿大非政府组织"语界"（Terralingua）[1] 研究团队首先提出，常与"传统环境知识"同义使用。加拿大政府的环境评估机构已将传统生态知识作为环境评估的内容。

【传统环境知识】 Traditional Environment Knowledge，TEK

同"传统生态知识"。

【辩证语言生态学说】 theory of dialectic language ecology

丹麦欧登塞学派提出的生态语言学说，认为语言生态的本质是互动，即相互依存、相互支配、相互适应的辩证关系。语言生态实际就是对话形态，包括人与人对话、人与情景对话、大环境与小情景对话。对话既是言语行为，也是相互作用和相互建构，各种话语角色和要素的互动构成了语言生态。辩证语言生态学说的代表人物有南丹麦大学（欧登塞市）的邦、杜尔[2]，德国奥斯纳布吕克大学的特兰珀[3]。

【语言世界系统学说】 theory of language world system

德国比勒菲尔德大学彼得·芬克，特兰珀，斯特罗纳（H. Strohner）提出的生态语言学说，他们以生物生态系统的概念和模式，建立语言生态系统——语言世界系统。语言世界系统也像生态系统那样存在语言生命体、语言栖息地、语种、语群、语言位（相类生态位）、语言圈（相类生态圈），同样可以用相互性、循环、关系网络、共生、多样性、演替或演化、进程、平衡、污染、灭绝来揭示和描述语言及其情景、个体、社会、文化和环境的含意。语言世界系统是一个能自我组织的系统。这个学说强调，不仅要研究语言的细微成分（如语音、词汇、语法形式），更要研究"语言－世界－系统"三位一体的整体。语言世界系统学说已经不仅仅是生态概念的隐喻运用，它揭示了语言环境系统和生态环境系统可能的并行和同构。

【豪根语言生态范式】 Haugen paradigm of language ecology

又称豪根范例、语言生态隐喻。美国语言学家豪根首先提出语言生态概念[4]，将生态学术语在语言学中进行隐喻运用，即用生态来隐喻语言的环境以及语言与环境之关系。生态学的生态在当代已经成为一种世界观和方

---

[1]　详见官方网站 http：//www.terralingua.org/.

[2]　BANG J C, DØØR J. Eco-Linguistics：A Framework［EB/OL］. Download website：www.jcbang.dk/ main/ecolinguistics/Ecoling_ AFramework1993.pdf.

[3]　乔根·彻·邦，威尔恩·特兰珀.语言生态理论的若干方面［M］// 范俊军，肖自辉.生态语言学文选.广州：广东人民出版社，2018.

[4]　HAUGEN E. The ecology of language［M］// Fill A, MÜHLHÄSLER P（Ed.）. The ecolinguistics reader：language, ecology and environment. London：Continuum, 2001：57－66.

法论，许多学科和社会领域或行业都在运用生态隐喻，例如，学术生态、法治生态、软件生态、政治生态、行业生态，等等。

【语言生态隐喻】 metaphor of language ecology

同"豪根语言生态范式"。

【韩礼德语言生态范式】 Halliday paradigm of language ecology

又称韩礼德范例、语言生态功能模式。英国语言学家韩礼德从语言功能来理解语言和生态的作用关系，认为任何语言都是功能的语言，反映了主客观世界的关系、人与人的交际关系、人与语境的作用关系。言语和言语行为对环境产生作用，因而语言对生态环境也产生影响。韩礼德关于语言影响生态的观点，根源可追溯到萨丕尔－沃尔夫的语言相对论。韩礼德范式促进了生态话语批评研究。

第二章　语言生态监测原理

第一节　语言生态监测的目的

一、语言生态监测的缘起——语言生态危机

语言学者对语言生态的关注，源于人类对自然生态和文化生态遭受破坏而导致生存危机的沉痛教训和深刻思考。人类是大自然的成员，自然生态的多样性促成了人类种群的多样化，使人类创造和发展了丰富多彩的社会和文化。语言是文化的重要组成部分，也是文化最重要的载体，人类文化只有通过语言构成知识体系才能得到完整的保存和流传。

"语言生态"概念自 20 世纪 70 年代提出以来，其含义已经超出了初期的隐喻意义，衍化为一种语言世界观。语言生态观把语言及其环境视为一个开放的生态系，把语言多样性与生物文化多样性的依存关系作为基本的理论出发点，并强调语言多样性对人类生存与发展的必要性和重要性。从语言进化与发展的总趋势来看，语言的减少或消亡是自然的生态过程。不过，在古代，伴随语言减少或消亡进程中常常也出现语言滋生和分化，语言生态总体平衡。但自工业化时代开始，语言生态平衡被打破。尤其是全球化进程中，信息网络和大众传媒的迅猛发展，给语言生态的平衡带来了不利的影响，带来了世界范围内的语言生态危机，具体表现如下：

1. 语言的灭绝与濒危

语言的灭绝与濒危是一个全球性问题，已经引起各国政府的关注和重视。根据联合国教科文组织的《世界濒危语言图谱》（第三版）指出①，全球约有 2500 种语言濒临灭绝。《民族语》② 将语言分为 6 个等级，其中黄色

---

① http：//www.unesco.org/languages-atlas.
② https：//www.ethnologue.com/.

等级表示语言活力处于衰退状态，红色等级表示语言，处于濒危状态。以整个西亚地区为例，西亚共 198 种语言，其中语言活力衰退状态的语言有 59 种，占 29.7%，处于濒危的有 18 种，占 9.09%。再以马来西亚为例，全国 138 种语言，处于语言活力衰退状态的语言就有 100 种，占比高达 72.5%，语言已经处于严重濒危的有 16 种，占 11.6%。可见，世界范围内语言濒危现象都比较突出，这将是广大地区文化多样性面临的严重危机。

我国语言濒危状况虽然尚未达到非洲和大洋洲的严重程度，但形势并不乐观。我国有 56 个民族，130 多种语言，除汉语之外的少数民族语言中，有 20 多种少数民族语言使用人口不足 1000 人，这些语种面临灭绝，另有近半数的语言其生存面临严重危机。表 2 - 1 列举了我国境内部分濒危语言的使用和分布情况。

表 2 - 1　我国境内部分濒危语言的使用和分布情况①

族群	语言	使用人口	总人口	分布
木佬	木佬语	0	2.8 万	黔东南，黔南
拉基	拉基语	60	2600	云南马关
满族	满语	150	1068 万	辽、吉、黑、京
阿侬	阿侬语	380	7000	云南福贡县
莽人	莽语	600	600	云南金平县
塔塔尔	塔塔尔语	1000	4890	新疆伊宁、塔城等
花篮瑶	炯奈语	1000	1000	广西金秀
曼咪	克蔑语	1000	1000	云南景洪
布央	布央语	2000	4 万	云南广南/富宁，广西那坡
赫哲	赫哲语	50	4640	黑龙江同江/饶河/抚远

① 数据来源：（1）孙宏开主编的《新发现语言研究丛书》：《木佬语研究》《克木语研究》《克蔑语研究》《布兴语研究》《倷语研究》《布央语研究》《桑孔语研究》《拉基语研究》《炯奈语研究》《阿侬语研究》《莽语研究》《柔若语研究》《莫语研究》（民族出版社，中央民族大学出版社，2000—2002 年）。（2）《广西通志·少数民族语言志》（广西人民出版社，2000 年）、《云南通志·少数民族语言文字志》（云南人民出版社，1998 年）。（3）中国网·少数民族：http://www.china.com.cn/ch-shaoshu。木佬人、倷人现划归仡佬族，阿侬人、柔若人归怒族，桑孔人归哈尼族，仙岛人归阿昌族，曼咪人归傣族，拉基人归壮族（越南拉基人被越南政府确认为拉基族）。布央人有的划为瑶族，有的划为壮族，广西靖西、德保、那坡三县，自称布央或被当地壮族称为布央人的壮族人口比较多，表中为估计数。

续表

族群	语言	使用人口	总人口	分布
仙岛	仙岛语	76	100	云南盈江县
僜人	格曼语	200	1300	西藏察隅县
布兴	布兴语	500	500	云南勐腊县
畲族	畲语	900	70 万	浙、闽、赣、粤
桑孔	桑孔语	1000	2000	云南景洪县
仡佬	仡佬语	1000	59 万	黔桂滇交界地区
佯人	佯语	2000	2400	广西桂林/西林/广南
柔若	柔若语	2100	2100	云南泸水县

此外还有西藏珞巴族使用的苏龙语、义都语，使用人口仅数 10 人，台湾省的邵语、沙阿鲁阿语、巴则海语、葛玛兰语也只有极少数人使用，不久也将消亡。有的民族人口多，但语言使用人口很少，语言活力很微弱。有的虽然有一定的使用人口，但限于中老年人，代际传承已经中断，还有的民族语言有数千或上万使用人口，但大多处于散居和杂居状态，受其他语言影响和侵蚀，明显呈衰变态势。可见，抢救和保护濒危语言是语言生态保护的当务之急。

2. 双语和双方言区的语言单极化

语言单极化，是指在双语或多语区，标准语和共通语以强大优势向土著语言和传统语言的传统交际领域渗透和扩张。语言单极化会改变语言多样性格局，威胁传统土著语言的生存。

历史上，我国少数民族或汉族小族群大多处于相对封闭自足的地域社会状态。多数人使用单一的母语，真正掌握双语（双言或双方言）的人往往限于少数人。在这种生活状态下，尽管有若干数量的双语人，但稳定的双语区难以真正形成。语言接触多半是个体而不是地理范围的接触，各民族和族群母语都能充分发挥各自的社会文化功能，语言生态处于平衡。如五岭地区的瑶民大多在偏远山区，过着靠山吃山的自足生活，直至 20 世纪六七十年代，瑶族家庭仍然以族群内通婚为主，瑶族社会仍是单语社会，因为只有在族群生活区以外才有机会使用汉语。类似情况在其他少数民族地区，尤其是人口聚居、地理相对封闭的地区普遍存在。但是，近三十多年来许多地区的语言使用发生了急剧变化，由原来单语区或局部双语区，变成了完全双语区或多语区。民族区域几乎都通行强势汉语（官话或方言），少数民族真正完全不懂汉语或区域民族共通语的为数极少。例如，壮族人大多数懂西南官话或粤语；五岭地区瑶族人大多会西南官话和汉语土话，或粤语和客家话。一些人口少、分布地域狭窄的小族群更是如此。例如，云南景洪县的桑孔人大多兼懂汉语西南官话、傣语和哈尼语。有学者抽样调查了广西隆林、西林 85 户共 577 位侬人的语言使用情况，结果是：会 5 种语言的 7 人，会 4 种语言的 63 人，会 3 种语言的 302 人，会两种语言的 45 人，其中会侬语的 489 人，会汉语的 425 人，会壮语的 297 人，会苗语的 234 人，会仡佬语的 25 人，会彝语的 16 人。[①] 侬人社会是多语社会。虽然双语或多语的使用使传统民族或土著族群扩大了交际域，提高了交际能力，客观上为改善生活增加了一种技能，但是，这种双语或多语的状态很不平衡，强势语言占据政治、教育、媒体等所有优势领域，双语或多语已经难以相持，语言单极化成为不可逆转的趋势。

语言单极化结果之一就是，族群传统交际域出现频繁的语码转换。如地方行政管理和公共事务交往、民间商贸活动，甚至家庭内部代际之间也经常转换语码。频繁的语码转换，既促使大量地借入非母语的成分，使语言的固有结构发生衰变，又使得语言的传统功能域发生收缩，从而导致语言转用。因此，必须重视双语或多语区的语言单极化现象，采取有效措施以稳固和扩大传统语言的使用域，使语言生态保持平衡与和谐。

3. 局部语言岛和方言岛的同化与消亡

语言岛是指周边广大地区被其他语言包围的语言地理小区域。我国现有语言岛的分布格局大多是历史形成，它主要有两类：一是历史移民形成的语言岛，如戍边、屯垦的军事移民，发配流放或躲避迫害的政治移民，战争或自然灾害的难民，族群分迁或商贸移民。二是强势民族向传统或土著族群区域扩张，使弱势民族或族群传统居住地收缩、分隔和孤立而形成。在当代，还有新的语言岛产生，这主要分四种情况：（1）生态移民。政府为了保护和恢复生态，改善群众生活而进行的移民。例如，我国西部省份的三江源地区、新疆塔里木河流域、京津风沙源区的生态移民就多达数十万。当然，并非所有生态移民点都是语言岛。（2）水利工程移民。例如，三峡移民分散到若干省区，形成了汉语方言岛。（3）戍边和农垦移民。20世纪 70 年代，边疆地区的农场从内地一些省份招收了许多农场工人，这些工人往往来自内地某个县的几个公社，他们使用相同的汉语方言，而在农

---

① 李永燧. 桑孔语研究 [M]. 北京：民族出版社，2002.

场的周边，都是少数民族语言，因而这些汉语方言成了方言孤岛。例如，云南省盈江河谷的农场有一批 20 世纪 70 年代来自湖南衡阳、祁东等县的农民作为农场工人，他们讲湖南话（湘方言）。（4）新经济移民。主要是在经济发达省区的市镇，外来务工者置业定居并带动同乡同族出来务工从业而形成的聚居点。例如，珠三角广州城乡接合部的新疆村，东莞的湖南街，惠州的一些彝族聚居镇和工业园区，等等。随着城镇化的推进，这种情形将会越来越多。我国究竟有多少民族语言岛和汉语方言岛，目前还缺乏全面的调查和可靠的统计，但可以肯定的是，许多民族和族群语言以语言岛和方言岛的形式存在，"小聚居、大杂居"现象比较普遍。例如，瑶族分布在滇、黔、桂、粤、湘、赣等省区，除聚居的瑶族县和瑶族乡外，在汉族、壮族和其他民族地区还有数百个瑶族村落，这些村落的瑶语处在汉语方言或壮语的包围之中，都属语言孤岛。

语言岛的同化和消亡是语言生态危机的又一表现。语言岛一般都是双语或双方言区。"岛民"自幼习得母语和周边语言，甚至外族语比本族母语更熟练。在这些地方，使用外族语的概率一般超过使用本族语。过去那种封闭自足的经济延缓了语言岛的同化进程，但在市场经济时代，语言岛被周边的语言同化、岛民放弃母语的趋势愈加明显，同化或弃用的速度也越来越快。例如，五岭东部的汝城县有三个瑶族乡，如今在该县境内瑶语已经绝迹。类似的情况在粤北、粤西等地也都可见。再如，畲族人口七八十万，但散居在浙、闽、赣、粤、湘、桂等省区，形成了众多孤岛与群岛，如今 99% 的畲语村落已经被汉语方言（主要是客家话）同化。广东省惠东县曾是畲语保留最完整的地区之一，但近二十多年来，语言转用十分普遍。广州市增城区正果镇的畲族村处在粤语、客家话包围之中，成了畲语孤岛。王远新等人 2005 年抽样调查，惠州博罗县嶂背村和增城的畲族村当时就已经没有一个人是单语或单方言人。增城位于珠三角中心，畲族村的语言转用也在预料之中。类似情况在其他地区也并不少见。西藏自治区中印边境地带的僜人族群，他们的传统语言是格曼语，但由于受藏语、汉语、达让语包围，以及跨族群的通婚，现在不少家庭都已经不使用格曼语，语言传承已经出现断代。

汉语方言岛也面临同样的境遇。历史上"湖广填四川"时期，湘方言、客家话在四川境内曾一度广泛分布，但后来逐渐收缩成了方言岛，其中不少已经被同化而消亡。粤北地区的武江、浈江流域分布着十几个闽语小村落，但这些闽语岛受客家话、粤语和当地汉语土话的多重包围，青少年大多已经不会母语。湘南地区湘江支流春陵江北岸的大源山区，曾经有十多个客家村庄，但现在只能偶尔听到几个客家话词语，这些客家人已经完全和当地融合。当然，消失几个语言岛或方言岛，这对于人口多、地域广的民族和族群来说，似乎无关紧要。但是，语言的消亡往往是从小范围受侵蚀开始的。对于缺乏人口数量和地域集聚优势的语言和方言来说，语言岛的生存则关系着整个族群语言的兴衰。因此，延缓语言岛的同化进程，保持语言岛的活力，是语言生态保护的一项重要任务。

4. 弱势语言的结构整合力发生衰变

弱势语言的结构整合力的衰变，是语言生态危机的又一表现。语言接触的结果无外乎三种：一是语言融合从而产生新的混合语。例如，湖南瓦乡话，广西五色话，甘肃和青海的河州话，新疆的艾努话，青海同仁县的桑格雄语，四川甘孜州雅江倒话，都具有异源混合的性质。二是一种语言战胜并取代另一种语言。从历史经验来看，这种情况比较普遍。例如，畲族原来使用客家话、畲语或当地汉语方言，现在大多使用客家话。三是形成相持的双语或双方言区。目前，少数民族地区的强势族群语与当地汉语方言暂时处于这种状态。不过，由于我国法定推行一种国家通用语，汉语的政治、经济、传媒、教育和人口等优势，使得它与少数民族语言接触时，相互融合而产生混合语的可能性已经越来越小。汉语和少数民族语言接触，区域强势语和弱势语的接触，最终结果几乎都是取代。大量事实表明：我国弱势语言的结构整合力普遍呈现减弱趋势。这主要表现在：（1）早期借词往往经本族语构词法重新整合后才进入词汇系统，而近期借词尤其是新借词，大多以来源语的形式，甚至原封未动地移植到借入语的词汇系统，尤其是表达新概念、新事物的词汇，以强势语的结构形式直接进入弱势语的现象非常普遍。音译借词越来越多，同一事物或概念，借词与本族词并用，甚至本族语的一些核心词都已经使用借词。这表明这些语言的结构整合力在降低。（2）强势语借词的直接移植，造成了弱势语的语音系统不平衡。许多少数民族语言都有数量不等的只用于汉语或其他强势语借词的音类，这些音类并非本族语固有，而是新增音类，它们进入语音系统后常常向相邻音位扩张，导致固有音类的混合、归并、消失。（3）弱势语的某些句法结构的分布和使用频率也明显降低。例如，"名词—定语"结构是壮侗语言和苗瑶语言的固有语序，但在有些语言中，"定语—中心语"现在的实际使用比固有语序更为广泛，扩张趋势非常明显。又如，侗语吸收汉语结构助词"的（tje6）"以后，修饰成分前置不但见于汉语借词，而且逐渐影响到侗语言固有的修饰词组 。一种语言如果缺乏固有结构系统的筛选和整合，就直接移入外族语言的成分，随着量的增长，最终将会导致固有结构的衰亡。可见，如何通过语文规范化手段，以增强弱势语言的结构整合力，也是一个很值得研究和实践的问题。

5. 弱势民族和族群的母语权受到抑制

联合国教科文组织在《保护非物质文化遗产公约》宣告，任何民族成员有使用、维护母语的权利和义务。我国宪法规定在民族地区实行双语或多语制，各民族的语言权在法律上得到了承认。语言权是基本的人权，近年来受到国际学术界的关注。对语言权的理解、诠释以及法律界定，目前还没有明确的表述。不过，从文化传承和族群特征的角度看，语言权就是使用和维护本族语和母语的权利与义务。世界上有些多民族国家没有法定的"国语"，正是基于对各民族语言权的尊重。联合国教科文组织将每年2月21日定为"国际母语日"，也体现了对各民族母语权的充分肯定。就我国而言，语言权问题还没有得到学术界重视，民众对此也缺乏认识和觉醒。不学母语、不向后代教授和传播母语、羞于使用母语、语言自卑等现象，在一些弱势语言（或汉语方言）族群中比较普遍。原因有两个方面：一是民族地区经济发展相对滞后，为了改善生活状况、获得更好的生活出路，弱势民族成员有时不得不抑制或放弃母语。二是少数民族母语教育落后，民众对本族文化和语言的价值与作用认识不够，甚至产生怀疑，因而对母语和文化兴衰缺乏关心和热情。此外，在执行国家语言政策的过程中，我们曾经出现过失误。例如，"推普"曾采取运动式推进，给人们造成推广普通话就是全民使用普通话、不说本族语的错觉，在汉语区也造成了说普通话而不准说方言，或说普通话光荣、说方言羞耻的误导。推广全民共同语，可以使全国民众由单语交际水平提高为双语或多语交际水平。但是，"推普"不能抑制少数民族或族群的母语权，更不是要消灭方言。用母语表达思想是最习惯、最快捷、最准确的，各民族和族群母语或各地汉语方言都是地域内广大群众最重要的、必不可少的交际工具，是民族或族群文化、地域文化的最重要载体，因而在民族和族群地域范围内，任何人都有使用、保护、传承本族母语或方言的权利和义务。必须承认，在一些地区和社会领域，还存在主观或客观上抑制语言权的问题，如某些政策的制定与执行，往往过多地向标准语和区域强势语倾斜，地方大众媒体（报刊和广播电视）不同程度地存在禁止或限制土著语或方言进入的现象，教育领域也限制或禁止地域语言和方言成为教学媒介语。即使是有双语或多语政策，也往往是"面子"工程，而缺乏落实。无论是政府还是公共组织或民间群体，都应充分尊重地方民族和族群的母语权，要从构建和谐的人文社会生态的高度，充分认识民族语言和地域方言在当代社会中的重要作用，在日常生活、商贸、教育、艺术、写作以及新闻媒体中使用这些语言。尤其在强势语不断扩张、弱势语不断萎缩的现实情况下，只有充分尊重各民族和族群的母语权并给予弱势语政治扶持和经济支援，才能促进语言文化生态的健康生存与发展。因此，任何抑制地方民族和族群母语权的政策都是不可取的。当然，语言生存和发展的关键在于民族和族群自身对语言权利和义务的意识觉醒。缺乏这种觉醒，语言权就会遭到削弱，语言使用就会萎缩，语言文化生态就会发生衰败。

造成语言生态危机的原因主要在于，一方面强势族群语言以其政治、经济、教育等优势，功能范围不断扩张，而弱势语言则功能萎缩；另一方面，全球化客观上抑制了语言增长，加快了语言衰亡进程，古代几百年或上千年才发生的语言衰变和消亡，在当代可能几十年就完成了。正如我们不会把杀戮引起的物种灭绝与减少看作自然生态的正常现象一样，我们也不应该把强势语以其人口、政治、经济等优势向弱势族群社会扩张而导致的语言生态恶化，看作人文生态进程的正常状况。这种状况逐渐受到国际关注。《联合国教科文组织宪章》把永久保护语言多样性作为保护世界文化多样性的基本内容。事实上自 20 世纪 90 年代始，联合国教科文组织就直接参与了全球濒危语言的保护行动。2001 年联合国教科文组织第 31 届大会通过了《世界文化多样性宣言》（*Universal Declaration of Cultural Diversity*）及行动计划，进一步强调保护语言多样性的重要性。2002 年 9 月，联合国教科文组织在土耳其召开以"非物质文化遗产——文化多样性的体现"为主题的文化部长圆桌会议，通过了《伊斯坦布尔宣言》，呼吁世界各国共同保护和发展非物质文化遗产，促进文化多样化。2003 年 3 月，联合国教科文组织在荷兰召集了国际专家会议，研讨世界濒危语言的保护问题。近年来，我国政府也积极响应联合国教科文组织的宣言和行动纲领，启动了非物质文化遗产的保护工程，语言文字被列入其中主要部分。

二、语言生态监测的目的

面对鉴于当代全球语言濒危严峻、人类文化多样性衰退的形势，人类必须付诸行动，抢救濒危语言遗产，促进语言多样性，开发和利用语言资源，然而这都有赖于语言生态的改善和良性发展，且需要人类积极自觉的实践活动来实现。保护语言生态，更是语言学家和语言学必须面对的严肃课题。语言生态监测正是保护语言生态必要的、基本的实践活动。

在今天，语言生态的保持与发展面临新的挑战。要使语言资源得到充分而有效的保护、开发和利用，发挥其应有功能，实现其社会价值，促进语言资源可持续发展，基本的前提就是，除了对语言生态进行调查，还要对语言生态进行周期的监测。语言生态监测的总目的是，动态掌握语言资源分布、生存和发展状况，为语言规划提供科学依据，促进语言资源的生态发展，推动语言科学及相关人文社会科学的理论和应用创新。具体目标包括：

首先，通过语言生态监测促进语言资源可持续的生态发展。丰富的语言资源既能促进人的语言和智力发展，也能为不同民族和群体文化融入和精神享受提供更多的选择。保护和利用语言资源，有助于文化多样性、传媒大众化和教育多元化建设，能扩大社会信息化领域，提升信息化水平。掌握国家语言资源分布、品质、发展变化等情况，是开发和利用语言资源的前提。而且，充分了解制约和影响语言资源发展的各种原因，对语言资源的变化进行前瞻性预测，可及时提出应对措施，有助于语言资源的可持续发展。

其次，通过语言生态监测为国家制定和调整语言政策提供依据。语言生态监测本身包含对国家语言政策实施状况以及政策合理性的调查，因此通过语言生态的监测，可以反观现行语言政策是否适应人民语言生活的需求和社会发展的需要，是否需要做出调整和改进，需要做出哪些调整以及如何调整等方面的问题。语言生态监测获取的其他关于语言资源和语言生态系统数据，也可为提出语言规划的策略动议提供依据。

再次，语言生态监测促进民众语言保护意识。建立国家语言生态监测工作体系，向社会发布语言资源状况报告，增强民众的语言资源意识，促进社会对语言资源的自觉关注，开拓语言资源的社会应用空间。

最后，语言生态监测应促进当代语言学及相关人文学科创新和发展。通过语言生态监测获得丰富的语言材料以及语言要素动态变化的数据，拓展语言学研究的视角，为语言学创新提供动力。通过语言生态监测，还能做到将语言和社会人文要素系统地结合起来，促进语言学与其他学科的借鉴与结合，使语言学不断超越自我、发展自我。从长远来看，只有对语言进行长期的调查和跟踪研究，才能更深刻地了解语言的属性和发展规律。

由上可知，语言生态监测在于动态掌握语言资源分布、生存和发展状况，以及对语言生态变化产生影响的各种要素的作用，尤其关注人为干扰和语言生态环境变化的关系，使人们清楚地明白，人类的哪些社会活动和行为符合语言生态规律，哪些有悖于语言生态规律，以及应该怎样调整自己的行为，从而达到语言、生物文化多样性的和谐。

第二节　语言生态监测的含义

一、语言国情调查和语言生态调查

（一）语言国情调查

语言国情是历史的、动态的，它随着社会经济的现代化进程而发展变化，因而有必要将国家语言普查作为周期性的常规政策来实施。近十多年来，我国社会生活发生了巨变，其中包括语言生活的剧变。但是，迄今没有就新时期语言国情开展语言普查。一些有识之士已经看到了这个问题。前些年有学者提出开展语言国情调查和国家语言普查的动议。语言国情调查即国家语言普查，它是"对全国语言文字及其使用情况进行有目的、有计划、有组织的全面调查研究"①。国家语言国情调查依赖学术机构的主体参与，但政府职能部门是主导者和组织者。

在一个多民族国家，语言问题与教育制度、传播政策、民族关系和社会稳定相关联。当代语言生活的巨变，语言多样性危机与语言资源的保护和利用，民众语言需求的多元化，由语言引起的新问题不断出现，国家语言政策的调整，都表明开展国家语言普查工作显得必要而迫切。首先，语言资源是一种国家资源，丰富的语言资源既能促进人的语言和智力，也能为不同民族和群体文化融入和精神享受提供更多的选择。通过语言国情调查掌握国家语言资源的分布、种类、品质、价值变化，是国家语言资源开发和利用的基础，也是语言资源可持续发展的前提。教育部语言文字信息管理司 2004 年成立了国家语言资源监测与研究中心，就是认识上的重要突破。从国家资源战略高度开展国家语言普查，在此基础上建立语言资源开发与利用、保护与发展的政策和制度体系，显得十分必要。其次，语言规划的目的是制定科学的语言政策，而语言政策的核心是确立语言在政治生活、文化传播、教育体系和经济活动中的地位，这都必须以国家语言普查为依据。现行语言政策是否适应社会现实和发展，是否适应各民族和群体的需求，是否需要调整和改进，需要做出哪些调整以及如何进行调整，也

---

① 陈章太. 语言国情调查研究的重大成果［J］. 语言文字应用，2007（1）.

需要通过国家语言普查来检验。最后,当代中国语言学的创新与发展,不仅体现在自身理论体系的完善和实践应用验证的不断成功,而且体现在语言学术思想、理论框架、研究方法和技术路线与其他人文社会科学的桥接、融会与贯通。要实现这一目标,语言普查是必备要件,只有在完整意义上的语言普查中,才能做到将语言要素和其他人文要素系统地结合起来进行探究,从而使语言科学超越自我、发展自我。

20 世纪 80 年代以后,许多国家纷纷开展语言国情调查,有的将语言基本指标纳入常规人口普查和社情普查中进行。例如,欧美一些国家采取了这种做法。它的优点是,调查人口面广,调查项目一致,数据整齐,便于分析,有利于宏观把握语言分布、使用人口、双语或多语状况等方面的现状及动态变化,为制定语言政策提供直接依据。又如,危地马拉 1994 年人口普查,获得了语言严重流失及相关因素的国情数据。[①]

我国早在 20 世纪三四十年代就已经开始类似语言国情调查工作。国民政府时期的“中央研究院”历史语言研究所对湖南、湖北、江西、云南、四川等五省进行了大规模的汉语方言调查。中华人民共和国成立后,我国的语言研究机构和学者也不断地开展语言调查和研究工作,其中不乏带普查性质的规模调查。例如,中国社会科学院和澳大利亚人文科学院合作编制的《中国语言地图集》(1987、1988、2012)就突出反映了这一时期语言调查工作的成果。这是中国语言学界 1979 年重新开展工作之后承担的关于语言国情调查的第一项重大工程,《中国语言地图集》首次系统地向人们介绍了我国境内汉语和少数民族语言的分布情况、使用人口及其主要特点。它除了利用以前已取得的语言研究成果和调查材料,又组织力量对汉语方言及少数民族语言进行了一次大规模的面上的调查和核实。仅方言调查和核实就涉及 600 多个市县和相当于市县的方言点,比较客观地反映了当时中国语言的实际面貌,比较清楚地表述了中国各种方言的重要特点。真正意义上的带普查性质的国家国情调查工作有两次。第一次是 20 世纪 50 年代在政府领导下的全国语言普查,共调查了 1849 个县市的汉语方言,同时有 7 个工作队调查少数民族语言。这次普查在我国政治和文化史上有重要的里程碑意义。(1)它是第一次真正意义上的国家语言普查。(2)通过普查基本摸清了语言国情,为推广普通话,解决少数民族语言文字使用和发展问

① HAWKINS R J. Language loss in Guatemala: A statistical analysis of 1994 population census [J]. Journal of Socialinguistics. 2005, 9 (1): 53-57.

・39・

题，制定新中国语言、文化和教育政策提供了科学依据。（3）推进了我国语言科学，尤其是方言学和民族语言学的建设与发展。（4）积累了田野调查经验，培育了一批语言研究骨干。第二次是1999年教育部等11部委联合开展的语言文字使用情况和语言生活状况普查，涉及1063个县市，47万多人，历时6年。这次普查有如下特点：（1）设计方案过程中先进行了试点和实验，准备较为充分。（2）调查人员专业水平较高。（3）调查表设计较为科学，内容也比较丰富。这次普查成效卓著。正如总结报告所言，为有关部门决策提供科学依据，摸清了家底，填补了空白，体现和宣传了我国语言文字政策，培养了人才，壮大了队伍。

　　语言国情调查是一项系统的长期工作，应遵循以下工作思路：政府主导、专家参与，科学规划、精心设计，先行试验、建立规范，确定重点、以点带面，按区展开、分步推进。确定国家语言普查的目标，既要立足国家的历史和现状，也要具有前瞻性和国际视野。语言普查的成果既要适应国家社会、经济、文化发展的需要，同时也要考虑国际惯例和标准，适应国际社会的需要。借鉴国外和国内的有关经验，我们认为，国家语言国情调查应实现如下目标：（1）建立科学、规范、全面的国家语言国情监测体系，实现语言监测常规化。（2）获得国家语言资源和语言生态系统数据，以便提出语言规划的策略动议。（3）推动语言科学及相关人文社会科学的理论和应用创新。

　　国家语言普查的内容应围绕上述目标做出科学规划与设计。陈章太2007提出，语言国情调查的具体内容应包括：法定官方语言文字、各民族语言文字、各种方言文字、特种语言文字（如盲文、聋哑手语等）、外国语言文字等的种类、使用人数、使用群体、使用领域、使用地区、使用场合，还有语言关系、语言文字及其使用的问题、语言政策和语言法规及其执行、语言文字规范化标准化等情况①。李宇明在国家语言普查工作务虚会上提出了如下内容：（1）调查汉语方言种类及其使用变化状况。（2）调查中国少数民族语言、方言种类及其使用变化情况。（3）调查普通话和简繁汉字的使用情况。（4）调查境内外语教育及外语人才的数量、水平等基本状况。（5）建立中国语言的多媒体数据库，绘制详细的可传之后代的语言地图。（6）研究新世纪国家的语言发展战略和国家语言安全问题。②

　　上述内容涉及国家语言普查若干层面的重要问题。综合上述意见，参

---

① 陈章太．语言国情调查研究的重大成果［J］．语言文字应用，2007（1）．

② 中国语言普查工作务虚会在北京语言大学举行［J］．民族语文，2007（4）．

考国外相关经验，我们认为，完整的国家语言国情调查应包括如下内容：

（1）调查我国境内所有语言和方言及其文字的种类、分布和使用状况，获得准确的现实数据，分类绘制详细的语言地图。

（2）调查我国境内所有语言和方言的生态状况，并根据语言生态指标对所有语言和方言的活力做出定量和定性评估。

（3）调查海外华人社区的语言生活状况，包括汉语和方言以及汉字的使用状况。

（4）调查边疆地区跨境民族境外语言生活状况。

（5）调查境内各种语言和方言资源的数量、种类、分布，包括语言教育、语言传播、语言应用技术、文学文艺等语言产业和语言产品，语言资源的价值评估，语言资源的开发与利用，等等。

（6）语言本体普查。对我国境内所有语言和方言（含次方言和土话）语言系统进行基本的调查和描写。

（7）调查国内各个层级与语言相关的法规、政策和制度及其实施状况，对语言法规、政策和制度的科学性和成效度做出评估。

（8）调查少数民族语文人才和汉语方言人才的需求状况。

（9）调查外语教育及外语人才的数量和水平、外语产业和产品状况。

（二）**语言生态调查**

语言生态调查是指对影响语言生存和发展的各种因素进行调查研究，进而对语言生态环境的状况做出科学评估，目的就是为制定语言保护与发展对策，以及各种保护和发展语言资源的实践活动，提供科学依据，以促进语言文化的多样性。语言生态调查覆盖的地域，可以是全国，也可以是省区或特定地域范围。随着生态语言学在中国的传播和发展，不少研究者自觉将语言生态问题纳入自己的学术视野，并对少数民族语言和汉语濒危方言等的语言生态开展调查和实证研究。近10年来国家社科基金和教育部人文社科基金资助了若干语言生态研究方面的课题，其中不少就是以语言生态调查为主题的，甚至不乏重大招标项目和重点项目，也表明国家日益重视语言生态调查工作。①

---

① 例如邵宜主持的国家社科基金重大项目"环南海国家语言生态研究及语言资源库建设"（16ZDA211），马梦玲的国家社科基金一般项目"青海河湟地区多民族走廊语言生态调查研究"（11BYYO31），阿拉腾苏布达的国家社科基金一般项目"东部裕固语语言生态调查研究"（17BYY168），孙叶林的国家社科基金一般项目"湘西乡话语言生态调查及有声语料库建设"（20BYY055），肖自辉的国家社科基金青年项目"中缅中老边境地带汉语方言及少数族群语言生态调查研究"（15CYY014）等。

从生态语言学的产生缘由来看，语言生态调查、分析和评估的目标，主要是为了掌握语言生存环境的优劣，预测语言活力以及语言的生存和发展态势，以便采取语言抢救和保护的实践措施。从内容上看，语言生态调查既不同于一般的语言调查，也不同于社会语言学调查。它既包括语言本体调查、语言社会使用情况调查以及语言的活力状况调查，还包括跟语言相关的自然环境方面的调查。语言生态调查的内容主要有以下几个方面：

（1）对调查区域内的语言（含方言）种类、数量、分布、使用人口进行调查，获得翔实的现实数据，揭示其发展变化的趋势。

（2）对调查区域内的语言（含方言）在教育、传播、经济、文化、技术、日常生活等领域的使用和开发利用情况进行调查，揭示语言资源在当代社会中体现的价值活力。

（3）对调查区的语言（含方言）的核心结构要素和特征要素进行调查和描写，并进行历时考察，揭示语言自身的内在活力状况。

（4）依据调查指标体系和模型，分析处理调查采集的各种原始数据，对调查区域内的语言资源的生态状况和价值表现做出等级评估。

语言生态调查是语言国情调查的组成部分，其内容覆盖面比语言国情调查要小，不过它和语言国情调查一样具有促进语言资源可持续发展、为国家制定和调整语言政策提供依据、促进当代语言学及相关人文学科创新和发展等意义。然而，语言生态调查秉承并贯彻"生态观"，这使得语言生态调查还有着不同于语言国情调查的特殊方面的意义。具体表现为：

首先，语言生态调查尤其关注人为干扰和语言外部生态环境变化的关系，使人们清楚地明白，人类的哪些社会活动和行为符合语言生态规律，哪些有悖于语言生态规律，以及应该怎样调整自己的行为。

其次，语言生态调查可以通过对语言多样性的调查促进民众语言保护意识。开展国家语言生态调查，向社会发布语言资源生态状况报告，有利于增强民众的语言资源意识，促进社会对语言资源的自觉关注，开拓语言资源的社会应用空间。

最后，语言生态调查可以了解到语言族群基于经验观察及其与环境互动而积累的跟生态环境相关的传统知识，包括动植物知识、地理环境知识、气象和气候知识等。传统生态知识是维持当地族群生存必需的资源，是我们认识自然和世界的钥匙，也是现代社会发展和知识创新的源泉和动力，具有重要的生态价值、医药价值和经济价值等。

不过总体上看，国内外在语言生态调查的理论和实践方面还比较薄弱。

从理论上看，语言生态调查的内涵是什么，调查什么以及如何调查等问题，还缺乏系统研究。语言生态是一个重要的现实问题。语言生态调查的目标应该立足于揭示语言内生态和外生态状况及其相互关系，以及语言生态的发展规律和趋势，解决语言文化保护与发展实践中的问题。

二、语言生态监测

语言生态调查具有重要的理论价值和现实意义，但语言生态调查涉及的内容非常广、覆盖范围大、实施周期相对较长，调查的重点往往是某种语言的生态状况，很少将整个区域语言生态状况的调查作为对象和内容。语言生态调查同时也面临技术标准较难统一、调查指标综合性不强、调查队伍和人员素质参差不齐、调查成果信息化程度不高等诸多问题。因此我们提出语言生态监测的观念。

（一）什么是语言生态监测

什么是语言生态监测？简言之，就是通过实地调查和技术分析手段，对语言资源的生态状况、语言资源的增损变化和开发利用状况进行经常性的或周期性的普查、测定和评估。在此基础上，针对语言资源的增损态势，提出相应对策与措施，促进语言生态和语言资源的可持续发展。语言生态监测能快速获取反馈信息，依靠数字化信息平台，在分析生态状况与影响关系因素之后，能直接研究、制定、修订和执行相关应对政策，因而语言生态监测对语言政策的执行和修正可以起到非常及时、迅速的导向作用，是语言资源合理利用和良性发展的基础，也是政府制定语言文化政策的依据。

（二）国内外语言资源监测理论与实践概述

在国外，语言资源的监测20世纪就已经开始，主要是对语言功能及其外在制约因素的监测，关注外来强势语言为国语条件下少数民族和族群聚居国家及地区双语和多语状况。这种语言资源监测的内容包括，语言种类、分布、人口的调查，关注语言多样性是否得到良好的保持与发展，重视非强势少数族群语言及方言土语的调查、收集、发掘和整理，以及各种语言或方言的社会使用变化的动态监测，进而提出实施相应语言规划和语言工程建议，达到使语言资源得到抢救、保护、振兴和发展的目的。如20世纪90年代教科文组织向成员国发起编制《世界语言报告》，实际上是基于这种思想而进行的监测实践。1995 年，欧洲语言资源协会（ELRA）在卢森堡成立①，该协会开展以语言技术为主的语言资源收集、监测、评估、鉴定、宣传、开发与利用工作，定期召开语言资源与评估国际大会（ICLRE），出版会刊《语言资源与评估》。1996 年，美国学者玛菲（Luisa Maffi）和伍德利（Ellen Woodley）组织召开"濒危语言，知识与环境"国家专家联席会，并发起成立了一个国际性民间组织"语界（Terralingua）"②，该组织设立了以生物－文化多样性资源为基础的全球地理信息系统（Global GIS）以及若干分地区资源监测和资源库建设项目，并每年发布年度报告。此外，总部位于美国圣地亚哥的全球语言监测机构（GLM：Global Language Monitor）自成立以来也致力于对全球的语言使用情况进行监测，记录、分析和跟踪世界上各种语言的变革甚至死亡。但其关注的是语言本体的监测，重点放在个别语言现象的分析和研究上，且对全球英语的发展趋势特别重视，对其他语言则关注较少。还值得一提的是，美国教育部从 1993 年起拨款资助在美国的 16 所大学和科研机构设立了 15 个"国立语言资源中心"（NLRs），这些中心分工协作，开展了以语言学习为目的的对世界重点区域语言资源进行监测、利用和开发的工作。

相比之下，国内近五六年才开始关注语言资源监测问题。就我们所见到的文献而言，国内似乎还未出现语言资源及语言资源监测方面的专门研究著作，但一些学者所做的某些领域的理论研究和实践工作，已经具有了语言资源监测的性质。例如，2001 年黄行编著的《中国少数民族语言活力研究》提出若干指标，对国内少数民族语言的活力状况进行了分类测度、评估与排序。从 2005 年起，由国家语言文字工作委员会相关职能部门主持，每年出版的《中国语言生活状况报告》，宏观上涉及国内语言文字使用状况，微观上涉及普通话新词语的调查统计。2008 年出版的《中国的语言》对全国（大陆）所有少数民族语言进行了描写。也在一定意义上属于语言监测工作，但以上均不属动态的、系统的资源监测报告。从 2004 年起，教育部语言文字信息管理司成立了"国家语言资源监测与研究中心"，迄今已成立了平面媒体、网络媒体、有声媒体、教育教材、海外华语、少数民族语言等 6 个分中心，目的在于"借助现代化信息处理手段，对现代汉语进行动态定量分析和统计，对语言生活中出现的新变异、新现象进行监测、

---

① 欧洲语言资源联盟的官方网站 http：//www. elra. info/.

② 详见该组织的网站 http：//www. terralingua. org.

分析与研究，增强对语言国情的定量了解"①。国家语委十五课题"语言文字国情调查数据库建设及其深度开发"，创建了"中国语言文字使用情况调查"数据库。② 这些都是语言资源监测方面良好的实践活动。这说明，语言资源的监测已经纳入政府职能部门的工作事务，越来越引起国内学界的重视。

不过，从总体上看，国内语言资源监测的理论和实践还相当薄弱。从理论上看，语言资源监测的内涵是什么、监测什么以及如何监测等问题，还没有系统的研究。从实践上看，如何建立语言资源监测系统以及相关的运行和评估机制，也缺乏实际可行的规程。例如，上述国家语委的数据库指标单一，主要针对普通话的使用，而且是静态的数据，不属于动态监测。每年发布的《中国语言生活状况报告》虽然有每年的新数据，但主要是由少数学者单个完成，属于某些领域的情况概述，还不是系统的语言资源的监测。从机构设置上看，仅有6个分中心显得不够，这些分中心基本上各自为政，缺乏像美国国立语言资源中心那样在统一法规和章程下的运行机制。这样下去，分中心的发展有可能不平衡，相互之间合作也难以实质地开展起来，有的分中心有可能流于形式。

（三）语言生态监测与语言生态调查的关系

语言生态监测工作是与语言生态调查有一定依存度但又相对独立的两项工作。语言生态调查可以为语言生态监测工作提供一定时期内的本底数据，而语言生态监测为语言生态调查提供基础语言数据以及具体调查内容的动态数据状况，调查是基础工作、是语言实践，监测是数据集成和数据分析挖掘，是语言生态监控、预判以及建立其上的决策。语言生态监测也是语言生态调查的业务化持续，也是语言生态调查的一种手段和途径。

语言生态监测和语言生态调查还有以下几个方面的差异：

（1）语言生态调查只获得某个时间段的语言生态方面的数据，很难体现语言生态在某个周期内的变化情况；语言生态监测以一个国家或一个地区全局作为研究对象，以有限的人力、物力分析掌握全局的常年动态，因而它在工作方式上向微观方面深入的可能性服从于完成宏观分析的必要性。

（2）语言生态监测更重视信息平台，往往基于语言生态数据平台实现对语言生态数据的快速查询、直观展示和动态管理，能快速获取反馈信息。

---

① 陈敏. 国家语言资源监测与研究中心概介［J］. 术语标准化与信息技术，2010（3）：21.

② 详见 http：//www.china-language.gov.cn/LSF/LSFrame.aspx.

在分析生态状况与影响关系因素之后，直接研究、制定、修订和执行相关应对政策。

（3）语言生态监测比传统的语言生态调查在内容和指标上更为精简，即尽量选择核心的、可计量的指标。

（4）语言生态监测在材料的取得上，为保证广度，而提倡尽可能搜集现成资料。

由于语言资源本身在地域分布上不均衡，开发利用上具有多向性，同时资源本身也会动态变化，这些空间和时间上的不确定因素导致语言生态的管理比较难，而且影响语言生态状况的因素也非常复杂，多种因素之间相互依赖、相互制约、相互促进。对这样一个复杂综合体进行研究和管理，需要大量涉及面广泛的长序列调查数据和动态监测数据，以及高效率的数据处理和管理方法。因此，建立一体化的语言生态调查和监测体系，将调查—监测有机地联结，全面及时掌握语言生态的本底数据和动态变化信息，为语言资源宏观决策提供全局战略数据支持。

第三节　语言生态监测的内容

语言生态监测尚是一个新课题，国内外有学者做了相关探索和研究，[①] 但迄今还缺乏一个全面的语言生态监测与评估的可操作性方案。语言生态监测的对象和内容是什么？调查工作如何操作？从目前已开展的理论和实践工作来看，这些问题都没有得到解答。

鉴于国际上语言生态观的多样性，"语言生态监测"这个概念中的"语言生态"至少应该有两种理解：一种是隐喻类比自然生态学中的"生态"；另一种是指非隐喻的自然生态，即自然环境。目前国内学者所做的语言生态调查方面的工作主要是将语言生态看成是隐喻的生态，即前一种理解。而且绝大部分语言生态调查的主要对象是濒危语言或方言，关注点或是语言社会使用情况的量化研究，或是基于生态的语言结构接触、融合和演变。但现代中国社会生态环境问题接踵而至：气候异常、环境污染、物种灭绝等，要为解决这些问题做出贡献，就不仅仅是豪根提到的生态概念或生态学术语的隐喻运用能实现的，而应该是提倡生态语言学理论和生物生态学

---

① LANDWEER M L. Indicators of Ethnolinguistic Vitality [EB/OL]. http：//www. sil. org/sociolx. HARMMANN H. Multilingualismus 2. Elemete einer Sprachokologie [M]. Tubingen：Gunter Narr, 1980.

的并行、同构和共享。因此我们建议在语言生态监测与评估研究之中也并行应用，这才是对能说话的有机体（说话人、听话人、个体、群体、社区等）和周围环境交互关系的研究，或者更准确地说，是研究共同环境，更简单点——研究世界。

因此，为了应对语言多样性减弱和自然生态环境恶化的双重危机，考虑到传统上狭隘的语言生态观并不能满足现实需求，也难以真正实现生态体系和谐与平衡的美好愿景，新时期的语言生态监测应该扩宽视野，从更高层面思考，既要有全局观，考虑特定自然生态圈内语言与语言之间的关系和互动，又要重视特定语言与外部生态环境及其自身环境的相互依存和作用关系。当作前一种理解的时候，语言生态监测与评估是对区域语言环境以及影响各语言生存和发展的各种因素等信息进行采集、存储的过程，应该包含两大块内容：（1）基于区域的语言多样性监测与评估；（2）基于语种的语言生态状况的监测与评估。当语言生态作后一种理解，即自然生态理解时，语言生态主要指的是族群语言中的传统生态环境知识，这里语言生态监测与评估就是指"基于族群的传统生态知识监测"。

也就是说，全面的、系统的、科学的语言生态监测应该包括三个方面的内容：（1）地域语言多样性监测；（2）语种生态状况监测；（3）族群传统生态知识监测。这三个方面都属于生态语言学监测范畴，只是调查、测定的出发点不同，内容、方法也各不相同，但研究价值是相对一致的，都旨在促进语言多样性及语言资源可持续发展、抢救濒危语言遗产，并为国家制定和调整语言文化政策提供科学依据。

一、地域语言多样性监测

（一）语言多样性监测的概念和内涵

语言多样性是语言生态的重要内容，一般是指"在既定地理区域内的不同语言的数量"①。如果仔细查看任何一个大区域的语言分布图，就可以看到一些地区语言数量很多，而另一些地区则数量相对单一，前者如新几内亚岛、中国的西南部地区，后者如北美原始东部林区地域、中国的西北地区。

但以上只是语言多样性的一个方面——语言丰富度，语言多样性还包含语言使用的均匀度。对语言多样性来说，均匀度是指语言中每个语言使用群体的分布。例如，甲地和乙地都使用着 10 种活态语言，说明这两个地区的语

---

① NETTLE D. Linguistic diversity [M]. Oxford：Oxford University Press，1999.

言丰富度一致。但甲地每种语言的使用人口均占总人口的 10%；而乙地 91%的人使用同一种语言，9% 的人使用其他 9 种语言，显然甲地的语言均匀度要高于乙地。语言均匀度概念是在相对较短的时间尺度内测量语言多样性变化的关键。在过去几十年里，各种少数民族语言逐渐销声匿迹，但相对来说，语言消失的速度较为缓慢，因为在大多数地区，语言丰富度仅仅是略有减弱；但我们认为语言多样性却不容乐观，因为现存语言中语言使用者分布越发不均匀，越来越多的人趋向于集中使用少数的几种大语言。

语言多样性还意味着语言"种属"的多样性和结构形态的多样性。这与自然界生物圈中物种多样性类似。例如，某个地区树木很多，但如果只有两三种树木，说明树木多样性并不高。语言的"种属"多样性是指语言谱系多样性（phylogenetic diversity），或者说"在某区域内的语言所属的不同谱系的数量"。内特利（Nettle）指出，谱系可以定义为不同层次，如语族、语系等。语言结构多样性（structural diversity），即语言结构的变体数量，从语音方面看，语音多样性主要表现为声韵调或元音辅音数量的丰富度；从词汇上看，词汇多样性主要体现在传统词的比例和借词比例上；从语法上看，语法多样性主要体现在形态数量、语序种类。

语言多样性与生物文化多样性的相关性已被大量调查研究所证实。地球上生物多样性程度高的地区也是人类族群文化和语言密集的地区。例如，太平洋婆罗洲岛（Borneo）有丰富的物种，栖息着 40 多个土著民族和族群，他们使用着 100 多种语言。非洲热带雨林的雨季分布与生物文化多样性和语言多样性分布明显相关。我国西南地区的六江流域是重要的生态区，生活着众多民族和族群，费孝通先生称为"藏彝民族走廊"。该区域语言繁多、支系复杂，我国境内 130 多种语言中将近半数分布在这一地带。五岭中西部也是我国重要的生态区，是苗瑶壮侗诸民族的世居地和栖息地，形成了众多的民族语言文化以及复杂的汉语土话群。生物多样性、文化多样性和语言多样性的依存共生关系，是自然和人文关系的一种常态。在当代，随着生态意识的普遍化，人们对保护生物多样性和传统物质文化遗产都普遍认可和支持，杀戮珍稀动物、砍伐珍贵树种、毁坏古代文物，都会受到社会公众和舆论的谴责及法律的惩罚。但是，对须臾不离的语言遭受侵蚀、语言濒危和语言灭绝以及语言生态的恶化，迄今社会和公众仍然未能形成与生物生态那样的普遍忧虑和关注意识。语言多样性研究表明：语言多样性的衰退会引起生物与文化生态的衰变，人类社会生存与发展需要语言多样性，必须像保护自然生态那样保护精神和知识的家园——语言生态。

　　语言多样性观点的一个悖论是，语言大同有利于民族交流和人类社会的生存与发展。这反映了共同语和标准语推行中以实用来评判语言的片面价值观。生态科学研究证明，多样性程度高的生态系统具有更高的稳定性与和谐性。同理，稳定而和谐的社会，必然是多文化与语言共生的社会。诚如张公瑾所言："只要世界政治是多极的、世界文化是多元的，世界语言就必然是多样的。"① 和谐稳定的世界必定是多极的世界，多极的世界必定以多种文化共存为前提。语言与人类相生相伴，是"存在的家园"，保护语言生态就是保护人类的生存环境。

　　语言多样性监测，是对特定区域的语言丰富度、均匀度、谱系多样性和结构差异度等要素进行周期性调查、观察和测量，对相关数据进行量化分析，揭示一定区域语言多样性等级状况，展示语言数量、语言转用、语言接触、语言消长等状况和趋势，对语言生态系统评估和预警，为语言生态保护提供决策依据。语言多样性监测覆盖的地域，可以是全国，也可以是省、市、县或其他特定地域范围。比如语界 2010 年发布的世界语言多样性趋势的监测报告《语言多样性指数》，主要就是以国家为单位开展的语言多样性调查与评估工作。

（二）语言多样性监测的意义和内容

　　2001 年联合国教科文组织大会通过的《世界文化多样性宣言》确认了生物多样性、文化多样性和语言的相互关系，将这种联系上升为生命多样性的构成内涵，并认为语言多样性对人类的可持续发展极其重要。语言多样性对人类的可持续发展有重要意义，这已在国际社会形成共识。也许有人要问，未来语言逐步消亡的趋势已很明显，为何还提出语言多样性的调查与评估？其意义究竟何在？也正是由于这种不理解，导致中国的语言多样性监测和评估至今未引起重视。

　　事实上，目前国内乃至世界对语言发展趋势的估计都是比较模糊的，最多只有一些表明每年多少语言消亡的数据。但是，语言消亡量并不是语言多样性减退的最佳指标，因为很多语言在消亡以前，语言多样性就已经开始减退了。真正出现语言消亡的时候，往往已是语言多样性减退且很难再弥补的时候。语言多样性监测与评估的意义正在于利用科学、系统的数据，清晰展示语言数量、语言转用、语言入侵等多方面的现状和变化趋势，在语言消亡前实现对区域内语言生态系统的评估、预警，为语言文化政策

---

① 张公瑾.语言的生态环境［J］.民族语文，2001（2）.

的制定提供参考依据。目前，关于这个领域的理论和实践工作，目前在国内还没有开展。我们进一步提出，尽快开展我国国家尺度上的语言多样性的连续周期性调查，来研究我国语言多样性的现状、格局、变化及其驱动机制，进而为我国的语言多样性保护提供第一手的基础数据和科学支撑。急迫需要对语言多样性情况展开监测和评估。通过近年来我们对语言生态的持续调查、监测实践和反思，我们也逐渐意识到中国有必要将语言多样性作为语言生态调查的一个重要内容单独展开调查、监测和评估。

语言多样性监测是对特定区域的语言丰富度、均匀度及其相关的多样性要素进行周期性的实地观察、调查、数据和资料采集，其对象具有地域性的特点，即一个特定的地域范围的整体环境，而非单一的语言或方言。语言多样性监测至少需获得以下三个方面的基础数据：一是区域内语言和方言的数目；二是区域内语言和方言的使用人口数量，包括各语言和方言的总使用人口，以及不同语言能力者的人口数量；三是区域内各种语言和方言使用人口的比例情况，即各语言和方言使用人口所占总人口的比例。

语言多样性监测的目标就是通过对上述内容的周期性调查，获得科学、系统的数据，清晰展示语言数量、语言转用、语言入侵等多方面的现状和变化趋势，在语言消亡前实现对区域内语言生态系统的评估、预警，为语言文化政策的制定提供参考依据。

具体地说，对语言多样性的监测至少要能回答以下问题：

（1）区域内语言和方言组成和多样性现状如何？哪些区域是语言多样性保护的热点？

（2）区域内语言和方言组成和多样性在过去几十年内发生了多大程度的变化？哪些区域对于社会环境变化的响应最为敏感？

（3）在当前语言文字政策下，语言和方言组成与多样性会怎样变化？我们该如何应对？

二、语种生态状况监测

（一）语种生态状况的概念

这里的"生态"作为一个隐喻，语种生态状况是指特定语言与所在族群、地理环境、社会文化环境相互依存、相互作用的生存发展状态，好比自然界特定生物和非生物的生态。从生态学的角度来看，所有生物的进化都与所在环境的其他生物相互依存；同样，人类语言和言语行为的演进也是与所处环境相关的人口、地理、经济、政治、宗教、教育和文化等协同发展。由此可见，基于语种的生态状况监测是通过实地调查和技术分析手段，对影响特定语言生存、发展的各种环境要素以及要素之间的相互作用关系进行经常性的或周期性的调查，采集相关数据资料，利用定量分析方法对语言生态环境状况做出定性评估。

在国外，语种生态状况的监测工作主要是对语言功能及其外在制约因素的调查，关注外来强势语言为国语条件下少数民族和族群聚居国家及地区双语和多语状况。这种语言生态状况调查的内容包括，语言种类、分布、人口的调查，重视非强势少数族群语言及方言土语的调查、收集、发掘和整理，以及各种语言或方言的社会使用变化的动态监测，进而提出实施相应语言规划和语言工程建议，达到使语言资源得到抢救、保护、振兴和发展的目的。如20世纪90年代教科文组织向成员国发起编制《世界语言报告》，实际上是基于这种思想而进行的调查实践。

（二）语种生态状况监测的意义和内容

语言生态状况监测是受当代全球语言濒危严峻形势的触动，在保护人类文化多样性的文化浪潮的大环境中产生的。在当代，全球范围内语言多样性急剧降低、语言资源消失的形势十分严峻。主要体现在两个方面：一是少数民族和族群语言（含方言）快速濒危，语言资源急剧萎缩；二是少数强势语言的扩张和渗透力越发强劲，造成单向的语言渗透与取代，语言特征的丰富性和多样性程度大大降低，结构趋同性增大，从而削弱语言资源的潜在利用价值。当代中国语言生活的急剧变化也引发了语言资源的变化，并产生了大量的新情况和新问题急需解决。一方面，社会生活的巨大变化，如人口的大规模和频繁流动，改变了语言资源的生态环境和分布格局；传媒和教育的发展，也改变了各种语言资源的价值构成和价值表现。另一方面，语言生活的急剧变化，使各民族和群体的语言需求发生重要变化，引发了一系列问题，如：国内民族关系和民族发展，国际民族关系和国家对外关系，民族母语与国家共同语的关系，民族母语教育与传播政策，民族语言文化的保护与外来文化的融合，方言的地位，推广普通话与方言传承，地方传媒与民众方言需求，地域文化与方言传播，母语教育与外语教育政策，语言权利和文化权利，民族自治与语言文化权利，汉语国际传播的方言地位，等等。在这种严峻形势下，政府或民间对语言资源的生存状况理应迅速及时进行有效的普查、测度与评估，充分把握语言资源的国情；否则，抢救、保护和利用濒危语言资源就会沦为空谈。由此可见，在我国，当前及时开展语言生态调查的理论研究和实践行动，更加具有重要的现实意义。

　　语种生态状况监测的内容应该立足于揭示语言内生态和外生态状况及其相互关系，以及语言生态的发展规律和趋势，解决语言文化保护与发展实践中的问题。总的来说，就是要围绕语言本体及影响语言生存和发展的各种环境条件和要素，如人口、地理、族群、社区、文化、语域、语言态度、语言能力、语言产品等，及其相互作用关系。由于语言生态包括内生态和外生态，语种生态监测可以分为语言外生态系统监测和语言结构生态监测。语言外生态系统是指影响语言资源生存、发展的各种环境要素以及要素之间相互作用关系。语言资源的生态要素与语言的族群、社会、文化、生产与生活，以及地理环境密切相关。语言资源生态系统的监测也就是对这些要素及其作用关系的监测，如语言使用和传承状况，语言族群的经济状况、教育状况、地理分布、生产生活方式、语言传播状况，等等。语言内生态监测则是指对语言要素的调查、分析与测度。语言本体是语言资源的第一物质形式，包括语音、语法、词汇、语义系统，语言监测还应就特定语言的语音、语法、语义的系统变化进行动态监测。这是微观层面上的监测。语言本体监测涉及语言结构要素，而语言结构要素的变化是渐进的，它在一定程度上的变化并不影响语言作为资源的使用和开发价值。语言生态监测的重点是语言资源外生态系统监测。这种监测可直接获得各种语言生存环境和生存状况的总体定量定性判断，可以了解语言资源整体增损和兴衰变化状况，这对于抢救、保护和开发语言资源，有直接的实践指导作用，因而有重要的现实意义。具体来说，语种生态状况监测的具体内容主要有以下几个方面：

　　（1）对特定语言（方言）的种类、分布、使用人口等要素进行周期性调查，获得现实数据，揭示其变化趋势。

　　（2）对影响特定语言（方言）发展状况的环境要素，如政治、经济、文化、教育等的情况进行调查，揭示这些要素对该语言（方言）的影响方式和影响力度。

　　（3）对使用该语言（方言）的语言群体的语言态度、语言能力等进行调查，揭示态度取向和能力差异的变化趋势和形成原因。

　　（4）对特定语言（方言）在现代生活领域和大众媒体领域的使用和利用情况进行调查，揭示该语言（方言）在当代社会中的活力状况。

　　（5）对特定语言（方言）的语音、词汇、语法等结构要素进行调查和描写，做历时考察，揭示语言自身的内在活力状况。

三、族群传统生态知识监测

（一）传统生态知识的概念和内涵

"传统知识"这个术语最初由世界知识产权组织（WIPO）提出，用于知识产权保护领域。它指人们通过经验积累以及与自然环境互动而获得的知识、技能、实践，包括语言、命名、分类系统、资源利用、精神、仪式和世界观等的文化综合体。[①] 传统知识包含以下几类知识：农业知识，科学知识，技术知识，生态学知识，包括药物和医治方法的医疗知识，与生物多样性有关的知识，以音乐、舞蹈、歌曲、手工艺品、外观设计、故事和艺术品等形式体现的民间文学艺术表达，名称、地理标志、徽标等语言要素和未固定的文化遗产，等等。传统知识都是任何特定地理区域的原住民和本土民族与族群所创造和保持，因此传统知识也称为土著知识或本土知识。

传统生态知识（Traditional Ecological Knowledge，TEK）也称为传统环境知识，它是传统知识的重要组成部分，是基于经验观察及其与环境互动而积累的跟生态环境相关的传统知识系统，包括动植物知识，地理环境知识，气象和气候知识，至关生存的传统技术，如狩猎、捕鱼、采集、农业和畜牧业技术，等等。传统生态知识体现了自然环境内生态关系，在特定自然环境中形成的人伦社会关系，以及特定族群与自然环境的关系。国际上对传统知识的定义主要侧重生物、环境和生态，将传统知识定义为对生物多样性的保护和持续利用直接或间接产生作用的知识、创造和实践。可见，传统知识的主体部分就是传统生态知识。

传统生态知识也是在特定文化群体、时间、环境和社会背景下形成的。它有几个特点：（1）人文性。传统生态知识往往由经验丰富、能力强的人总结并传授。（2）系统性。传统生态知识的内容相互关联、自足和完整。（3）先验性。传统生态知识往往从经验和实践中获得和形成。（4）地域性。传统生态知识内容反映特定民族生存环境、自然资源和传统文化。（5）口传性。大多数传统生态知识无书面资料，以口头语言为载体而传承传播。

传统生态知识监测主要是指对各民族语言中蕴含的传统生态知识进行记录、鉴定、分类、编目，以及对传统生态知识在当地族群中的丰富度和

---

① ICSV. Science and Traditional Knowledge：Report from the Icsv Study Group on Sciewe and Traditional Knowledge［EB/OL］. http：//www.icsv.org/New/TK-report/Finaltkreporl. pdf.

传承情况展开周期性的调查、测试、评定。

（二）传统生态知识监测的意义和内容

传统生态知识是一个民族和社群长期实践经验和智慧积淀，它不是古旧的、落后的、过时的老知识。恰恰相反，它随着个体和社群适应自然环境的挑战而不断变化和演进，具有极强的活力和创新力，至今仍有重要的生态、医学、经济、环境等价值。

（1）生态价值。传统生态知识中很多内容对生态环境的保护具有参考价值。例如，不少少数民族将微生物、昆虫，甚至农作物病虫视为神灵的宗教习俗，认为这些生物也是生态环境中不可缺少的组成部分。对于作物病虫害的防治，他们习惯于在田地中种植一些特殊植物以驱虫防病。传统生态知识对于修复被认为破坏的环境，也能提供重要的方法路径。例如，传统生态知识中有大量的动植物和环境相生相克的知识，知道被破坏环境的山地、土壤和气候适合某种动植物，就可以种植和引入动植物，恢复当地生态环境。传统生态知识还能帮助确定哪些生态群落局限在某种小区域内，哪些生态群落处于危急状态，为评估特定地区的生物多样性及自然群落的保护状态提供重要参考。

（2）医药价值。许多动植物具有药用价值。由于少数民族与生活环境特定的和长期的相关性和互动性，使得他们对本土动植物的接触、了解和利用，比动植物学家都更广泛、更深刻、更实在、更真切，他们发现、认识、阐明和创新了丰富的动植物知识，其中包含大量的动植物药用性能方面的知识，他们也有更多的机会体验、尝试和利用传统药用资源。例如，我国许多少数民族都有自己的"土郎中""草药医生""巫医"。尽管有的"巫医"带有神秘面纱，但实际上他们都掌握了某种专门的传统生态知识，如当地动植物知识和药物知识，使用当地自然原料配制药物。除了药物本身，传统经验知识还有助于弄清药物的作用机理。许多生物药专家为了寻找到有重要价值的药用成分，不得不回过头来向民间的草医寻求帮助，请他们帮助鉴定有助于商业药物产品开发的植物和其他自然资源。例如，美国旧金山的一个小公司萨满制药公司，非常成功地发掘了有重要价值的药物，主要是利用了民间知识帮助他们在热带地区搜集药用植物。

（3）经济价值。传统知识在现代经济和商业方面表现出巨大的价值。例如，传统生态知识中关于动物、植物等的认识，对新药物、食物、化妆品、杀虫剂等的发现和发展提供有价值的信息，从而可以开发并形成产业。又如，传统建筑知识可以启发现代住宅的建设并促进民俗旅游开发；丰富的农作物选种知识、农业栽培知识、农作物病虫害防范知识等,对现代农业的发展有极大启示意义;一些独特的手工技艺知识可以转化为工艺品,甚至可以作为徽章、标志及产品的商标使用,经济价值也是不可估量。尤其是对于传统生态知识的持有者,传统知识可以帮助他们在未来的发展中谋求更多的机遇,创造更多的经济效益。

也正是因为传统生态知识对人类和自然界有着重要的价值,传统生态知识的监测和研究就显得尤为必要了。因为我们必须注意到,目前传统生态知识流失及失传现象严重。一方面,随着传统生态环境逐渐遭到破坏,导致许多传统的生态现象和生物品种都处于濒危,甚至已经消亡;另一方面,随着现代科学技术的应用,传统的技术技艺逐渐被淘汰,现代文化的渗透和入侵,将对传统民族文化造成巨大冲击。此外,因传统生态知识保护无章可循,侵权现象不断发生,也损害当地社区和人民的利益。因此以促进传统生态知识的保护、开发和利用为目的的传统生态知识的监测和研究迫在眉睫。传统生态知识也是现代社会进步和知识创新的源泉。保护和传承这种知识,有益于民族的生存、国家的繁荣和人类的进步,一旦丢弃就会永远消失,这将是整个人类文明的重大损失。

传统生态知识监测的着眼点是语言族群,其目标首先是了解在语言族群的传统生态知识内容及其传承情况,进而了解一个特定族群社区的生物多样性及自然群落的保护状态,哪些处于严重的危急状态,为保护生态环境提供重要参考;其次是利用有价值的传统生态知识为语言族群乃至整个社会创造经济和文化价值,帮助当地族群利用他们的传统生态知识在未来的发展中谋求更多的机遇,进而保护他们社区的环境与生物多样性,实现可持续发展。具体来说,传统生态知识的监测应回答以下问题:

(1)语言中有哪些重要的传统生态知识?有何价值?

(2)传统生态知识损失/变化发生的速度有多快?

(3)哪些地区或群体传统生态知识受到的影响最严重?

(4)传统生态知识领域最脆弱的是什么?

(5)传统生态知识的传承发生变化的原因是什么?

(6)传统生态知识侵蚀/变化趋势跟生物多样性丧失的趋势相关吗?

(7)哪些具体政策对传统生态知识的传承起到作用?

总体来看,完整的语言生态监测由以上三大内容构成,具体框架如图2-1所示。

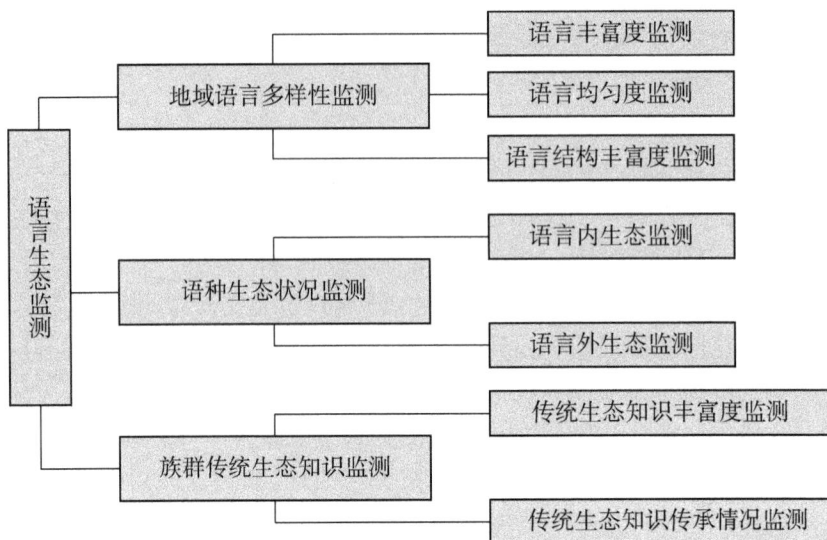

图 2-1　语言生态监测的内容框架

　　这三个方面的监测工作有一定关联，开展地域语言多样性监测是为了帮助我们从整体上把握整个国家和地区的语言丰富度和均匀度；语种生态状况监测有助于帮助我们详细了解某种特定语言的外部环境状况与内部生态状况；族群传统生态知识监测帮助我们记录和保存语言生态知识，了解传统生态知识的变迁，改善语言族群的生态环境。但是，这三个部分并非互为因果的关系，也就是说某个地区语言多样性指数高，并不等于区域内各语言的生态环境都同样优良，或者各族群传统生态知识都很丰富；某种语言的生态状况优良，并不代表整个地区的语言多样性程度高，也不代表族群的传统生态知识丰富；同样，族群的传统生态知识丰富，并不意味着该地区的语言多样性指数高，也不代表语言生态状况一定良好。因此，要从宏观和微观上全面把握整个国家和地区的语言生态情况，三个方面的监测缺一不可，调查、测定的结果可互为参考。

第四节　语言生态监测的程序

　　考虑到语言生态监测要发展成为一项持续性的常规工作，这种工作需要许多基层机构或民间人士的实际参与。因此，语言生态监测宜采取"分区负责、民间实施、政府资助"的运行机制。在大区域的某个主要高校或科研机构设立语言生态监测中心，负责统筹该区域的监测工作；并由中心牵头，与区域内基层高校或机构合作，建立布局合理的分级区域语言生态监测点或工作站，实现语言生态监测工作的常规化。各个站点拟订语言生态监测工作规程和相关技术标准，在统一规程下自主开展监测工作。各级政府或相关职能部门则通过课题和专项计划立项的方式，向监测中心和基层站点提供资金支持。各大区域监测中心可以通过成立民间组织的方式，在章程的约束下开展合作，由理事会议研究和解决合作中的各种问题。这种运行机制的好处就是，可以充分发挥监测中心的能动性，调动基层监测站点的积极性，合理配置人力和财力资源；而且监测中心的监测区域范围，也可以灵活伸缩。

一般来说，语言生态监测的基本程序分四步：前期工作阶段、调查阶段、评估测定阶段、结果反馈阶段。

（一）前期工作阶段

1. 确定监测范围与对象

语言生态调查的内容较多，而且有不同语种和地域范围。因此，开展语言生态调查，首先要确定主题、对象和地域范围。例如，准备进行专项监测还是综合监测；多大区域范围的语言生态监测，县市范围还是乡镇范围或居民点范围；针对哪些语种。

2. 设计监测指标体系

语言生态监测涉及一系列的问题，但首要的任务则是建立一个语言资源监测指标体系。语言资源监测指标体系是监测工作的核心，有了它，语言资源调查、数据采集和分析处理、语言资源的评估等监测工作才有章可循，数据网络平台的建设才能落到实处。因此，构建什么样的语言生态监测指标体系以及如何去构建这个体系，是语言资源监测的前提和基础。建立一套科学的语言生态监测指标体系，包括用于调查、分析、评估语言资源的要素、具体指标，对指标的描述、分析统计模型和评估定性的分级标准，制订体现指标内容的调查表格，等等。

3. 构建监测信息平台

语言生态监测不是学者的个人学术行为，而是一种国情社情的监测行为。因此，应当把语言生态监测纳入地方社会调查体系之中，实现科学的常规监测。这样才能为地方社会文化发展提供科学数据。要做到这一点，建立语言生态监测数据网络平台就很有必要，这方面的内容本章第五节专门介绍。

4. 组建监测队伍

制定语言生态监测队伍的培养计划，包括各级站点监测人员的选拔、培训与考核机制。

（二）调查阶段

实地调查是为开展评估工作和编写报告做准备，提供可靠数据，是监测评估工作的保证及核心工作。要做好实地调查，需做好以下三项工作：

（1）调查表的设计。外出调查前要采集数据或收集相关材料，则需要把语言生态监测的内容转化为调查人员可操作的调查表。拟定调查表是实施语言生态调查的关键工作。调查表或调查项目清单的质量，直接关系到能否成功地获取有效数据和信息。有了科学可行的调查表，数据材料的采集工作才会有条不紊。创制语言生态调查表，应遵循以下两项基本原则：一是内容体现全面性和系统性。二是控制数量并简化操作。调查内容较多，但不宜将调查表的内容设计得烦琐，应尽量简单明了。一般来说，调查的内容控制在 30 项以内。除了一些数字型的材料外，其他应尽量采用选择项，而少用主观填写。选择项比较客观，容易标准化处理，而且方便调查人员的操作。根据三种类型的语言生态调查设计不同的调查表。

（2）选择调查方法。语言生态调查是一项实操性的工作，因调查目的、地理环境、族群特点的不同而需要采取相应的或不同的调查方法，以获取第一手材料和数据。

根据调查对象的数量规模，可以采用普查法和抽样调查法。当调查对象的数量规模较少时，可以采用普查法。普查是对调查对象的所有成员逐个调查。通过普查，可以获得全面的信息和准确客观的结果。例如，语言分布点以及语言使用人口，就应采用普查法才能获得准确的数据。

调查对象规模和范围很大，则可以采用抽样调查法。抽样调查是从总体中随机的方式抽取一定数量的样本，利用样本的实际资料计算出样本指标，并据此推算总体相应特征。抽样调查会遇到调查误差和偏误问题，通常有两种情况：一是工作误差（或调查误差）；二是代表性误差（也称抽样误差）。但是抽样调查可以通过抽样设计，通过计算并采用科学的方法，把代表性误差控制在允许范围内。通常情况下，大部分监测项目很难对每个单位进行调查，只能组织抽样调查，取得部分实际资料，根据这部分样本资料提供的信息，估计和判断总体的数量特征。抽样调查有简单随机抽样、分层抽样、成数抽样、整群抽样、阶段抽样等。例如，语言社群成员的语言态度就可进行抽样调查。

除此之外，由于语言生态调查涉及语言本体、地理、人口、经济、教育、社会等方面，因而需要综合运用语言调查和社会调查的方法。例如，下面的一些方法也常常会用到。

资料收集法。比如，语言族群的经济状况、产业类型等数据，可收集相关部门的资料和报表，但需要注意进行必要的复核。

专家咨询法。就有关问题向专家咨询，请专家给予判断和分析。如指标权重的设计可以采用此方法。

问卷法。根据一定的调查目的，设计问卷，针对不同社会群体进行书面答卷调查，这也是一种比较可行的方法。问卷方法对于人员比较集中，而且容易组织的社群场所（如学校、工厂、机关等）比较适合。例如，语言能力除了观察外，还可以用问卷测试法。问卷的问题设计要明确、具体、简短，以客观选择判断为主，主观表达为辅。

访谈法。调查者可以深入语言社区或基层村寨，对特定阶层人士进行访问谈话。谈话时有时可以直接提出所要调查的问题，倾听被访人的态度和看法。例如，对语言前景和代际传承的看法，可在交谈中询问。有些问题可以在随意聊天中不知不觉地引导被调查者发表意见，或激发出相关的言语行为和言语现象。例如，语码转换现象常常从访谈的随意聊天中得到发现。

除了单人访谈对象外，还可以将语言社区的若干人召集在一起，就相关话题自由座谈聊天，开展集体访谈。访谈场所自由，时间也不限。话题可由调查人预先准备，座谈聊天时进行提示引导，也可以由参与者根据自己的兴趣和知识经验选题议论。调查人不是提问者，而是中介人、辅助者、协调人、观察人，还是轻松自由、安全和平氛围的营造者。集体访谈法应把握以下原则：一是座谈聊天人员要有代表性；二是人数以 3～4 人为宜；三是聊天是讨论式的，有权威讲述，也有争议和怀疑。例如，传统生态知识的调查，可以采用集体聊天的方法，在谈话中根据各人的见识、记忆、经验来汇集和产生正确的传统生态知识。

观察法。调查者置身语言社区特定生活情景，对语言使用情况进行调查。例如，在公共场合，人们对多语言多方言的使用选择情况，就可以采用现场观察的方法获得。观察法可以分两种：一是隐匿观察，即调查者在被观察者不知不觉的情况下观察；二是调查者自然地在直接参与人群的活动之中进行观察。

刚开始进入语言社区时，对当地情况还不太熟悉，可与他们同食同住并观察他们的日常生活，无论什么事物、什么事件，只要不触犯当地禁忌，感兴趣的话都可仔细观察、详细询问，并做好记录。这种不带问题意识，不选择某个固定的采访对象，通过观察记录，可快速适应当地生活并了解当地各方面的情况。

除上述方法以外，实际调查操作中，还应根据语言社区的人员、环境和语言生活实际状况，寻求和创新其他有效的方法手段。总的来看，语言社会生态调查应以实地观察、机构采访、专人访谈为主，问卷调查为辅。

（3）开展调查队伍的培训。语言生态调查人员队伍是语言生态调查的质量保证。语言生态调查队伍以专业人员为主，同时有政府职能部门人员、语言社区志愿者、民间语言工作积极分子参与。调查员应有良好的人品，有事业心和责任感，还要具备一定的语言学知识以及社会调查经历，具备使用某些技术工具的技能。因此调查前必须对调查员进行必要的专门知识和技能的学习培训。如：了解调查点的生活风俗和禁忌方面的知识，学习计量方法、录音录像工具的操作、调查数据资料的整理和保存，讲解调查提纲和调查表。

（三）评估测定阶段

根据网络数据平台采集的数据，通过一定的数学模型，对语言多样性或各种语言资源的生态状况进行评估，实现对语言资源保护和利用的决策预警。例如，哪些区域语言多样性程度高，哪些区域语言多样性程度低；哪些语言资源状况良好，哪些状况比较差，有何表现，是否应该采取相关措施；等等。

（四）结果反馈阶段

此阶段要撰写语言生态监测报告。语言生态监测报告是研究者对语言生态进行深入全面调查研究之后写成的书面报告。它以监测结果为内容，要求有情况、有分析、有结论，以此作为制定政策法规、解决实际问题的凭证、依据和手段。拟定语言生态监测报告的编写规范。定期发布语言生态监测报告，为语言资源的保护和发展规划提供翔实的科学依据。

1. 语言生态监测报告的分类

根据语言生态监测的范围、方式，语言生态监测报告大致可以分为综合性的语言生态监测报告和专项语言生态监测报告两种。综合性的语言生态监测报告是基于对某个地区所有语种的语言生态和传统生态知识展开全面监测而撰写的总结性报告，比如"2019年岭南地区语言生态监测报告"。专项语言生态监测报告则是就某一个专题展开调查而形成的监测报告，比如《连南瑶语语言生态监测报告》《连南瑶族传统生态知识监测报告》等。

2. 语言生态监测报告的结构

（1）标题。标题必须主题突出、文字精炼。语言生态调查报告的一般命题形式是《××年××地区的语言多样性监测报告》《××年××语的语言生态监测报告》。

（2）署名。签署作者、调研者的名字。

（3）导语。位于监测报告正文的开头部分，也称作"说明"或"概要"。导语一般用一段简短的文字，概括说明监测的起因、目的，调查范围、对象；调查方法和过程；监测报告的基本观点等。

（4）主体。这是语言生态监测报告的核心和主干部分，主要包括：

①语言生态情况介绍。

根据调查材料进行语言生态情况的介绍，介绍遵循两大原则：

a. 真实性原则。真实、准确是调查报告的生命，只有用事实说话，才能提供正确解决问题的方法。因此，写入调查报告的材料必须真实无误，时间、地点、事件经过、背景介绍、资料引用等都要求准确真实。材料出处要有根据，不能道听途说。

b. 全面性原则。数据要全面、详细，不要漏掉重要情况的介绍。数字、图表、专业术语要简洁明晰，语言要具有表现力，既不高谈阔论，也不含糊其辞。

②语言生态情况分析。

语言生态监测报告的写作，调查是基础，分析是关键。在掌握大量、真实、全面的客观事实和数据后，提出的观点必须有理论的支撑，这样才会有说服力。报告既要解决浅层次问题，又要揭示深层次、规律性的矛盾，反映出深刻的思想，具有一定的参考性。

③对将来的预测提出建议和对策。

这是语言生态调查报告非常重要的部分。提出建议和对策应遵循以下原则：

符合国家法律法规。任何方法和建议都必须在国家法律法规允许的范围之内，缺乏法律依据的方法和建议是行不通的。

考虑各方面利益，维护社会和谐安定。要照顾各方利益，使矛盾化解而不是激化。

具体化和可操作性。任何方法和建议都应有具体的运用对象和内容，必须有可执行的范围和空间，即可操作性。

经得起时间的考验。任何方法和建议必须经得起一段时间的考验，不能今天执行，过几天又改变。

（5）结论或结语。结语要平实简洁地归纳整个报告的核心内容。

第五节　语言生态监测信息平台设计

本节描述语言生态监测信息平台的功能构架和技术实现。建立语言生态监测信息平台，目的是积累和汇集我国语言生态的调查数据，最终形成一个动态的语言生态数据库，实现语言生态监测的常规化，历时数据积累和统计分析预测。

一、语言生态监测信息平台的原则

从理论上讲，语言生态的监测涉及许多方面的要素，数据要素越多越全面，监测和评估信度和效度就越高。从数据积累来看，调查数据规模越大、范围越广，未来的数据挖掘价值就越大。但是，从实际的操作来看，要素越多、调查项目越多，人力和物力成本就越大，实施起来就越困难。因此，设计语言生态监测信息平台，应遵循以下基本原则：

（1）简约性原则。简约性原则就是调查和统计指标应具体、明确、简单、精简，避免烦琐。我们设定调查表的内容一般也应控制在 30 项以内，其中客观判断和填写数值数据约占 70%，需要录入文字表达的主观判断约占 30%。

（2）易操作原则。平台的各种功能应容易操作，操作步骤尽量减少，操作页面尽量不超过 5 页，操作命令按钮层次不超过 3 级。任何用户不需要专门学习，根据页面提示即可操作。

（3）大众性原则。一方面，语言生态监测的数据采集除了专业人员外，应面向社会公众，欢迎社会公众参与，以获得大范围的数据，持续进行数据积累。另一方面，语言生态监测的数据分析和结果查询，也要面向社会公众，促进语言生态知识普及和社会的语言国情和语言意识。

二、语言生态监测信息平台的功能模块

为达到前面阐述的语言生态监测目标，语言生态监测信息平台至少应

实现下面四大功能：一是在线进行语言社会生态的调查和数据采集保存；二是语言生态监测数据录入和动态统计评估；三是绘制实时语言生态地图；四是数据和人员的后台管理。平台设计可分为三个功能模块，即：语言社会生态调查模块、语言生态监测模块、语言生态地图模块。语言生态监测信息平台功能构架图如图2-2所示。

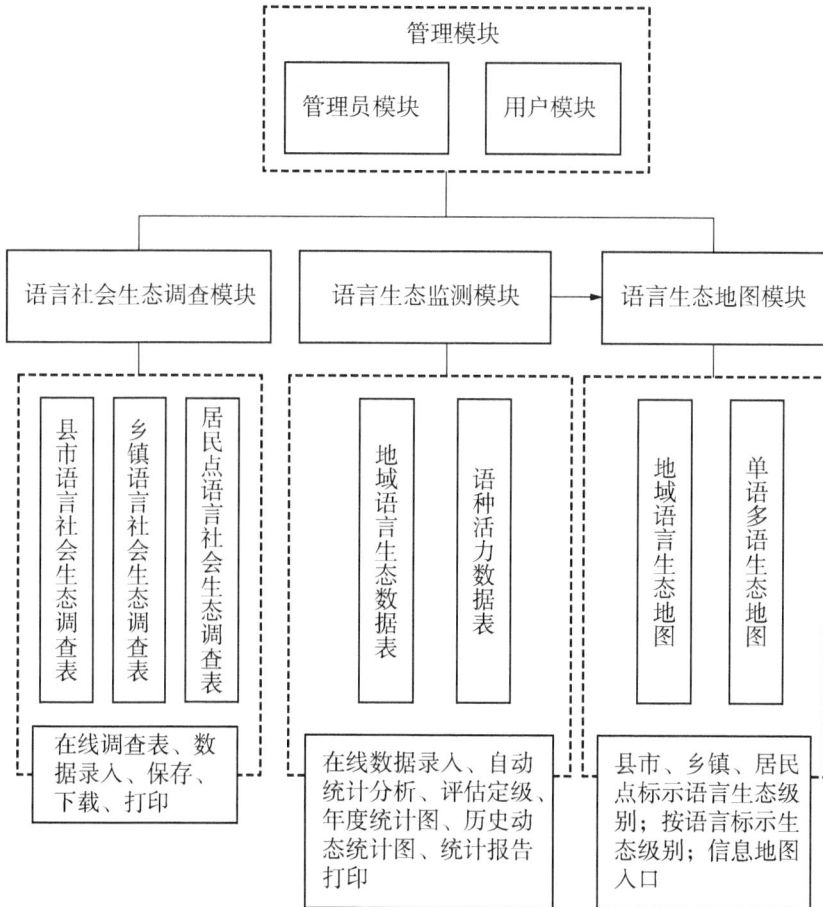

图2-2 语言生态监测信息平台功能构架图

（一）语言社会生态调查模块

根据简约原则，语言生态调查在指标要素设置方面略显详细，但监测统计评估所用指标要素则不宜繁杂，将语言生态调查和语言生态监测分开设计。这个模块的功能是录入实地调查数据资料，建立原始的调查资料档案库。语言研究人员或其他相关专业人员注册后可以录入、保存、浏览、打印调查数据。语言生态兴趣者和社会公众也可以注册使用。这个功能模块整合了居民点、乡镇、县市三级行政区划范围的语言社会生态调查表。

1. 居民点语言社会生态调查表

这个表用来收集村委会和自然村的语言社会生态资料数据。这个调查也是最基层的调查。村委居民点范围小、人数少，因而可以做更细致的调查，例如入户访问和跟踪观察，老中青语言使用状况，家庭语言状况，当地自然生态、物种，等等。通常的语言调查报告对居民点的数据往往有较为详细的描述，但具体调查哪些项目，不同的人有不同取向，没有一个标准要目名称。我们认为，对居民点语言社会生态状况的描述，应采取标准的条目格式，而不是文段叙述。

2. 乡镇语言社会生态调查表

这个表用于收集乡镇范围的语言社会生态资料数据。目前我国的语言调查通常只注意居民点（村）情况，忽略了乡镇情况的调查记录。在调查语言居民点时，顺便调查乡镇情况并非难事，因为居民点的居民对全乡的情况大都比较熟悉。尤其是少数民族乡镇的村寨和人口都不多，各村寨居民大都互相熟识，到各村寨走访一趟只需两三天时间。乡镇语言社会生态调查属于实效基础数据调查，实地走访和询问村民而获得数据，比县志和统计年鉴的资料更翔实可靠。各乡镇数据齐全可靠，汇总的县市数据自然也就可靠。从调查操作、数据积累、数据应用来看，乡镇语言生态调查比县市语言生态调查的作用更大，调查工作更大众化。因为多数人对本乡情况知道得多，对本县情况则未必熟悉。许多人对家乡县有哪些乡镇都数不齐全，但对本乡有哪些村子则大多熟悉。语言社会生态调查应将乡镇调查作为必需的标准本底数据调查。

3. 县市语言社会生态调查表

这个表用来收集县级范围的语言社会生态资料数据。县级行政管理传统对于语言社会生态的形成和发展有重要作用。地方的资源配置和管理、政治文化的统一，通常主要是以县为核心，这也是我国几千年郡县制形成的传统。县级数据包括乡镇数据，但有些又不同于乡镇数据。例如，文物保护单位和森林保护区最低只能到县级，民族自治区划最低到自治县，教育和经济产业的统筹往往是县级规划实施。因此，采集县级行政区划范围的语言社会生态数据，是必需的。

（二）语言生态监测模块

这个模块主要功能是实现语言生态的实时数据录入和测量及评估。语言生态监测主要从两个方面进行统计测量：一是按地域范围进行数据录入和测定。二是按语种进行数据录入和测定。具体设计两个子功能模块：数据录入模块和统计图示模块。数据录入分两个数据表：一是地域语言生态数据表，主要采集县级地域内的语言多样性、文化多样性、生物多样性数据。地域语言生态监测信息流程图如图 2 - 3 所示。二是语种活力数据表，语言活力强则表明该语言的生态状况好。语种生态监测功能模块流程图如图 2 - 4 所示。

（三）语言生态地图模块

这个模块主要是将语言生态监测评估的数据信息采用电子地图的方式呈现。呈现方式分两种：一是地域语言生态地图，即在地图上标出语言生态的评估等级，并以地点标记为入口，查看详细数据；二是单语生态地图，即在地图上标出该语言的生态评估等级（活力等级），并以标记点为入口，查看语言活力详细数据。五岭及岭南语言生态监测网页图见附录。

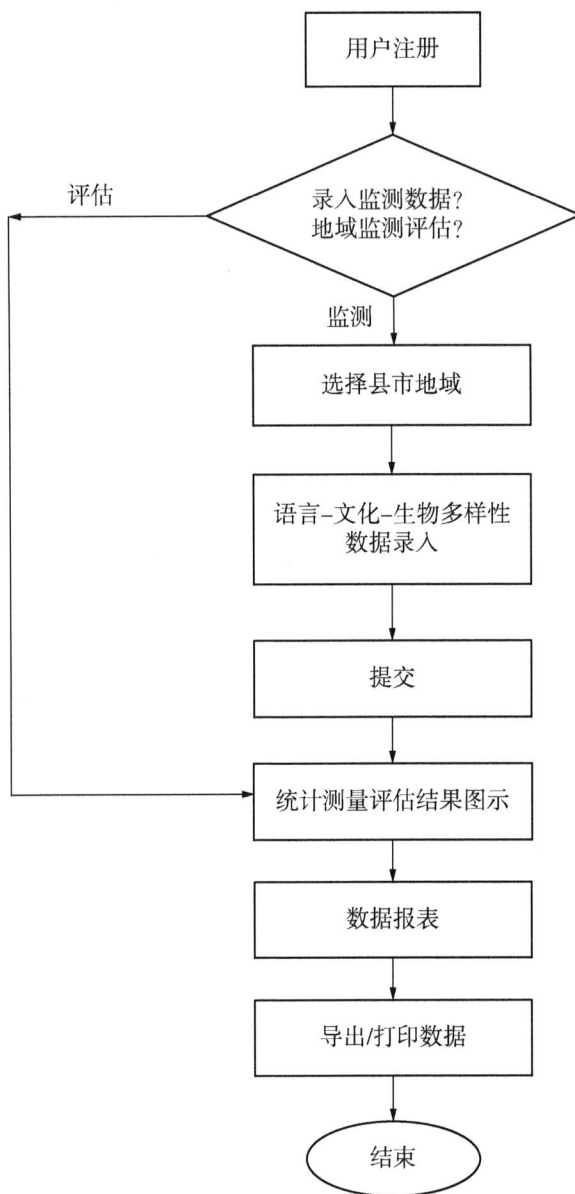

图2-3 地域语言生态监测信息流程图

图 2-4　语种生态监测功能模块流程图

附录：五岭及岭南语言生态监测网页

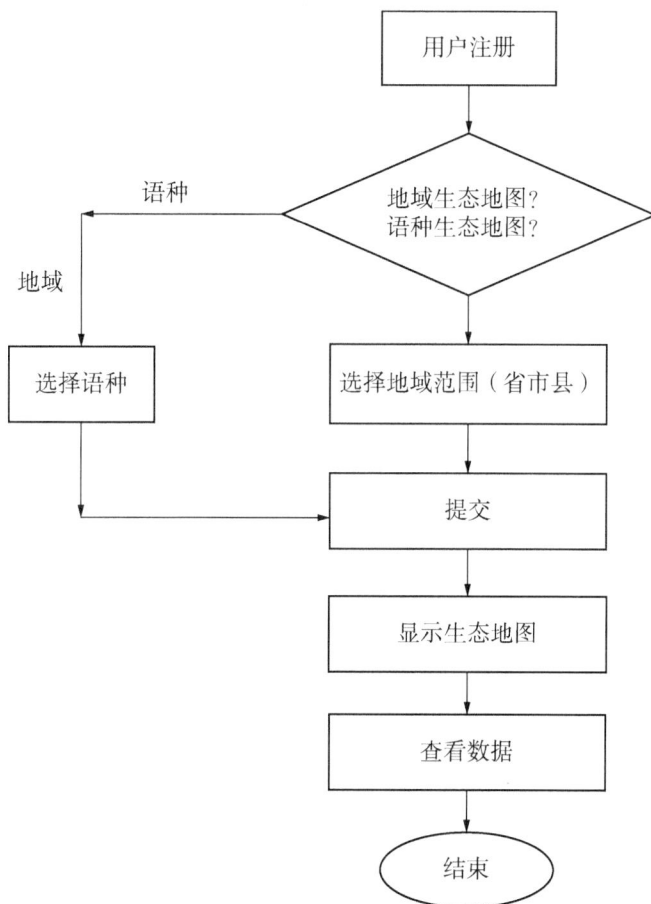

多样性指标柱状图

广东省惠州市博罗县 B

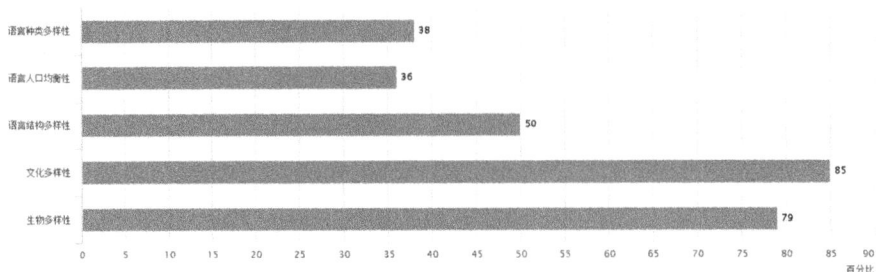

指标	百分比
语言种类多样性	38
语言人口均衡性	36
语言结构多样性	50
文化多样性	85
生物多样性	79

查看数据

打印

单语单方言生态评估

畲语(C+)

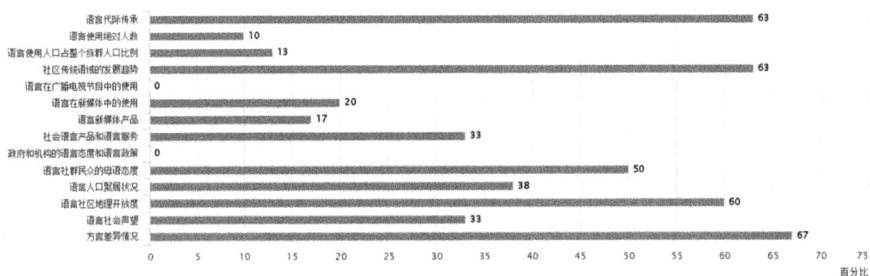

指标	百分比
语言代际传承	63
语言使用绝对人数	10
语言使用人口占整个族群人口比例	13
社区内标志性的发展趋势	63
语言在广播电视节目中的使用	0
语言在新媒体中的使用	20
语言新媒体产品	17
社会语言产品和语言服务	33
政府和机构的语言态度和语言政策	0
语言社群民众的母语态度	50
语言人口聚居状况	38
语言社区地理开放度	60
语言社会声望	33
方言差异情况	67

查看数据

地域生态地图

★东美市语言生态等级为：B+; ★惠州市语言生态等级为：B+; ★揭阳市语言生态等级为：B; ★汕头市语言生态等级为：B+;

单语单方言生态评估

★广州粤语生态等级为：B+. ★惠州粤语生态等级为：B+. ★深圳粤语生态等级为：B+. ★汕头潮汕话生态等级为：B. ★汕尾潮汕话生态等级为：B ★揭阳潮汕话生态等级为：生态等级为：B. ★河源客家话生态等级为：B ★广州畲语生态等级为：C+ ★惠州畲语生态等级为：C+ ★深圳畲语生态等级为：C+

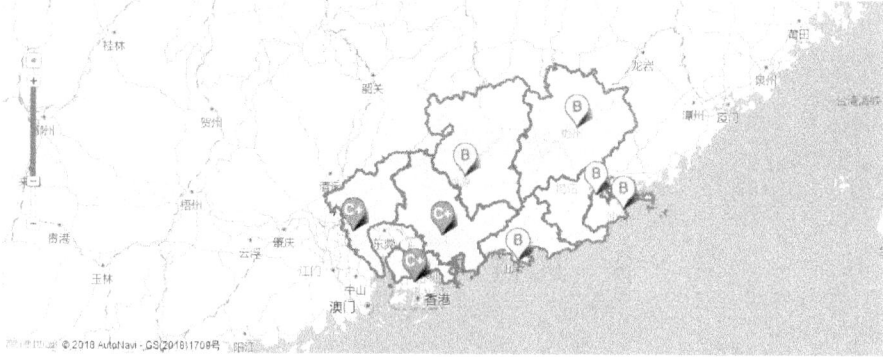

第三章　区域语言多样性监测与评估

第一节　国外的语言多样性研究

语言多样性（language diversity）概念源于生物多样性。自20世纪90年代路易莎·马菲从"生物-文化多样性"角度提出语言多样性问题，才使这一概念具有文化生态学和社会生态学含义。语言多样性是指人类在漫长历史过程中形成的传统民族或族群语言及地域方言种类的多样化状态，以及相互之间的各种关系与系统要素的总和。它有三个方面的含义：（1）语言种类的复杂多样以及方言的多样化。（2）各种语言不是孤立和自足的，而是相互依存、相互作用的"种群"，存在纵向亲缘关系或横向接触与融合关系。（3）每种语言与特定民族和族群相联系，与环境构成"语言生态圈"，语言是开放的生态系。语言多样性是文化多样性的重要表现和基本前提。文化有物质文化和非物质文化，文化之生命力及发展动力在于非物质文化。语言是最重要的非物质文化，因为它是人的根本属性，也是最重要的思维工具，人类的思维成果、知识和经验，只有通过多样的语言才能系统地代代相传。

经济全球化、信息传媒大众化和社会生活现代化大潮，加大了强势语向传统民族和族群生活空间扩张与渗透的速度和力度，弱势民族和族群纷纷主动或被动放弃本族母语和文化，从而导致传统民族和族群母语及方言濒危，形成全世界语言多样性的危机。正因此，联合国教科文组织将每年2月21日定为"国际母语日"，倡导各民族保护和发展母语，促进语言多样性。进入新世纪以来，又形成了一系列保护和促进语言文化多样性的决议、宣言和公约。2001年联合国教科文组织大会通过的《世界文化多样性宣言》强调"保护人类的语言遗产，鼓励用尽可能多的语言来表达思想、进行创作和传播"。2002年联合国教科文组织大会通过了《在全世界实行以多语为基础的语言政策》的12号决议以及《促进在网络空间使用多种语言》的

37 号建议案。2003 年教科文组织召集了濒危语言国际专家会议，通过了《语言活力与语言濒危》及《行动计划建议案》。总干事重申，保护世界语言多样性"是教科文组织全部职责中的重要工作"。同年教科文组织第 32 届大会通过了《保护非物质文化遗产公约》，将语言置于非物质文化遗产的首要地位。可见，保护语言多样性已是当务之急。

国际上关于语言多样性的传统研究热点之一是语言多样性与生物文化多样性之间的关系。美国康涅狄克大学的科学家研究了全球数百个生态区的土著族群、传统民族的语言状况和生物生态状况，结果表明，生物多样性程度高的地区，语言多样化程度也高，二者存在地理相关性（Oviedo & Luisa，2000）①。牛津大学人类语言学家尼特尔对西非地区的语言分布进行了研究，发现越接近赤道地区，语言的数量就越多；雨季的长短与语言数量直接相关（Glausisz，1997）②。史密斯对墨西哥北部土著美洲族群的研究也证明，语言和文化的多样性与生物多样性存在一定的相关性。生物多样化的环境能形成丰富多样的食物链，适合人类生存与进化；生态多样化造成了人类种群的多样化，从而直接促成了文化的多样性。语言是人类进化的产物，本源上也是生物多样化的结果。生物多样性和语言多样性是生命系统多样性的表现形态，是地球生态系统自我调节的结果。穆勒豪斯勒认为："语言多样性和生物多样性的相似之处就在于，二者都是有功能作用的。"③ 沃尔洛克也指出："高度的生物多样性和语言多样性……是地球行星的一种常态。"④ 人类丰富多样的知识只有依靠多种多样的语言才能充分反映；减少语言的多样性，就会缩小人类可以利用的知识库，从而削弱人类适应自然环境的能力（Bernard，1992）⑤。"环境—知识—语言"是人类生命的基本链条，三者紧密相关。戈伦弗洛等以 35 个生物多样性热点地区及 5 个荒野地区为样本，指出全世界 70% 的语言位于生态多样性热点地区和人为影响小、生物多样性丰富的荒野地区，其中 2804 种语言存在于生态多样性热点地区。此外，在自然生态特殊的地区，往往存在当地独有的语言，

① OVIEDO G, MAFFI L. Indigenous and traditional peoples of the world and ecoregion conservation [EB/OL]. http：//www. terralingua . org.

② GLAUSISZ J. The ecology of language：link between rainfall and language diversity [J]. Discover, 1997（8）.

③ MÜHLHÄUSLER P. Babel revisited [J]. UNESCO Courier, 1994（4）.

④ WOLLOCK J. How linguistic diversity and biodiversity are related [EB/OL]. http：//www. terralingua. org.

⑤ BERNARD H R. Preserving language diversity [J]. Human Organisation, 1992, 5：82 – 89.

这些语言多面临濒危和灭绝。

穆勒豪斯勒研究了语言多样性的丧失对生物多样性的影响。他调查了澳大利亚、新西兰等地语言中的动植物名称，发现澳洲大陆上曾栖息着许多种类的"有袋小动物"，但由于外来语言的影响，这些小动物的名称后来改变了，被称为"灌鼠"或"本地鼠"。结果这类新名称使得人们产生误解，把它们当作普通老鼠加以捕杀，导致这些小动物濒临灭绝。对这类动植物，穆勒豪斯勒建议重新命名或恢复使用土著名字，他认为这样做有助于挽救急剧减少的物种（菲尔，2001）①。

此外，由于语言多样性的危机，语言多样性的实践工作也成为语言工作者的一个关注点，比如 2004 年成立的国际性非营利组织"语言多样性资源网"（RNLD）以加强语言多样性、促进世界语言可持续发展为己任，开发和分享语言可持性资源，开展语言记录和复兴工作相关工作，并资助多个土著社区开展语言保持和复兴工作。但真正意义上具有语言多样性监测和评估性质的工作并不太多，比较重要的有：

（1）《民族语》（*Ethnologue：Languages of the World*）的语言多样性调查。美国的世界民族语文研究院（SIL）发布的《民族语》每版均提供了世界语言的数量，各语言使用人口的数量、分布等数据，而且从 2000 年第 14版开始，每版均通过计算人群中随机选取两个人说不同母语的概率得出的多样性指数，提供每个国家最新的语言多样性指数。比如，根据 2016 年版的数据，中国语言多样性指数是 0.536。

（2）语界的语言多样性指数计算工作。以美国学者玛菲和伍德利为首的欧美语言学、人类学、生态学、文化学专家学者，发起成立了国际性的非政府组织"语界"，建立了全球生物 – 文化 – 语言多样性信息系统，开展区域生物 – 文化 – 语言多样性的监测和资源建设及保护工作，2004—2009年发布了《全球语言多样性指数》《全球生物文化多样性监测指数》等重要报告。语界 2010 年发布的第一份关于世界语言多样性趋势的监测报告《语言多样性指数》，包括两项调查和评估：一是世界语言多样性的调查和评估；二是本土语言多样性的调查和评估。语言多样性指数利用语言均匀度与语言丰富度来衡量语言多样性。因为该指数旨在衡量语言多样性的发展趋势，因此它必须考虑均匀度和丰富度的变化，即在一个起止时间段，总

---

① FILL A. Ecolinguistics —State of the art 1998 [J] // Fill A, MÜHLHÄUSLER P（Eds.）. The Ecolinguistics Reader：Language，Ecology and Environment [C]. London：Continuum，2001.

人口中以不同语言为母语的使用者相对分布的变化。假设有这样一种稳定的情况，即世界上各种语言使用人数占人口总数的份额有的增加有的减少，语言多样性指数正是衡量了在一个既定地理群体中，各种语言是如何演变的。

语界从全球 7299 种语言中随机选取 1500 种作为样本进行统计分析，通过人口数据对不同年份的语言多样性指数进行计算，得出各年指数。最后得出如下结论：1970—2005 年，全球语言多样性减少20%（参见图 3-1），本土语言多样性在世界大多数地区急剧减少；世界上 16 种最强势语言则增加了 45%～55% 的使用人口。

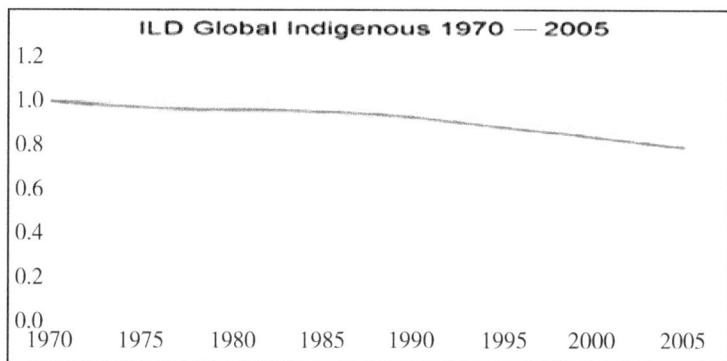

图 3-1　全球语言多样性指数，1970—2005①

（图中，置信区间都为95%，主要趋势线上下方的线表示置信上限和置信下限。）

从语言多样性的评估方法来看，国际上对语言多样性调查和监测及相关政策的制定，都依赖语言多样性指数（Diversity Index）这个多样性数值指标。计算语言多样性指数的方法有两种：一是葛林伯格（Greenberg）评估法；二是语界的评估法。

1. 葛林伯格的语言多样性评估方法

美国语言学家葛林伯格于 1956 年提出了语言多样性的计量方法。这种方法主要计量一定区域语言多样性状况及族群交流概率。他提出了八种计量模式。实际上，只有前面七种用于评估语言多样性，最后一种用于评估语言交流率，即随机选择两个个体能互相通话（即有共同语）的概率。七

---

① 转自 HARMON D, JONATHAN L. "The index of linguistic diversity: a new quantitative measure of trends in the status of the world's languages". Language Documentation and Conservation, 2010. http: // nflrc. hawaii. edu/ldc. 4: 97 - 151. Archived from the original (PDF) on 18 November 2014.

种计量模式中，模式 A 和模式 B 最常用。

模式 A：单语不加权法。

在某地随机选择两个人，将他们说同一种语言的概率作为计算语言多样性指标。若人人都说同一种语言，两人说同一种语言的概率就是 1；若人人都说不同的语言，概率就是 0，因此指数在 0～1 之间。单语不加权计算公式为：

$$A = 1 - \sum i(i^2)①\tag{1}$$

模式 B：单语加权法。

单语加权法考虑了语言相似度。如果两对语言的分布概率相同，差别越大则语言多样性越高。设 r_{MN} 表示语言 M、N 的相似率，M、N 的相似率越大 r_{MN} 越大。确定权重（相似率）的方法是：随机选择若干固定的基本词汇，计算不同语言中这些词汇的相似比例（数值在 0～1 之间）。公式为：

$$B = 1 - \sum\nolimits_{mn} (mn)(r_{MN})②\tag{2}$$

模式 A 和 B 都是基于每个人只使用一种语言（母语）的假定，而其他模式则考虑多语状况。例如，模式 C 和 D 是拆分人数计量法。在计算语言使用人数时，将每个双语人等价为两个单语人，如使用 M、N 的双语人，等价为使用 M 语的单语人和使用 N 语的单语人；三语人等价为 3 个单语人，以此类推。这种计量模式也分加权和不加权两种，分别采用上面模式 A 和 B 的计算公式计算。

模式 E 和 F：随机说话人计量法。将使用人口按其实际语言能力情况分类，如某地有 M、N、O 三种语言，根据语言能力将语言使用者分成：使用 M 的单语人，使用 N 的单语人，使用 O 的单语人，使用 M、N 的双语人，使用 M、O 的双语人，使用 N、O 的双语人，使用 M、N、O 的三语人。这种模式也分加权和不加权，分别采用公式（1）（2）计算。区别在于，计算前要先对每种等价单语人进行有序配对，多语人组合对应的每种等价的单语人配对均分多语人组合的概率。

模式 G：随机说话人—听话人计量法。这种概率计算法基于以下情形：

---

① A 就是单语不加权法得出的多样性指数，$\sum i(i^2)$ 就是区域内所有语言各自使用人口除以总人口数平方的加和。比如，既定区域有 M、N、O 三种语言，有 1/8 的人说 M，3/8 说 N，1/2 说 O，则 $A = 1 - [(1/8)^2 + (3/8)^2 + (1/2)^2] = 0.593$。

② mn 是在全体人口中随机有序地抽取两个单语人，第一个人使用语言 M，第二个人使用语言 N，概率 r_{MN} 就是配对的两种语言之间的相似率。

如果在人群中随机抽取一个人，若他是多语的，则他说的任何一种语言的概率是相等的，然后人群中的第二个人能够听懂他的语言；即是说，第一个人的语言是第二个人懂的语言中的一种。这种方法通过减小多样性指数，更能反映混合语的实际传播。这种方法只有不加权这一种可行版本，流程与方法 E 相同，除了多语人的比例乘积被分割，当值对应的同种语言对或第二个人的语言出现在第一个人的任意语言对中时，这个比例乘 1。

2. 语界的语言多样性指数评估法

语界创建了语言多样性指数（ILD），它是基于母语使用者人数的时间序列来衡量语言多样性趋势，是前所未有的。由于最早可用的数据出现在1970 年，因此 ILD 以 1970 年为基准，通过比较母语使用者的相对分布的变化评估语言多样性的发展趋势。假设有这样一种稳定的情况，即世界上的各种语言使用人数占人口总数的份额有的增加有的减少，ILD 正是衡量了在一个既定的地理群体中，各种语言是如何演变的。比如，全球 ILD 就是用于衡量全球范围内的语言演变。该指数以全球 1500 种语言为样本，调查 1970年到 2005 年间母语使用者人数的变化（ILD 数据库的详细介绍请参考附录A）。ILD 可用于不同地理范围内和不同语言群的计算，而且都可以采用一样的方法。其计算过程如下：

（1）计算出某年不同语言的使用者占全球（区域）总人口的比例。计算公式是：

$$F_{ly} = N_{ly}/P_y$$

式中，N_{ly} = 某年（y）将语言 l 作为母语使用人口数量；P_y = 某年（y）的区域总人口。

（2）计算人口比例 F 的几何平均数，计算公式是：

$$M = (F_1 . F_2 . F_3 . . . F_n)^{1/n}$$

n = 语言总数。

（3）得出语言多样性指数，计算公式是：

$$I_y = I_{y-1}(M_y/M_{y-1})$$

式中，I_y = 某年（y）语言多样性的指数；I_{y-1} = 前一年语言多样性的指数；M_y = 某年 F 值的几何平均数；M_{y-1} = 前一年 F 值的几何平均数。

将 1970 年的多样性指数设置为 1，此后每年指数增加，说明多样性增加；指数减少，则说明多样性减少。如果维持初始值，则表明全球变化趋势较为平坦。当全球指数是 0.8 时，表示多样性指数比 1970 年下降了 20%。

第二节　语言多样性监测指标和数据采集

一、语言多样性监测指标的选择

从葛林伯格和语界的两个语言多样性调查评估方法来看，估算数据主要基于每种语言的使用者在总人口的比例，即基于语言均匀度。这种方法简便快捷，但仍存在一些问题：（1）两个指数均只考虑语言的多样性，不考虑方言的多样性。这样导致只适合大范围区域的评估，比如国家、地区甚至全球。而且，大量语言和方言的区分本身就是模糊并带有政治色彩的。（2）语界评估法只考虑到母语，葛林伯格评估法考虑了多语情况，但并不考虑母语与其他语言的地位和作用有何不同。（3）两个评估方法的指标均过于单一，没有考虑传统本土语言在语言多样性系统中具有的特殊价值与起到的作用，也没有考虑到外来语言的入侵情况及其可能对语言多样性造成的影响。也正是基于这些问题，并参照自然生态学中关于生物多样性的调查与测定工作经验，我们认为语言多样性计量评估最好的是多指标综合评估，因此提出语言多样性的多指标综合评估法。

语言多样性调查主要涉及三个方面的内容，即语言种类多样性、语言人口均衡性和语言结构多样性。因此，语言多样性调查可包括三个一级指标。

1. 语言种类多样性指标

语言种类多样性指的是语言丰富度。一般语言丰富度越高，语言多样性程度越高。中国地区的语言丰富度主要从语言和方言数量、语系数量、语族数量以及汉语大方言数量四个方面体现。因此，可以设计四个二级指标。

（1）语言和方言的数量指标，测定一定空间范围内的语言和方言数目以表达语言的丰富程度，所应用的数值主要有一定区域内的语言和方言数。

（2）语族的丰富度指标，是指区域内语族的数量。

（3）语系的丰富度指标，是指区域内语系的数量。

（4）汉语大方言的数量指标，是指区域内汉语大方言的方言片。

2. 语言人口均衡性指标

语言人口的均衡性指标用来衡量语言人口分布和语言使用领域等的均匀度，因而可以设计三个二级指标。

（1）各语言使用人口指标，用来判断语言和方言使用者的分布情况的数值。

（2）各语言使用场合指标，用来判断各语言的使用场合状况。

（3）各语言的多语人指标，是指区域内各语言多语人的数量。

3. 语言结构多样性指标

语言结构多样性指标用来衡量语言结构形态的多样性，主要从语音、词汇、语法三个方面来衡量。从语音方面看，语音多样性主要表现为声韵调或元音辅音数量的丰富度；从词汇上看，词汇多样性主要体现在传统词的比例和借词比例上；从语法上看，语法多样性主要体现在形态数量、语序种类。

此外，还要考虑语言相似度问题，因为原则上讲，若两对语言的分布概率相同，差别越大则语言多样性越高。语言结构多样性指标可以设计 7 个二级指标：

（1）声韵调或元音辅音数量。

（2）音节数量。

（3）传统词比例（百分比）。

（4）借词比例（百分比）。

（5）形态数量和名称。

（6）语序种类和名称。

（7）语言字词相似度/差异度。

语言多样性调查的指标体系如表 3 – 1 所示。

表 3 – 1　语言多样性调查指标体系表

一级指标	二级指标
A1 语言种类多样性	A1 – 1 语言和方言的数量
	A1 – 2 语系的数量
	A1 – 3 语族的数量
	A1 – 4 汉语大方言的数量
A2 语言人口均衡性	A2 – 1 各语言使用人口
	A2 – 2 各语言使用场合
	A2 – 3 各语言的多语人

续表

一级指标	二级指标
A3 语言结构多样性	A3 - 1 - 1 声韵调或元音辅音数量
	A3 - 1 - 2 音节数量
	A3 - 2 - 1 传统词比例（百分比）
	A3 - 2 - 2 借词比例（百分比）
	A3 - 3 - 1 形态数量和名称
	A3 - 3 - 2 语序种类和名称
	A3 - 4 语言字词相似度/差异度

当然，这些指标并不是都非选不可，一般来说，语言的数量、语族的数量、各语言使用人口所占比例、特有语言的数量等四项指标是必选的，其他指标在条件不符合时可选可不选，不会太影响总体评估的准确性。

二、指标体系的数据采集问题

构建语言多样性调查的指标体系是为了实际调查工作中能够有效运用。也就是说，在具体的调查工作中，对实地调查和数据采集有重要的指引作用。不过，语言多样性指标体系，是一个数据汇集和分类、资源状况分析和评估系统，所指明的仅仅是数据采集的范围，而不是调查项目明细单。要想采集数据或获得相关的材料，还需要把指标体系中的内容，转化为调查人员或监测人员可以操作的调查表。调查表的拟定是具体实施方言资源监测的第一步。调查表或调查项目清单的质量，直接关系到能否成功地获取有效数据和信息。有了科学可行的调查表格，监测人员就可以"照单抓药"，数据材料的采集工作才能有条不紊。

一般来说语言多样性的调查表必须包括以下几项：

（1）"语言丰富度调查表"，用于一定区域内（省、市、县等）的语种丰富度、谱系丰富度和语言结构丰富度调查。样表见表3-2。

（2）"语言人口均衡度调查表"，用于语言均匀度相关的语言使用人口的调查。样表见表3-3。

（3）还要一份针对区域的《自然生态－文化多样性调查表》，用于了解区域内自然生态、人文生态的基本情况，可做语言—生物—文化多样性相关性的研究。样表见表3-4。

表 3 - 2　语言丰富度调查表

1. 本区域共有＿＿＿＿＿＿＿种语言，按使用人口由多到少排列依次是＿＿＿＿＿。（以下称使用人口最多的语言为 yu1，使用人口第二的为 yu2，使用人口第三的为 yu3 ……）
2. 各语言分别属于哪个语系和语族？ yu1（＿＿＿语）所属语系是＿＿＿＿＿＿，语族是＿＿＿＿＿＿＿ yu2（＿＿＿语）所属语系是＿＿＿＿＿＿，语族是＿＿＿＿＿＿＿ yu3（＿＿＿语）所属语系是＿＿＿＿＿＿，语族是＿＿＿＿＿＿＿ yu4（＿＿＿语）所属语系是＿＿＿＿＿＿，语族是＿＿＿＿＿＿＿ yu5（＿＿＿语）所属语系是＿＿＿＿＿＿，语族是＿＿＿＿＿＿＿ yu6（＿＿＿语）所属语系是＿＿＿＿＿＿，语族是＿＿＿＿＿＿＿ yu7（＿＿＿语）所属语系是＿＿＿＿＿＿，语族是＿＿＿＿＿＿＿ yu8（＿＿＿语）所属语系是＿＿＿＿＿＿，语族是＿＿＿＿＿＿＿ yu9（＿＿＿语）所属语系是＿＿＿＿＿＿，语族是＿＿＿＿＿＿＿ yu10（＿＿＿语）所属语系是＿＿＿＿＿＿，语族是＿＿＿＿＿＿＿
3. 在本区域分别有几种方言？ yu1（＿＿＿语）有＿＿＿＿种方言，分别是＿＿＿＿＿＿ yu2（＿＿＿语）有＿＿＿＿种方言，分别是＿＿＿＿＿＿ yu3（＿＿＿语）有＿＿＿＿种方言，分别是＿＿＿＿＿＿ yu4（＿＿＿语）有＿＿＿＿种方言，分别是＿＿＿＿＿＿ yu5（＿＿＿语）有＿＿＿＿种方言，分别是＿＿＿＿＿＿ yu6（＿＿＿语）有＿＿＿＿种方言，分别是＿＿＿＿＿＿ yu7（＿＿＿语）有＿＿＿＿种方言，分别是＿＿＿＿＿＿ yu8（＿＿＿语）有＿＿＿＿种方言，分别是＿＿＿＿＿＿ yu9（＿＿＿语）有＿＿＿＿种方言，分别是＿＿＿＿＿＿ yu10（＿＿＿语）有＿＿＿＿种方言，分别是＿＿＿＿＿＿
4. yu1（＿＿＿语）的声母数量＿＿＿＿＿，韵母数量＿＿＿＿＿，声调数量＿＿＿＿＿，音节数量＿＿＿＿＿，传统词数量＿＿＿＿＿，借词数量＿＿＿＿＿，形态数量＿＿＿，语序数量＿＿＿＿ yu2（＿＿＿语）的声母数量＿＿＿＿＿，韵母数量＿＿＿＿＿，声调数量＿＿＿＿＿，音节数量＿＿＿＿＿，传统词数量＿＿＿＿＿，借词数量＿＿＿＿＿，形态数量＿＿＿，语序数量＿＿＿＿

续表

yu3 （_____语）的声母数量_____，韵母数量_____，声调数量_____，音节数量_____，传统词数量_____，借词数量_____，形态数量_____，语序数量_____
yu4 （_____语）的声母数量_____，韵母数量_____，声调数量_____，音节数量_____，传统词数量_____，借词数量_____，形态数量_____，语序数量_____
yu5 （_____语）的声母数量_____，韵母数量_____，声调数量_____，音节数量_____，传统词数量_____，借词数量_____，形态数量_____，语序数量_____
yu6 （_____语）的声母数量_____，韵母数量_____，声调数量_____，音节数量_____，传统词数量_____，借词数量_____，形态数量_____，语序数量_____
yu7 （_____语）的声母数量_____，韵母数量_____，声调数量_____，音节数量_____，传统词数量_____，借词数量_____，形态数量_____，语序数量_____
yu8 （_____语）的声母数量_____，韵母数量_____，声调数量_____，音节数量_____，传统词数量_____，借词数量_____，形态数量_____，语序数量_____
yu9 （_____语）的声母数量_____，韵母数量_____，声调数量_____，音节数量_____，传统词数量_____，借词数量_____，形态数量_____，语序数量____
yu10 （_____语）的声母数量_____，韵母数量_____，声调数量_____，音节数量_____，传统词数量_____，借词数量_____，形态数量_____，语序数量_____

5. 本区域特有本土语言有_____种，将其按使用人口多少排列 _____ _____ _____
6. 本区域的外来语言有_____种，将其按使用人口由多至少排列 _____ _____ _____

表3－3　语言人口均衡度调查表

	语言名称	作为母语使用的人口数量	作为第二语言使用的人口数量	占总人口比例
各语言的使用人口情况	yu1			
	yu2			
	yu3			
	yu4			
	yu5			
	yu6			
	yu7			
	yu8			
	yu9			
	yu10			

		单语情况	人口数量	占总人口比例
不同语言能力使用人口数量	单语人数量	如：只会讲yu1的单语人		
		双语情况	人口数量	占总人口比例
	双语人数量	如：会讲yu1和yu2的双语人		

说明：要考虑母语情况，比如同样是会讲yu1和yu2的双语人，要考虑母语为yu1和母语为yu2两种可能。

续表

人口数量（多语人数量）	不同语言能力使用	多语情况	人口数量	占总人口比例
		如：会讲 yu1、yu2 和 yu3 的三语人		

语言常用场合	语言名称	行政领域	商贸领域	社区交际领域	家庭领域	其他领域
	yu1					
	yu2					
	yu3					
	yu4					
	yu5					
	yu6					
	yu7					
	yu8					
	yu9					
	yu10					

表3-4　自然生态-文化多样性调查表

第一部分　调查点自然生态多样性

1. 地理位置

　　1-1 平均海拔：_____

　　1-2 最高海拔：_____

　　1-3 经度：_____

　　1-4 维度：_____

2. 地形地貌

　　□高原，□山地，□丘陵，□平原，□盆地，□沙漠，□海岛，□湖泊，□河流三角洲

续表

3. 气候类型

　　□热带季风气候，　　□亚热带季风气候，□高原气候和高山气候，□温带大陆性气候，□温带季风气候

4. 年均降雨：＿＿＿＿＿＿＿

5. 生态区

　　□有国家级生态保护区

　　□有省级生态保护区

　　□无

　　保护区名称：＿＿＿＿＿＿＿

6. 森林覆盖率：＿＿＿＿＿＿＿

7. 原始森林和次森林覆盖率：＿＿＿＿＿＿＿

8. 野生动物种类和树木种类多少？

　　□野生动物和树木品种很多

　　□有较多野生动物和不同树木种类

　　□野生动物少，树木种类少

　　□几乎没有野生动物，山上几乎没有树木

　　　　8 – 1 常见庄稼作物：＿＿＿＿＿＿＿＿＿＿＿＿＿＿＿＿＿＿

　　　　8 – 2 最常见的树木：＿＿＿＿＿＿＿＿＿＿＿＿＿＿＿＿＿＿

　　　　8 – 3 珍稀树木：＿＿＿＿＿＿＿＿＿＿＿＿＿＿＿＿＿＿＿＿＿

　　　　8 – 4 常见花类：＿＿＿＿＿＿＿＿＿＿＿＿＿＿＿＿＿＿＿＿＿

　　　　8 – 5 常见果类：＿＿＿＿＿＿＿＿＿＿＿＿＿＿＿＿＿＿＿＿＿

　　　　8 – 6 常见野生动物：＿＿＿＿＿＿＿＿＿＿＿＿＿＿＿＿＿＿

　　　　8 – 7 珍稀野生动物：＿＿＿＿＿＿＿＿＿＿＿＿＿＿＿＿＿＿

　　　　8 – 8 常见鸟类：＿＿＿＿＿＿＿＿＿＿＿＿＿＿＿＿＿＿＿＿＿

　　　　8 – 9 常见蛇虫类：＿＿＿＿＿＿＿＿＿＿＿＿＿＿＿＿＿＿＿＿

9. 野生动物保护区

　　□有国家级保护区

　　□有省级保护区

　　□有地方确定的保护区

　　□无

10. 水资源

　　□灌溉和饮用水丰富，□灌溉和饮用水基本自足，□灌溉和饮用水稀缺

续表

11. 河流资源 □河流多，水量充足 □有小河，水量基本自足 □河流少，水量不够 □无像样的河流，经常干枯

第二部分　调查点文化多样性情况

1. 民族和族群多样性

　　1–1 民族的数量：_____

　　　　各民族的名称：_____

　　1–2 姓氏的数量：_____

　　　　常见姓氏：_____

2. 宗教信仰

　　1–1 宗教数量：_____

　　　　各宗教名称：_____

　　1–2 各宗教的信徒人数：_____

3. 风俗习惯

　　3–1 本地菜系数量：_____

　　　　各菜系名称：_____

　　3–2 本地传统节日数量：_____

　　　　传统节日的名称和时间：_____

4. 文化服务和产品多样性

　　4–1 本地文艺品种

　　4–2 文物保护单位数目：_____

　　　　其中，国家文物保护单位_____个；省级文物保护单位_____个；

　　　　市级文物保护单位_____个；其他文物保护机构_____个

　　4–3 非物质文化遗产数量：_____

　　　　其中，世界非物质文化遗产_____个；国家非物质文化遗产_____个；省

　　　　级非物质文化遗产_____个；市级非物质文化遗产_____个；县级非物质

　　　　文化遗产_____个

第三节　语言多样性计量模式

语言多样性的评估于探索阶段，迄今尚没有统一、有效的计量模式，无论采用何种方式，只要体现科学性、客观性和可操作性，都值得一试。我们提出两种可供借鉴的计量模式。

一、语言多样性计量模式一——等级计分法

语言多样性指标值的最终评估，采用科学的等级计分法是最为直观的。用百分制表示的原始分数来对语言多样性情况进行层级划分，比较直观、方便，不仅能够正确得出语言多样性的现状，而且能够对它们进行基本的等级定位。尤其是调查对象样本较少的时候，可以直接对语言多样性状况做出定性判断。

该方法的计量模式分为三步。

第一步，指标赋值。即按照百分的总分值，根据指标的重要性程度确定各指标所占的具体分值。指标重要性分级赋值方法是专家咨询法。

第二步，指标内容描述及测度分级。

第三步，调查指标内容级次分值计算和等级确定。

最后，得出评估结果。

（一）指标赋值

语言多样性监测分为三个一级指标：A1 语言种类多样性、A2 语言人口均衡性、A3 语言结构多样性。三个一级指标下面又细分为：A1 – 1 语言和方言的数量、A1 – 2 语系的数量、A1 – 3 语族的数量、A1 – 4 汉语大方言的数量；A2 – 1 各语言使用人口、A2 – 2 各语言使用场合、A2 – 3 各语言的多语人、A3 – 1 – 1 声韵调或元音辅音数量、A3 – 1 – 2 音节数量、A3 – 2 – 1 传统词比例（百分比）、A3 – 2 – 2 借词比例（百分比）、A3 – 3 – 1 形态数量和名称、A3 – 3 – 2 语序种类和名称、A3 – 4 语言字词相似度/差异度等 14 个二级指标。

因为采用百分制计分法，所以这 11 个指标的总分值是 100 分。如何确定这 11 个指标各自所占的分值，我们采用专家咨询法。

指标分值确定的基本方法思路是：根据指标体系拟定一个"权值因子判断表"（问卷），然后组成一个评价成员组，由各个成员独立填写"权值

因子判断表"，发表意见，最后根据收回的"权值因子判断表"来确定指标所占的权重，再根据其权重确定其具体分值。这个方法将定性评价定量化，比较直观有效，操作方便。具体程序是：

程序一：根据"语言多样性监测指标体系"制定"权值因子判断表"，由以下三个子调查表构成：

"语言多样性调查指标体系表"（表3-1）。

"一级指标重要性对比评级表"（表3-5）。

"二级指标重要性对比评级表"（表3-6）。

第一个表为参照表，后两个表格为咨询表，要求被调查者独立判断填写。

程序二：确定评价成员组。

先组成专家组，人数在20人左右。我们认为，完全由专家确定的评价成员组织方法，失之偏颇。这种方法在其他社会民情调查和评估，以及政策制定中，出现的问题已经为人民群众所诟病。因此，评价成员组既要体现权威性和专业性，又要体现代表性和合理性。因此在实际操作中，评价成员组以语言学专家成员为主；同时，还考虑吸收了地方语文工作者，因为地方语文工作者比较熟悉当地方言资源的历史与现状，而且有一定的专业知识，可以将直接的语文工作经验转化为理性认识；此外，也考虑了语言群体的普通民众中有高中文化程度的人士，他们从语言生活的切身体验中对相关要素的作用和影响，有真实的感受和认识。语言学专业人士、地方语文工作者、语言群体有高中文化程度的人士的构成比例是6：2：2。

程序三：向评价成员发送上述3个调查表，要求独立判断填写。

将一级指标和二级指标分成两个表格。将要素和指标分别两两组合匹配，作为行因子；将重要性分为非常重要、比较重要、同样重要、不大重要、很不重要等5级，采用通用的四分制为重要性程度赋值：

非常重要（远大于）　4；

比较重要（大于）　　3；

同样重要（同等）　　2；

不大重要（不如）　　1；

很不重要（远不如）　0。

表3-5　一级指标重要性对比评级表

甲组因子	重要性远大于	重要性大于	重要性同等	重要性不如	重要性远不如	乙组因子
语言种类多样性						语言人口均衡性
语言种类多样性						语言结构多样性
语言人口均衡度						语言结构多样性

表3-6　二级指标重要性对比评级表

甲组因子	重要性远大于	重要性大于	重要性同等	重要性不如	重要性远不如	乙组因子
语言和方言的数量						语系的数量
语言和方言的数量						语族的数量
语言和方言的数量						汉语大方言的数量
语系的数量						语族的数量
语系的数量						汉语大方言的数量
语族的数量						汉语大方言的数量
各语言使用人口						各语言使用场合
各语言使用人口						各语言的多语人
各语言使用场合						各语言的多语人
声韵调或元音辅音数量						音节数量
声韵调或元音辅音数量						传统词比例（百分比）
声韵调或元音辅音数量						借词比例（百分比）
声韵调或元音辅音数量						形态数量和名称
声韵调或元音辅音数量						语序种类和名称
声韵调或元音辅音数量						语言字词相似度/差异度
音节数量						传统词比例（百分比）
音节数量						借词比例（百分比）

续表

甲组因子	重要性远大于	重要性大于	重要性同等	重要性不如	重要性远不如	乙组因子
音节数量						形态数量和名称
音节数量						语序种类和名称
音节数量						语言字词相似度/差异度
传统词比例（百分比）						借词比例（百分比）
传统词比例（百分比）						形态数量和名称
传统词比例（百分比）						语序种类和名称
传统词比例（百分比）						语言字词相似度/差异度
借词比例（百分比）						形态数量和名称
借词比例（百分比）						语序种类和名称
借词比例（百分比）						语言字词相似度/差异度
形态数量和名称						语序种类和名称
形态数量和名称						语言字词相似度/差异度
语序种类和名称						语言字词相似度/差异度

表 3-1 为评估成员填表时参照，以便了解整个指标体系的分类和结构情况；表 3-5 为一级指标重要性对比评级表；表 3-6 为二级指标重要性对比评级表。每行甲乙两组指标采用随机配对排序，以避免在视觉上给评判人产生某种引导倾向的副作用。

程序四：根据返回的调查表，进行分析统计，得出权重值。

对返回的"权值因子判断表"进行统计的方法如下：

① 按照下面的算式计算每一行调查指标得分值：

$$D_{iR} = \sum_{\substack{i=1 \\ j \neq i}}^{n} a_{ij}$$

式中：n 指评价指标的项数；a_{ij} 评价指标 i 与 j 相比时，指标得分值；R 为专家序号。

② 求调查指标平均分值：

$$P_i = \sum_{R=1}^{L} \frac{D_{ir}}{L}$$

式中：L 为专家人数。

③ 计算行指标的权值：

$$W_i = \frac{P_i}{\sum\limits_{i=1}^{n} P_i}$$

④计算各指标的分值：

$$F_i \approx W_i \times 100$$

以上是一级指标和二级指标分别计算分值的步骤。本次权重调查表发出 20 份，收回 20 份，其中语言专业人员（教师、研究生）12 份；基层语文工作者 5 人，语言群体成员 3 人。人员结构达到要求，收回的表格没有空缺，全部有效。根据上述计算模型，得出的指标权重分值如表 3-7 所示。

表 3-7　语言多样性监测指标权重分值表

一级指标	权重	分值	二级指标	权重	分值（分）
A1 语言种类多样性	0.434	43	A1-1 语言和方言的数量	0.2029	20
			A1-2 语系的数量	0.1146	11
			A1-3 语族的数量	0.5125	5
			A1-4 汉语大方言的数量	0.4094	4
A2 语言人口均衡性	0.345	35	A2-1 各语言使用人口	0.3906	
			A2-2 各语言使用场合	0.6719	
			A2-3 各语言的多语人	0.3281	
A3 语言结构多样性	0.216	22	A3-1-1 声韵调或元音辅音数量	0.6563	
			A3-1-2 音节数量	0.3437	
			A3-2-1 传统词比例（百分比）	0.1844	
			A3-2-2 借词比例（百分比）	0.2042	
			A3-3-1 形态数量和名称	0.3229	
			A3-3-2 语序种类和名称	0.3646	
			A3-4 语言字词相似度/差异度	0.3125	

（二）指标内容描述及测度分级

语言多样性监测结果最终给语言多样性状况定为哪级，依赖于各个指标的评判。因此指标内容涵盖的情形需要进行分级描述。见表 3-8。

表3-8 语言多样性监测分级及其内容描述

一级指标	二级指标	评分等级					
		10分	8分	6分	4分	2分	0分
A1	A1-1	语言和方言数量>100种	语言和方言数量>50种、≤100种	语言和方言数量>30种、≤50种	语言和方言数量>10种、≤30种	语言和方言数量>1种、≤10种	语言和方言数量≤1种
	A1-2	语系数量>9种	语系数量>7种、≤9种	语系数量>5种、≤7种	语系数量>3种、≤5种	语系数量>1种、≤3种	语系数量≤1种
	A1-3	语族数量>9种	语族数量>7种、≤9种	语族数量>5种、≤7种	语族数量>3种、≤5种	语族数量>1种、≤3种	语族数量≤1种
	A1-4	汉语大方言数量>9种	汉语大方言数量>7种、≤9种	汉语大方言数量>5种、≤7种	汉语大方言数量>3种、≤5种	汉语大方言数量>1种、≤3种	汉语大方言数量≤1种
A2	A2-1	各语言使用人口比例非常均衡，最强势语言和最弱势语言使用人口之比约为1:1	各语言使用人口较均衡，最强势语言和最弱势语言使用人口的使用人口之比超过6:4	各语言使用人口一般，最强势语言和最弱势语言使用人口的使用人口之比超过7:3	各语言使用人口不大均衡，最强势语言和最弱势语言使用人口的使用人口之比超过8:2	各语言使用人口不均衡，最强势语言和最弱势语言使用人口的使用人口之比超过9:1	各语言使用人口不均衡，最强势语言和最弱势语言使用人口的使用人口之比接近10:0
	A2-2	每种语言或方言各种场合并用	4/5以上的语言或方言在各种场合并用	3/5以上至4/5以下的语言或方言在各种场合并用	2/5以上至3/5以下的语言或方言在各种场合并用	1/5以上至2/5以下的语言或方言在各种场合并用	只有一种语言或方言各种场合通用，其他语言或方言少数场合使用
	A2-3	每种语言或方言基本所有人都懂其他语言或方言	每种语言或方言大部分人懂其他语言或方言	每种语言或方言半数人懂其他语言或方言	每种语言或方言少数人懂其他语言或方言	每种语言或方言极少数人懂其他语言或方言	每种语言或方言所有人都只懂本语言或方言

续表

一级指标	二级指标	评分等级					
		10分	8分	6分	4分	2分	0分
A3	A3-1-1	声韵调总数量在100个以上，或元音辅音数量在60个以上	声韵调总数量在80个以上100个以下，或元音辅音数量在50个以上60个以下	声韵调总数量在60个以上80个以下，或元音辅音数量在40个以上50个以下	声韵调总数量在40个以上60个以下，或元音辅音数量在30个以上40个以下	声韵调总数量在20个以上40个以下，或元音辅音数量在10个以上20个以下	声韵调总数量在20个以下，或元音辅音数量在10个以下
	A3-1-2	音节数量>1500种	音节数量>1200种，≤1500种	音节数量>900种，≤1200种	音节数量>700种，≤900种	音节数量>400种，≤700种	音节数量≤400种
	A3-2-1	传统词占总词汇量比例>90%	传统词占总词汇量比例>70%，≤90%	传统词占总词汇量比例>50%，≤70%	传统词占总词汇量比例>30%，≤50%	传统词占总词汇量比例>10%，≤30%	传统词占总词汇量比例≤10%
	A3-2-2	借词占总词汇量比例≤10%	借词占总词汇量比例>10%，≤30%	借词占总词汇量比例>30%，≤50%	借词占总词汇量比例>50%，≤70%	借词占总词汇量比例>70%，≤90%	借词占总词汇量比例>90%
	A3-3-1	形态数量>80种	形态数量>60种，≤80种	形态数量>40种，≤60种	形态数量>20种，≤40种	形态数量>1种，≤20种	形态数量≤1种
	A3-3-2	语序种类>80种	语序种类>60种，≤80种	语序种类>40种，≤60种	语序种类>20种，≤40种	语序种类>1种，≤20种	语序种类≤1种
	A3-4	语言字词相似度≤10%	语言字词相似度>10%，≤30%	语言字词相似度>30%，≤50%	语言字词相似度>50%，≤70%	语言字词相似度>70%，≤90%	语言字词相似度>90%

(三) 调查指标内容级次分值计算和等级确定。

上面已经提出，在评估等级和指标描述分级上都采用6分法。实际上，从统计学角度衡量，测评系统也大多控制在5至6级。我们给六种等级设置的分值分别为10分、8分、6分、4分、2分、0分，与评估等级一致降序排列。基本分值采用偶值而不是自然数列，主要是为了统计上拉开各级的分值距离。指标分值的统计算式采用多目标线性加权函数法。

$$S = \sum_{j=10}^{m} \left(\sum_{i=1}^{n} A_{ij} B_{ij} \right) C_j$$

式中，S 为总得分；

A_{ij} 为第 j 个要素中第 i 项单项指标的分值；

B_{ij} 为第 j 个要素中第 i 项单项指标的权重；

C_j 为第 j 个要素的权重；

n 为第 j 项要素中具体指标的个数；

m 为准则层因子的个数，本模型取10。

根据上述算式，语言多样性状况评估结果分值最高100分，最低0分。见表3-9。

表3-9　语言多样性状况评估分级表

分数(分)	100	90	80	70	60	50	40	30	20
等级	A+	A	A-	B+	B	B-	C+	C	C-

用百分制表示的原始分数来进行层级划分，比较直观、方便，不仅能够正确得出具体区域语言多样性的现状，而且能够对该区域语言多样性的等级进行基本的定位。尤其是调查对象样本较少的时候，可以直接对区域语言多样性做出定性判断。因此，这也是本研究选择使用的方法。

必须指出的是，这种方法也有局限性。等级之间的界限尽管有分值区别，但实际评估得分，处于临界点或非常接近临界点的分值，等级定位就有些勉强，因为在实际的语言多样性状况中，过渡现象是很正常的。比如：得60分和得61分的两种语言生态状况分别被划入不同的等级，而二者事实上的差异显然不至于构成级差。那么，这个问题如何解决呢？

在这种情况下，标准计分法不失为一种理想的解决方案。也就是说，评估等级不按照规定的偶数级差划分，而是根据标准分定位。标准分是由均数和标准差规定的相对地位量，能够精确反映语言生态状况的排位信息，即表示考查对象在总体中处于什么位置，其目的主要在于与不同区域的语言多样性做比较，着眼于整个语言资源系统中各种地区语言生态状况的排序，明确个体在集体中的位置，以便对不同地区的语言生态状况进行有科学根据的层次划分、排序，从而为政府及语言资源的规划提供参考依据。可见，标准分能更有效地体现调查意图，有利于充分发挥语言多样性调查的作用。用标准分评价是一种相对评价。这种评价方法，无论所考察的总体情况如何都可以进行评价，因而适用性强，应用面广。当然，标准分的采用有一个基本前提，那就是必须有足够量的样本，否则，就无从谈起。因此，随着调查范围的不断扩大，调查的对象越来越多，今后就将两种方法结合起来进行评估。

二、语言多样性计量模式二——核心指标加权求和法

考虑到等级计分评估模式需要复杂和长期的数据，如单语人数量、双语人数量、外来语言数量及使用人口等，因此往往要经过长时间的调查和计算才能完成。有时需要尽快了解某个区域语言多样性大概状况，这时可采用另一种更加简单的核心指标加权求和法。核心指标加权求和法不需要大量的指标，只需要在各一级指标中筛选最重要、最核心的若干二级指标，对其进行加权求和。

（一）核心指标的筛选和赋值

从多样性的二级指标来看，各指标内容所起的作用是不一样的，因此我们在各一级指标中筛选出最重要的一项或代表性指标。

比如，语言多样性调查分为三个一级指标：A1 语言种类多样性、A2 语言人口均衡性、A3 语言结构多样性。其中"A1 语言种类多样性"中"A1－1 语言和方言的数量"最重要，可作为该指标的代表性指标；"A2 语言人口均衡性"中"A2－1 各语言使用人口"最重要，可作为该指标的代表性指标；A3 语言结构多样性"中"A3－1－1 声韵调或元音辅音数量"最重要，可作为该指标的代表性指标。

在确立好语言多样性核心调查后，再确定各指标的权重，我们依据上述对等级计分法中采用的专家咨询法（步骤略），按照程序对三项指标进行权重赋值。

（二）评价指标的归一化处理方法

由于各评价指标的数据来源不同，数值不同，需要进行归一化处理。

简单地说，就是把不同来源的数据统一到一个参考系下，这样比较起来才有意义。

语言多样性评价指标的归一化方法如下：

$$S = S' \times A_{\max}$$

$$A = 1/A_{\max}$$

式中，S 为归一化后的评价指标；S' 为归一化前的评价指标；A 为归一化系数；$A_{\max}$ 为某指标归一化处理前的最大值。

（三）核心指标的加权求和

语言和方言的数量、语言和方言人口比例、声韵调或元音辅音数量 3 个评价指标的加权求和，其计算过程如下：

（1）计算语言和方言的数量。

即计算区域内语言和方言的实际数量，再做归一化处理，其公式为：

$$S_F = S_y \times A_1$$

S_y 是区域内语言和方言的数量，A_1 是语言数量的归一化系数。

（2）计算语言使用人口的比例。

考虑到我们计算的语言品类包括语言和方言两类，而语言又包括了下属的方言，为避免重复计算，因此此处的均匀度其实就是语言均匀度。均匀度的计算我们采用 Greenberg 的单语不加权法。其基本公式是：

$$S_J = 1 - \sum i(i^2)$$

$\sum i(i^2)$ 就是区域内所有语言各自使用人口除以总人口数平方的加和。

（3）计算声韵调或元音辅音数量。

即计算语言中声韵调或元音辅音的实际数量，再做归一化处理，我们用如下公式：

$$S_p = S_3 \times A_3$$

式中，S_p 为归一化后的声韵调或元音辅音数量；S_3 为区域内语言中声韵调或元音辅音的数量；A_3 为归一化系数。

（4）加权求和。

最后，对这几个指标值进行除权相加。

则语言多样性综合型指数为：

$$EI = S_F \times 权重_F + S_J \times 权重_J + S_P \times 权重_P$$

得分在 0～1 之间，得分越高，表示语言多样性程度越高。

（四）进行语言多样性状况的分级

最后，根据语言多样性评估指数，可将语言多样性状况分为高、中、一般和低4级，具体见表3-10。

表3-10　语言多样性状况分级表

语言多样性等级	语言多样性指数	语言多样性内容
高	$EI \geqslant 0.65$	语言数量高度丰富，各语言使用人口非常均衡，特有语言和语言繁多，语言生态系统丰富多样
中	$0.40 \leqslant EI < 0.65$	语言数量较丰富，各语言使用人口基本均衡，特有语言和语言较多，局部地区语言多样性高度丰富
一般	$0.30 \leqslant EI < 0.40$	语言数量较少，各语言使用人口不太均衡，特有语言和语言不多，局部地区语言多样性较丰富，但语言多样性总体水平一般
低	$EI < 0.30$	语言和语言数量单一，语言多样性极低

此外，有时为了在极短时间内迅速了解某个区域语言多样性大概状况，也采用语言多样性快速监测评估法——单语不加权法，即利用随机取样的两个个体说不同语言的概率来对语言多样性进行快速监测与评估。此法原型来自生物学的辛普森指数，它在自然生物学中常用来快速测定群落物种多样性指数。

第四节　语言多样性评估示例
——以云南省镇康县为例[①]

一、镇康县概况

镇康县隶属临沧市，位于云南省西南边境地区、临沧市西部，南汀河下游和怒江下游南北水之间，南接耿马县，东邻永德县，西与缅甸果敢县接壤，北与保山地区龙陵县隔江相望，地处东经98°40′119″—99°22′42″，北纬23°47′14″—24°15′32″的低纬度地区，南北宽70.6千米，东西长71.9千

[①]　示例中使用的是核心指标加权法。

米，全县总土地面积 2544.23 平方千米。

镇康与缅甸接壤，国境线长 96.358 千米，县境内分布着 1 个国家二类开放口岸及 6 个边民互市点，是古西南丝绸之路重要通道，今为对外开放的内陆窗口，是中缅交往的重要通道和滇西南、临沧西部进入东南亚的重要口岸之一。新县城南伞口岸南可通往保山、大理等地州，距保山地区 26 千米，距县城 47 千米，西可进缅甸，距缅甸掸邦第一经济特区果敢县老街市 9 千米，距缅甸腊戍 197 千米，距缅甸古城曼德勒 484 千米，距缅甸仰光 800 多千米。

镇康地处滇西南低纬度地区，年平均气温 18.9℃，最高气温 36.3℃，最低气温为 -2.1℃，正常年无霜期 333 天，月平均最高气温 26.6℃，月平均最低气温 13.6℃。太阳辐射强，年日照时数 1936.8 小时，大于或等于 10℃的年活动积温 6786.3℃，年太阳辐射总量 93.6 千卡/平方厘米，日照百分率为 44%。年降水量 1700 毫米，雨季集中在 5—10 月，蒸发量 1500 毫米，年平均相对湿度 81%。在西北干冷气流和西南暖湿气流的影响下，形成镇康县域春秋温暖、夏秋季长、雨热同季、雨量充沛、夏无酷暑、冬无严寒、日照充足、热源丰富、干湿明显的亚热带气候。

镇康县地理环境复杂、气候类型多样，导致生态环境也多种多样，热带季雨林、南亚热带栎类混交林、中亚热带—北亚热带植被、亚高山植被等均有分布，林地面积 1107.9 平方千米，占全县的土地总面积的 43.72%，森林覆盖率 34%。林业产值为 3343 万元，占农林牧渔产值的 11.4%。其中，紫胶在镇康有较长的生产历史，自然资源丰富，紫胶适生地占全县总面积的 23.7%，其他核桃、澳洲坚果等林副产品都具有相当的开发优势。镇康药用植物资源极为丰富，常用药材达千种以上，热带南药如砂仁、槟榔、苏子等，亚热带的党参、女贞子等，温带北药的野田床、大桐子、香泻叶等，在已普查的 133 种药物中，资源量达 50 万公斤以上者有 36 种，鸡血藤、柯子等储量也很可观。野生动物资源种类繁多，珍稀动物有灰叶猴、孔雀、四须鲅鱼等。

从民族成分上看，镇康县居住着汉族、佤族、傣族、德昂族、布朗族、彝族、傈僳族、苗族、拉祜族、白族、哈尼族、回族、满族等 20 多个民族，但只有汉族、佤族、傣族、德昂族、布朗族、彝族、傈僳族、苗族、拉祜族等 9 个民族有聚居的自然村落，其他少数民族人数极少，只是零星分布。镇康县的这些少数民族中，除彝族等少数几个民族以外，其他民族大都跨境而居，这些跨境民族与缅甸各族人民婚姻互通、教民同堂，有着来往密切的经济文化交往和联系。这种特定的社会条件，使镇康文化呈现出明显的跨境文化特征。2010年，第六次全国人口普查登记的人口中，镇康县汉族人口为129398人，占总人口的73.37%；各少数民族人口为46958人，占总人口的26.63%。其中，彝族人口为20771人，占总人口的11.78%；佤族人口为9212人，占总人口的5.22%；傣族人口为3623人，占总人口的2.05%；白族人口2432人，占总人口的1.38%；傈僳族人口为2951人，占总人口的1.67%；苗族人口为1702人，占总人口的0.97%；布朗族人口为1382人，占总人口0.78%；拉祜族人口为1034人，占总人口的0.59%；回族人口为742人，占总人口的0.42%。

二、评估方法

因受时间、精力限制，我们采用核心指标加权求和法对镇康县的语言多样性进行了调查与评估。运用该评估方法，核心指标的确定是非常重要的。我们首先选用了三个核心指标：

（1）"语言和方言数量指标"，测定一定空间范围内的语言和方言数目以表达语言的丰富程度，所应用的数值主要有一定区域内的语言数（s）。

（2）"各语言使用人口所占比例指标"，判断语言使用者的分布情况的数值。

（3）"语族的数量指标"，测定区域内语族的丰富程度，所应用的数值主要是一定区域内的语族数目。

另外，考虑到镇康县处于西南边境地区，当地的特有语言数量多，我们增加一项核心指标："稀有语言数目指标"，测定区域内特有语言及特有语言结构的情况。在自然科学领域，是否拥有大量稀有物种是判断地区生物多样性高低的一项重要标志。自然科学研究发现稀有物种在生态系统中扮演着独特且不可替代的重要角色，自然界中独特的生态功能绝大多数来自稀有物种，这些物种和相应的生态功能在生物多样性遭受侵蚀的过程中异常脆弱。同样，是否拥有大量稀有语言或稀有语言结构也应该作为判断地区语言多样性高低的一项重要标志。这些稀有语言或稀有语言结构在各自的语言生态系统中都扮演着不同的独特作用，随着环境变化，这种独特生态功能或将消失，无论是对语言学研究还是其他人类社会科学的研究都是一个巨大的损失。

我们可以采用专家咨询法确定权重，选择了在语言学、生态学、环境科学等研究领域颇有建树的数十位专家对所构建的指标体系中各项指标进行两两比较打分，分值为百分制。然后回收问卷进行数据整理，最后计算各专家咨询得出的权重的平均值，确定各要素指标的最终权重。我们发放的 29 份表格全部回收，并剔除了 2 份无效表格，有效表格为 27 份，合格率为 93.1% 。收回表格后对有效表格进行统计分析，最终得出的权重系数见表 3-11：

表 3-11　语言多样性的指标权重系数

指标内容	权重系数
语言数量指标	0.42
语言使用人口所占总人口比例指标	0.32
语族的数量指标	0.15
稀有语言数目	0.11

三、指标的数据采集

（一）镇康县语言数量

该指标测定一定空间范围内的语言和语言数目以表达语言的丰富程度，所应用的数值主要有一定区域内的语言数目（s）。

根据调查得出，镇康县共有 20 多个民族，但是有的民族因人口极少，且分布零散，基本上已经不再使用自己的语言，更谈不上形成语言社区，比如白族、壮族等。此外，由于地处边境地带，镇康人民和缅甸人民来往密切，各乡镇边民互市频繁，跨国通婚现象也不少见，因此也有少部分人会缅语。但基本上，镇康境内各乡镇主要使用的语言见表 3-12。

表 3-12　镇康县各乡镇的语言情况表系数

乡镇	语言概况	总语言数量（种）
南伞镇	西南官话、傣语、佤语、德昂语、苗语	5
忙丙乡	西南官话、佤语、德昂语、傣语、苗语、布朗语	6
勐堆乡	西南官话、佤语、傣语、傈僳语	4
军赛乡	西南官话、佤语、拉祜语、傈僳语、德昂语	5
木场乡	西南官话、傈僳语、佤语、布朗语	4

续表

乡镇	语言概况	总语言数量（种）
勐捧镇	西南官话、佤语、傣语、彝语、苗语	5
凤尾镇	西南官话、傣语、布朗语、佤语	4

总体上看，镇康县主要有 9 种语言，分别是西南官话（镇康话）、佤语、傣语、苗语、彝语、德昂语、拉祜语、傈僳语、布朗语。

（二）镇康县各语言使用人口所占比例

该指标是用来判断语言和语言使用者分布情况的数值。从我们调查的情况来看，镇康县 9 种语言的使用人口差别极大。这一方面是由于各民族的人口本身就不一致，差别较大；另一方面，少数民族大量转用汉语，又加大了各语言使用人口的差异。各语言使用人口及其所占比例情况具体见表 3－13。

表 3－13　镇康县各语言使用人口情况表

语言	语言使用人口①	占总人口比例（%）
西南官话	156869	0.900
佤语	5630	0.0323
傣语	3010	0.0173
苗语	1734	0.0010
彝语	1072	0.006
德昂语	2445	0.014
拉祜语	259	0.001
傈僳语	1922	0.011
布朗语	619	0.003

（三）镇康县语族数量

该指标测定区域内语族的丰富程度，所应用的数值主要是一定区域内

---

①　语言使用人口这里指的是语言的母语人口，数据是根据我们 2016—2017 年的抽样调查结果估算出来的。

的语族数量。

镇康县的9种语言所属语系和语族的情况见表3-14。

表3-14　镇康县各语言的谱系分类情况

语言	语系	语族	语支
西南官话	汉藏语系	汉语族	汉语支
佤语	南亚语系	孟高棉语族	佤—德昂语支
傣语	汉藏语系	壮侗语族	壮傣语支
苗语	汉藏语系	苗瑶语族	苗语支
彝语	汉藏语系	藏缅语族	彝语支
德昂语	南亚语系	孟高棉语族	佤—德昂语支
拉祜语	汉藏语系	藏缅语族	彝语支
傈僳语	汉藏语系	藏缅语族	彝语支
布朗语	南亚语系	孟高棉语族	佤—德昂语支

从表3-14可以看出，镇康县的语言共分属两大语系的5个语族，分别是汉语族、孟高棉语族、壮侗语族、苗瑶语族和藏缅语族。

（四）镇康县稀有语言数量

该指标用来测定区域内稀有语言的数目。镇康的9种语言有5种是中缅、中老边境地带特有的语言，其他地区很少见，分别是：佤语、德昂语、拉祜语、傈僳语和布朗语。

四、镇康县语言多样性状况的评估

我们采用综合多指标评估法对镇康县语言多样性状况进行评估。前面已经对多样性评估的四个指标的基本情况做了调查与统计，根据评估公式，我们测算镇康县语言多样性状况的过程如下：

第一步，进行评价指标的归一化处理。

由于各评价指标的数据来源不同，数值不同，需要进行归一化处理。简单地说，就是把不同来源的数据统一到一个参考系下，这样比较起来才有意义。

语言多样性评价指标的归一化方法如下：

$$S = S' \times A$$
$$A = 1/A_{max}$$

式中，S 为归一化后的评价指标；S' 为归一化前的评价指标；A 为归一化系数；A_{max} 为某指标归一化处理前的最大值。

各指标的参考最大值 A_{max} 如下：

语言数目的参考最大值为 20[①]，语族数目的参考最大值为 6，特有语言数目的参考最大值为 10[②]。

第二步，计算语言多样性综合评估指数。

语言多样性综合评估指数是语言丰富度、语言均匀度、语言谱系丰富度、本土特有语言/方言的丰富度 4 个评价指标的加权求和，其计算过程如下：

（1）计算语言丰富度指数。

语言丰富度，即区域内语言的数量，再作归一化处理，其公式为：

$$S_F = S_y \times A_1 = 9 \times 1/20 \approx 0.4500$$

（2）计算语言均匀度。

均匀度的计算我们采用 Greenberg 的单语不加权法。其基本公式是：

$$S_J = 1 - \sum i(i^2) \approx 0.1877$$

$\sum i(i^2)$ 就是区域内所有语言各自使用人口除以总人口数平方的加和。

（3）计算语言谱系丰富度。

语言谱系的丰富度就是语族的数量，我们用如下公式：

$$S_p = S_3 \times A_3 = 5 \times 1/6 \approx 0.8333$$

（4）计算本土特有语言/方言的丰富度。

本土特有语言/方言的丰富度就是本土特有语言或方言的数量，我们用如下公式：

$$S_T = S_4 \times A_4 = 5 \times 1/10 \approx 0.5000$$

加权求和。

最后，对这几个指标值进行除权相加，镇康县语言多样性综合型指数为：

$$EI = S_F \times 0.41 + S_J \times 0.37 + S_p \times 0.11 + S_T \times 0.11 \approx 0.4006$$

第三步，进行语言多样性状况的分级。

---

　　① 因全国未对各县市的语言做过普查，但从已有的材料来看，全国各县的主要语言数量没有超过 20 种的，故以 20 为最大值。

　　② 因全国未对各县市的语言做过普查，但从已有的材料来看，全国各县的特有语言数量没有超过 10 种的，故以 10 为最大值。

最后，根据语言多样性评估指数，语言多样性状况分为高、中、一般和低4级，具体见表3-15。

表3-15 语言多样性状况分级表

语言多样性等级	语言多样性指数	语言多样性内容
高	EI≥0.65	语言数量高度丰富且各语言使用人口非常均衡，语言生态系统丰富多样
中	0.40≤EI<0.65	语言数量较丰富，各语言使用人口基本均衡，局部地区语言多样性高度丰富
一般	0.30≤EI<0.40	语言数量较少或各语言使用人口不太均衡，特有语言和方言不多，局部地区语言多样性较丰富，但语言多样性总体水平一般
低	EI<0.30	语言和语言数量单一，语言多样性极低

根据镇康县语言多样性指数得分情况，可见镇康县语言多样性程度属于中，表现为"语言数量较丰富，各语言使用人口基本均衡，局部地区语言多样性高度丰富"。

第四章　语种生态监测与评估

第一节　语种生态调查与评估概述

国外关于特定语种的语言生态状况研究始于20世纪80年代，早期集中在语言生态学概念范畴、基本原理、语言生态要素、语言生态指标等方面。90年代以来，随着语言濒危问题凸显，语言生态研究从一般理论问题转向语言生态的应用问题研究，如：语言活力和语言濒危的评估、语言复兴等。许多学者开始通过实地调查，了解少数族群语言生存状况，对其活力状况、濒危程度、生存态势做出评估和预测，如联合国教科文组织文件《语言活力和语言濒危》、美国暑期语言研究院（SIL）发布的《世界的语言》，在一定程度上都属于语言生态状况调查和研究方面的工作。

国内对语言生态问题的关注始于本世纪初。迄今，公开发表和出版的论文和著作，包括一些研究课题，对语言生态的研究多集中在语言生态的概念诠释、生态的隐喻意义、生态哲学观等形而上的讨论和思考。语言生态学的应用研究，尤其是特定语种的语言生态调查与实证研究还很少。当然，某些学者所做的某些领域的理论研究和实践工作，一定程度上也属于语言生态的调查和研究。比如，表示语言在社会中"生命力"的语言活力也可以作为语言生态概念体系的一员。语言生态良好，语言活力就强；反之，语言活力就弱。调查语言生态状况和语言活力，殊途同归。关注语言活力，同样着眼于语言与环境的相互作用，建立语言活力评估体系，也是为了把握语言生存状态和发展趋势，达到保护语言生态、延长语言活力、保持语言多样性的目标。不同的是，语言活力研究的对象，主要是全球普遍存在的、更容易衰亡的少数族群语言，而不是强势语言。吉尔、博里斯和泰勒提出了衡量语言活力的3个基本参项：地位、人口和制度支持。其中，地位参项包括：经济地位、社会地位、历史地位、语言地位；人口参项包括：人口分布（国家领土、聚集度、语言分布区所占比例）、人口数量（绝对数量、出生率、异族通婚、居民移入迁出情况）；制度支持参项包括：

正式支持（大众媒体、教育、政府服务）、非正式支持（工业、宗教、文化）。① 美国学者兰德尔（M. Lynn Landeer）在《民族语言的活力指标》一文中也提出了 8 条评估语言活力的指标②：

（1）语言群体分布地的城乡类型；

（2）语言使用领域；

（3）语码转换的频度和类型；

（4）人口与群体的动向；

（5）语言使用者的社会关系网络分布；

（6）语言群体的社会威望和自我评价；

（7）语言的威望；

（8）语言群体的经济基础。

考虑到指标的操作性，兰德尔还把每个指标可能出现的情况分为 4 个级次，并做了描述。例如，指标"语言使用领域"分成以下 4 个级次：

①用于家庭、文化活动、社会活动和其他领域；

②用于家庭、文化活动、社会活动；

③用于家庭、文化活动，但文化活动除使用母语外，开始混杂外来语或其他本地语言；

④只用于家庭，除使用母语外，也开始混杂使用外来语或其他本地语言。

这种分级描述的做法已经关注指标的实际应用问题，不再停留在理论层面。这是语言活力评估的一大进步，也是语言活力评估体系开始走向成熟的标志。也正因为如此，这 8 项指标多年来一直用于美国暑期语言研究院的语言活力调查活动。当然，这个体系也有一些不足。比如，某些重要指标（如人口特征、语言态度等）被忽略。有的指标可简化合并，如"人口与群体的动向"与"移民对该语言的使用情况"有重叠。值得肯定的是，兰德尔等人的研究，为国际学术界评估语言活力和濒危语言的研究提供了一个范式。联合国教科文组织于 2003 年 3 月 10 日至 12 日在巴黎召开了濒危语言国际专家会议，其间形成了一个文件《语言活力与语言濒危》。文件

---

① GILE H, BOURHIS R, TAYLOR D. Towards a theory of language in ethnic group relations ［M］// GILES H（Ed.）. Language, Ethnicity and Intergroup Relations. London: Academ-ic Press, 1977: 307 - 308.

② LANDEER M L. Indicators of Ethnolinguistic Vitality ［J］. Sociolinguistics, 1998, 5（1）: 5 - 22.

确立了9项衡量语言活力与语言濒危状况的要素指标①，并进行分级描述。这个框架就吸收和借鉴了兰德尔等人的成果。文件的9项指标要素是：

（1）代际语言传承；

（2）语言使用者的绝对人数；

（3）语言使用人口占总人口的比例；

（4）现存语言使用域的走向；

（5）语言对新领域和媒体的反应；

（6）语言教育材料与读写材料；

（7）政府和机构的语言态度和语言政策；

（8）语言群体成员对母语的态度；

（9）语言记录材料的数量和质量。

文件将每个指标分成了6个级次：充满活力；有活力或仍然比较活跃；活力降低，出现濒危迹象；活力不足，走向濒危；活力很差，已经濒危；无活力，失去交际功能或已经死亡。教科文组织文件确立的这几项指标，简明扼要，重点突出，具有代表性和操作性。但美中不足：指标数量略微偏少，在全面体现一种语言或方言真实情况方面略有遗漏；文件虽然在后面列举了示例，但对指标如何运用，还是缺少具体的描述。

国内关于语言活力的研究，值得注意的是黄行的《中国少数民族语言活力研究》②。他从语言产品、语言设施和语言人员三个要素出发，设计了一个包括社会各层面因素的语言活力指标体系：行政活力、立法活力、司法活力、教育活力、出版活力、媒体活力、文艺活力、宗教活力、经济活力、信息活力。该书填补了我国少数民族语言活力研究领域的空白。作者吸收了《世界语言活力图谱》的量化测度方法，根据上述活力指标，对我国少数民族语言活力进行分项排序。不过，该书将活力测度指标具体分为10项，可能有所缺失。行政活力、立法活力、司法活力等3项，在计量中所占权重过高。我国少数民族语言真正在行政、立法和司法活动中具有官方政治地位和实际使用地位的，只有少数几种。分立三项，代表性和普适性不强。此外，没有就各项活力指标得出一个综合的评估测度，也是一点不足。尽管这样，书中提出的活力指标和计量方法，对于语言生态状况的监测，具有重要的借鉴意义。此外，我国民族语言学家孙宏开③针对我国少

---

① 范俊军，宫齐.语言活力与语言濒危［J］.民族语文，2006（03）.

② 黄行.中国少数民族语言活力研究［M］.北京：中央民族大学出版社，2000.

③ 孙宏开.中国少数民族语言活力排序研究［J］.广西民族大学学报，2006（5）.

数民族语言实际，在以上 9 个指标的基础上补充了 3 个指标，用以评估我国少数民族语言活力。孙先生补充的 3 个指标是：（1）语言的分布情况：聚居、杂居还是散居；（2）语言的内部差异（差异大的语言，活力就会降低）；（3）国境内外的分布情况。

可见，近 10 年来，与语言生态的调查评估关系最为紧密的研究，集中在语言活力评估领域。这又可以算作是语言生态学的具体化、实践化。总的来看，语言生态的理念已经被学界普遍接受和理解，一些研究者自觉将语言生态问题纳入自己的学术视野，做了不少有益的探索和思考。但是，生态语言学发轫于保护和促进人类文化多样性的现实之需，它的动力和生命就在于应用。可无论国内还是国外，生态语言学研究仍局限于语言和生态关系的学术思考，相关的实践应用研究则明显缺乏进展。语言生态调查的实践操作和运行机制等问题还有待系统和深入地讨论和研究；有关语言生态调查方面，还没有可以借鉴和仿效的理论规范、技术标准和实践规程。另外，国内学者们对边境地带的社会语言生态和语言生活的关注和调查研究不够，语言生态的调查和研究极少涉及边境地带的本土少数族群语言及汉语方言。

但就我们所见到的文献而言，国内外似乎还未出现语种生态状况评估方面的专门研究著作。但究竟如何进行语言生态评估，不少学者做了尝试性研究。作为语言生态学的奠基者，豪根（1972）对此最早讨论了应该从哪些要素来评估语言生态系统的问题。他认为，语言的生态环境涉及历史语言学和描写语言学、语言人口学所关注的 10 个方面的问题[①]：

（1）该语言同其他语言的区别在哪？（历史语言学和描写语言学）

（2）谁使用该语言？（语言人口学）

（3）语言的使用域如何？（社会语言学）

（4）语言使用者还会使用什么语言？（并用语言学）

（5）语言的内部差异情况如何？（方言学）

（6）书写传统情况如何？（文字学）

（7）语言标准化程度如何？（语言规范学）

（8）该语言习得的体制支持情况如何？（语言政策学）

（9）语言使用者持有的语言态度如何？（民族语言学）

---

① HAUGEN E. The ecology of language [M] // FILL A, MÜHLÄUSLER P (Eds.). The ecolinguistics reader, London and NewYork: Continuum, 1972: 57 – 66.

（10）通过评估以上这些因素，与其他语言相比，该语言属于何种状态？（生态分类学）

豪根提出的上述 10 个问题，实际上已经体现了语言生态评估的基本思想：一是应该明确哪些方面的要素是语言的生态要素；二是应将多种语言的相互关系纳入语言生态系统，才能得出对语言生态状态的总体判断。这10 个问题为语言生态要素的研究指明了思考方向，也为后来者提供了建立语言生态评估指标体系的基本框架。当然，豪根的这 10 个问题仅仅是一些粗略的主题，还显得十分笼统，不是具体的评估指标，因而不能应用于实际的调查评估操作。有些比较重要的问题尚未考虑，如地理分布等。每个问题后面提出的学科范畴分类也明确，如第 3 个问题所列的"社会语言学"，其他问题项似乎也可归入该学科。此后，哈尔曼①提出了从人口、社会、政治、文化、心理、相互作用、语言自身等 7 个方面考察语言生态。

美国学者爱德华在研究少数族群语言的保持和消亡问题时，提出了一个用于观察语言生态的主题和参项表，包括 3 类主题和 11 个参项，其中 3类主题是语言使用者、语言和环境，11 个参项为人口、社会、语言、心理、历史、政治/法律/政府、地理、教育、宗教、经济、媒体②。这 3 类主题和11 个参项相互关联，构成了一个语言生态调查模式，被称为爱德华模式。该模式中，爱德华归纳了下面 33 个问题：

（1）语言使用人口和密度如何？
（2）语言使用的地理范围如何？
（3）语言使用地域属于哪种类型的地理环境（城/乡）？
（4）语言使用者的社会经济地位如何？
（5）语言传播的程度和方式如何？
（6）过去或现在对语言保持和语言恢复做了何种努力，情况如何？
（7）语言使用者的语言能力如何？
（8）语言标准化的程度如何？
（9）语言社区居民人口流动情况如何？
（10）语言使用者的语言态度如何？

① HAARMANN H. Language in ethnicity: a view of basic ecological relations. Berlin: Mouton de Gruyer, 1986.

② EDWARDS J. Sociolinguistical aspects of language maintenance and loss: Towards a typology of minority language situations [G] // FASE W, JASPAERT K, KROON S (Eds.). Maintenance and loss of minority languages. Amsterdam: John Benjamins Publishing Company, 1992: 37 - 54.

（11）语言的独特性体现在哪些方面？

（12）强势语言群体对少数语言群体的态度如何？

（13）语言群体的历史背景情况如何？

（14）语言的历史情况如何？

（15）该地区的历史情况如何？

（16）语言使用者有哪些权利，他们对这些权利的了解情况如何？

（17）官方对该语言的认同程度如何？

（18）该地区是否属于自治区或拥有"特殊地位"？

（19）语言无群体是否为当地唯一少数民族，其他地方是否有分布，是否只在该地区才算少数民族？

（20）语言群体内部之间是邻近而居还是相互隔离？

（21）该群体是否有内聚力？

（22）语言群体对教育的态度以及接受教育的情况如何？

（23）学校对该语言的支持情况如何？

（24）该地区的教育状况如何？

（25）语言使用者的宗教信仰情况如何？

（26）该语言与当地宗教活动的关联度如何？

（27）宗教在该地区的地位如何？

（28）语言使用者的经济状况如何？

（29）语言和当地经济发展、流通之间的联系如何？

（30）该地区的整体经济情况如何？

（31）语言群体在媒体中的出现率如何？

（32）语言在媒体中的出现率如何？

（33）民众的本地认同情况如何？

这个调查体系内容丰富。它提出的语言、语言使用者和环境三大主题几乎囊括了语言的内生态和外生态系统，同时把微观变量和宏观变量，即导致语言功能变化的直接、具体的因素和影响语言前景的广泛的背景因素有机地结合在一起。而且，这个调查提纲比起豪根和哈尔曼的参项，更容易转化为具体的指标和调查项目，可行性和操作性有了显著的提高。通过这33个问题的调查数据，可以实现对语言生态状况做出定量分析和定性判断。当然，仔细推敲这个调查提纲，有些问题还需要改进，比如，"该语言和本地经济发展、流通之间的联系如何？"似嫌空乏，还应具体化。另外，这33个问题涉及了语言生态的各方面因素，各个要素指标对于语言生态的影响力是有强弱级次的，但对这些问题在评估语言生态中所起作用的大小，作者并没有进行专门的考虑，这将直接影响分析和评估结果。而且，如何综合利用这些指标进行计算、评估，爱德华也没有明确提出来。这就是说，如何运用这些指标有关语种生态状况调查评估领域的研究，迄今就我们所见到的相关文献和成果而言，似乎到爱德华为止，还没有出现一个完整并可操作的语言生态调查、分析和评估的理论体系或工作指引。这可能是因为语言生态的调查、分析和评估体系，涉及面广，各种语言的生存环境变量因素复杂，难以建立一种通用的语言生态指标体系。不过，从语言生态学的产生缘由来看，语言生态调查、分析和评估的目的，主要是为了掌握语言生存环境的优劣，预测语言是否濒危或灭绝，以便采取语言抢救和保护的实践措施。

从总体上看，基于语种的生态状况调查评估的理论和实践还相当薄弱。从理论上看，语言生态调查的内涵是什么、评估什么以及如何评估等问题，还没有系统的研究。从实践上看，如何建立持续性的语种生态状况监测系统以及相关的运行和评估机制，也缺乏实际可行的规程。

第二节　语种生态监测指标和数据采集

一、语种生态监测指标体系的设计

（一）语种生态监测指标的设计思路和理论框架

前一节评述的各种语言生态调查指标体系各有特色和侧重，并随着研究的不断深入而渐趋完善。但是，从建立一个具有普适性的语言生态监测体系的要求来看，上述各种体系仍然感觉不足：一是总免不了个别重要指标的缺失；二是指标体系与评估模型脱节，操作性似嫌不足；三是指标体系大多基于特定类别的语言或语言资源，普遍适用性有所欠缺；四是在指标体系数字化方面少有考虑监测的动态属性。

还应当指出的是，语言资源监测固然和语言生态或语言活力的调查评估有许多工作内容相同，但二者还是有所区别。首先，语言资源监测是一种多区域、多语种的实时调查和测度，它不仅包括自然语言资源，也包括衍生语言资源的监测；而语言生态和语言活力的评估则可以只针对特定的语言展开。其次，语言生态或语言活力的调查评估，一般局限于语言外部环境要素及其作用关系的测度，并不关注语言本体结构要素；而语言资源监测还需要对语言本体结构的发展变化状况进行观察、调查、记录和评估。此外，语言资源监测需要动态地更新数据，发布周期性的综合分析报告，同时要充分关注语言资源的采集、汇聚、存储和开发利用潜能。所以说，语言资源监测是一项系统工程。

在吸收国内外语言生态调查评估的理论与实践工作经验的基础上，结合多年来我们自主开展的语言生态监测评估实践工作，我们认为，构建语言生态监测指标体系，首先要确立一个框架模式，在该框架模式下，选择、判断、串联、整合各种要素指标，使之朝着框架确定的方向起作用。这方面，可以从较为成熟的自然生态调查和评估中借鉴和吸收相关的理论模式和成功经验，指导语种生态监测指标框架的设计。压力（Press）—状态（State）—响应（Response）框架理论（以下简称 PSR 模式）评价模式是目前自然环境评价中应用最广的指标体系之一，它从人类与环境系统的相互作用与影响出发，对环境指标进行组织分类，具有较强的系统性，已广泛地应用于自然生态调查等。在 PSR 模式下，环境问题可以表述为三个不同但又互相联系的指标类型：压力指标反映人类活动给环境造成的负荷；状态指标表征环境质量、自然环境与生态环境的状况；响应指标表征人类面临环境问题所采取的对策和措施。此模型的主要目的是通过回答"发生了什么、为什么发生、我们将如何做"这一方式来进行监测和评价。总体来看，该概念框架本身是一种创新的思维逻辑，这种思维指导下的语言生态调查指标体系，既能对语言生态进行现状评价，又可判断发展过程中是否具有可持续性，同时还能够预测未来的发展态势。

我们同样把语言生态监测视为一个具体的 PSR 系统，它由压力、状态、响应三个子系统构成。压力类指标描述影响语言变化的外部生态环境，回答为什么会发生此类变化的问题；状态类系统描述语言的本体状态，回答语言本体系统发生了何种变化的问题；响应类指标描述人类对各种语言生态问题主动或被动采取的政策和措施，回答做了什么以及应该做什么的问题。在 PSR 三分系统的模式下，我们对相关的研究成果进行分析比较，对所有关涉语言生态的要素进行汇聚、分类、比较和筛选，最终得出具体的指标系统。

（二）语种生态监测体系的要素分析

我们在吸收上述国内外学者相关成果的基础上，结合自身的具体实践，以 PSR 模式为指引，提出用于语言生态监测的 12 个指标要素：人口、地理、文化、教育、经济、语域、语言态度、语言能力、语言格局、语言产品、语言标准化程度、语言结构稳定程度。其中，人口、地理、文化、经济等要素属于压力系统，语域、语言格局、语言产品、语言标准化程度、语言结构稳定程度等要素属于状态系统，教育、语言态度、语言能力等要素属于语言生态的响应系统。

下面就各个要素的含义以及分解指标进行简要的阐述。

1. 人口

人口属于压力系统的要素。因为人口状况可以对语言生态状况形成明显的正压力和负压力，所以人口要素在前述各学者提出的语言生态和语言活力评估体系中都有列入。但他们提到的人口主要是指语言使用人口的绝对数量。语言使用人口的数量确实对语言的生存发展影响极大，一般而言一种语言的使用人口基数越大，其社会传播面就越广，群体内代际传承就越强，就越有利于语言的生存与生态发展。而且，一种语言的使用人口基数越大，对语言资源需求面就越广，该语言具有的开发利用潜能就越强。事实上，从我国民族语言和汉语方言的一般情况来看，语言使用人口基数达到 10 万，语言生态一般属于优良，语言资源维持、发展和利用环境才是安全的。如果语言使用人口低于 1 万，语言生态就比较脆弱，语言的生存和发展就存在危险。语言使用人口的基数规模，决定了该语言是否能够形成一定规模的语言社区和语言地理区域。某个群体的语言使用人口低于 1 万，一般而言，其社区大多仅仅形成一两个乡的行政区和地域范围。

但是，除了语言使用人口的绝对数量之外，语言使用人口占群体总人口的比例也必须考虑，联合国教科文组织关于保护语言与文化多样性文件汇编中也指出："语言使用人口占群体总人口的比例是衡量语言活力的一项重要指标。这里的'群体'可能指语言群体赖以识别的种族、宗教、地域或民族群体。"① 语言使用人口占总人口的比例越大，意味着该语言在群体社区的声望越高，语言的生存和发展就相对稳定。即使该语言使用人口的绝对数量不大，但如果语言使用人口在整个群体社区所占比例很高，这说明语言的社会交际功能能够得到充分体现。反之，如果某种语言的使用人口基数较大，但占整个社区总人口的比例较低，语言功能的发挥就会有限。

人口要素还应考虑青少年语言使用人口（年龄在 15 岁及以下的人群）的比重。该指标反映语言的代际传承，比重越大，语言代际传承就越好；

---

① 范俊军. 联合国教科文组织关于保护语言与文化多样性文件汇编［M］.北京：民族出版社，2006.

反之，代际传承就成问题。"语言的衰退和濒危在语言使用者年龄的变化上具有外在的表现。大凡语言功能衰退的语言，特别是濒危语言，其语言使用者的年龄结构趋于高龄化。"① 条件允许的情况下，我们还应调查语言使用人口的增长趋势，其反映了语言的社会声望和势力。如果语言使用人口呈正增长趋势，说明该语言的向心力和传播力增强；如果语言使用人口呈负增长，说明该语言是一种离心型语言，容易被强势语言同化。

显然，在人口要素中，语言使用人口的基数值是决定性的，相对指标是辅助性的。因此，相对指标值只能通过在绝对指标上增加系数来计量。

2. 地理

地理要素是指语言群体形成的社区在地理上的表现，它包括：语言群体社区的聚居程度以及语言群体社区的地理开放度。地理要素也是语言资源存在和发展的外部压力因素。

语言群体社区的聚居程度可从两个方面来衡量：（1）语言群体社区具有哪个级别的行政区划（省、县市或乡镇）；（2）语言群体社区分布的地理类型，即聚居、散居或杂居。第一个方面关涉政府在政策、财力、物力和人力方面的支持体系。语言群体社区具有县级或以上的行政区划（如民族自治县或自治州），语言资源的保护和发展就容易在法律和政策制度层面上得到保障，从而容易获得财力、物力和人力基本支撑；反之，就难以有政策支持，也就难以获得财力、物力和人力方面的基本保障，容易被忽视和边缘化。第二个方面则关系到语言群体的凝聚力和内部交际的密切度。语言群体社区的聚居程度越高，交往就密切，凝聚力就越强，语言使用域和使用率得到不断提升。如果语言群体社区呈散居、杂居状态，群体交往就会减少，群体内部关系就会松散，语言的使用率就会降低。

语言群体社区的地理开放度对语言资源的存在与保持具有重要作用，它在一定程度上可决定语言生态系统的稳定性。这项要素可从聚居区的城乡类型、交通便利度和人口流动度来考察。通常而言，交通越方便，人口流动越频繁，语言接触就越广，语言生态系统就易受外来因素影响。反之，地理越封闭，外来影响就越小，语言生态的自足性相对就越高。

在地理要素中，语言群体社区的聚居度是起决定作用的绝对指标。有无一定级别的行政区划，实际上也一定程度上体现了聚居度，而聚居度在一定程度上可以抵御开放度，如果语言群体聚居度越高，即使对外开放度

---

① LANDEER M L. Indicators of ethnolinguistic vitality [J], Sociolinguistics, 1998, 5 (1): 5–22.

高，语言群体内部的交往密度和凝聚度也不会轻易遭到削弱。

3. 文化

文化也是一个压力要素。每个语言群体通常都有特定的文化习俗、文化传统或宗教信仰。这种习俗与传统或宗教信仰，是语言群体自我认同的重要动力。文化要素可以从两个方面体现：（1）传统文化习俗及仪式的稳定度；（2）语言群体的宗教信仰以及宗教活动与语言的关系。语言群体的文化习俗和文化传统对语言系统和语言观念、语言接触和融合、语言资源的利用都有重要影响。文化习俗与传统是否稳定延续，影响语言群体的亲和力，也影响语言在文化领域的使用与传播。怎么衡量文化习俗和传统的稳定性，可以看有无群体特有的重要文化活动或节庆活动。此外，宗教的传播、发展对语言发展和语言功能的发挥，可能产生深远影响。国外的例子，如苏丹的官方语言虽然是英语，但使用人口不多，一半以上的苏丹人使用阿拉伯语，原因是他们都信仰伊斯兰教。国内如西南边疆跨境民族不少信仰基督教，而宗教读经大都提倡使用民族母语。还有不少少数民族有祖先崇拜的信仰，对祖先的崇拜和信仰自然会促进使用者对祖辈使用的语言忠诚，对语言的生态状况其实也起到积极作用。当然，还须考察宗教与语言的关联状况，也即语言群体的宗教活动，是否直接提倡或间接鼓励使用某种语言。如果语言社区宗教信仰普遍，宗教活动频繁，而且本民族语言作为宗教语言资源，这对语言资源的保持与发展是非常有利的。反之，有的民族信仰某种宗教，但宗教活动主要使用另外一种语言，并直接提倡或间接鼓励使用某种其他语言，如西双版纳的德昂族信仰佛教，宗教仪式中均使用傣语，这种情况自然对本民族的语言造成一定的负面影响。

4. 经济

经济属于压力系统要素。它可以从两个方面衡量：（1）语言群体所从事的经济类型：传统型生产占优势，还是外向型或新型产业占优势。传统型产业和生产方式，对于语言传统的维持是有益的，有助于保持语言结构固有成分的稳定性。外向型产业会带动人口的频繁流动，一方面会使得传统生活社区语言使用的常态人口减少；另一方面频繁的语码转换，可能逐渐侵蚀传统语言的固有结构要素，使语言发生衰变。（2）语言群体的经济实力和生活水平。语言群体经济实力强，生活水平普遍较高，群体的自我意识和优越感就会得到增强，语言资源的利用和开发，文化建设和发展，就有了财力和物力的保证。以汉语方言粤语为例，它能成为活跃的强势方言，与广东、香港、澳门强大的经济实力分不开。当然，这两个指标的作用都并不是决定性的。

5. 语域

这个要素属于语言资源的状态系统。语域即语言的使用场合。这里的语域是指语言的传统使用领域，如：家庭、居住地日常生活领域、教育领域、传统仪式领域等。这个要素可以解析为两个方面：（1）语域的覆盖范围，即语言的使用遍及家庭和日常生活各个领域，还是只限于某些或个别有限领域。语域呈扩展状态，还是维持不变，或出现收缩。（2）使用频率。在同一语域，语言的使用频率如何？一种语言可能在几个领域都使用，但使用频率不高，这说明语言活力不足，语言资源的利用率并不高。因此，分级描述中必须同时考虑这两种情况。除了传统生产生活领域之外，还有新语域值得重视，如：现代公共服务领域、广播电视新媒体领域、商贸活动领域、网络通信领域、行政司法领域等。语言在这些领域的使用状况，直接体现了语言资源的利用价值。

6. 语言格局

语言格局属于语言资源的状态系统要素。主要是指毗邻语言的声望势力状况和语言境外分布情况。首先，相互毗邻的语言会较互相远隔的语言接触更多，因而毗邻语言的影响也就更大。与强势语言或方言区域接壤，比与弱势或势力均衡的语言或方言接壤，无论主动的影响还是被动的影响，都不可小视。以汉语方言为例，原吴语北部与官话交界的地带，现在有些（如南京一带）已经转变为江淮官话了；而在今湘语与官话交界的地带，有些湘语方言正处于"西南官话化"的过程中。其次，有的语言或方言可能跨境分布。如粤语和闽语在国外分布范围较广，在许多国家超过了普通话在当地的影响。境外语言的强弱状况也可能影响到境内语言的发展状况。最后，跨境语言或方言群体与境内相同群体之间有着频繁的交往，如果该语言或方言在境外语言地位较高或处于强势，境内语言社区虽然处于弱势，但语言功能也可能受到强化。有的语言主体可能分布在国外，这样的语言也不能因为境内人口很少，就轻易判定它为濒危语言。

7. 语言产品

语言产品属于语言资源的状态系统要素。什么是语言产品？有学者认为，语言产品主要是指"以语言文字记录的纸质文献为主、口头创作为辅的非物质资料产品"①。这个表述实际上把语言产品限定在内容与语言文字有关的文献资源内，显然是片面的。语言产品多种多样，不局限于文献产品。我们把语言产品定义为：对自然语言资源（话语声音）以及衍生语言资源（如文字、语言记录材料等）进行采集加工而成、以一定物质载体存在的、能够为特定人群或普通民众获取和利用的各种产品。语言产品是否丰富，消费市场是否活跃，是衡量语言资源利用的重要指标，对语言的生存和发展也有影响。

语言产品可以从不同角度进行分类。例如，前面提到的欧洲语言资源联盟，对语言资源的分类，主要是着眼于语言资源的物态形式。为了语言生态调查的方便和可操作，我们从产品功能角度将语言产品分为语言教学类产品、文化生活类语言产品和语言研究类产品三类。语言教学类产品是指针对该种语言教学的各种纸质和电子出版物以及相关的技术产品，如：教材、辅导书、词典、教学视频、教学磁带、学习光盘、学习网站、学习APP等。语言教学类产品一定程度上反映了社会对语言的需求，有助于语言的发展和规范。随着多媒体技术的发展，语言电子产品的制作越来越便捷，而且电子产品容易流行，这对于那些没有书面语的语言来说，无疑是一个福音。文化生活类语言产品是指使用该语言编写、创作或翻译的作品，以及具有特殊用途的产品。前者如报刊、广播电视节目、歌曲、影片或电视片、戏剧、曲艺、娱乐网站等，后者如有关该语言的语料库、数据库、公共服务语音系统产品等。语言研究类产品，指对该语言记录、描写和研究的各种文献著述或其他载体产品。如：论文、专著、研究网站等。从实际观察和经验来看，三项指标所体现的语言资源利用状况，文化生活类产品的突出价值是不言而喻的。文化生活类语言产品丰富多样的语言，往往也是研究得比较充分和深入的语言，该语言群体也不乏语文人才，而且社会对该语言的学习需求也较为广泛。

8. 语言标准化程度

这个要素也属于语言资源的状态系统。语言标准化程度主要是指语言内部是否存在方言差异，有无共同的标准方言。语言内部方言差异大，没有一个共通的权威方言，这说明该语言标准化程度低。这样一来，即使是语言族群内部交往，通话也会有困难。语言标准化程度低的语言族群，不但语言身份认同感会遭到削弱，而且会造成族群社区内部可能放弃传统语

---

① 孙宏开. 中国少数民族语言活力排序研究［J］. 广西民族大学学报，2006（5）.

言，改用其他语言进行交际。标准化程度低，不利于语言的使用和发展。标准化程度低的语言，主要是语言群体历史上交往不密切，居住地比较分散，生活环境相互隔离造成的。这个指标也是一个绝对指标。

语言标准化程度还包括文字体系或书面语状况。文字和书面语是使语言发挥更大的资源价值的媒介或载体，书面语本身就是一种重要的语言资源，是有声资源的重要延伸和拓展。有了文字体系，就可以衍生许多重要的语言资源，语言资源的价值可以得到更充分的实现。没有文字体系和书面语的语言，则难以进入正式学校教育体系，得不到系统有效的传承，语言资源的进一步开发和利用也就不容易实现。没有文字体系的语言更容易被有丰富书面语的语言所取代。因此，这项指标也是衡量语言资源良性发展的重要因素。

9. 语言结构稳定程度

语言资源的状态系统要素。语言结构稳定程度主要是指语言固有结构要素的稳定性表征。语言结构稳定程度的评估可以从三个方面进行：（1）语音系统的稳定程度。（2）词汇系统的稳定程度。（3）语法系统的稳定程度。一般来说，一种语言赖以存在和发展的外部环境系统发生变化，必然会影响语言结构要素的变化。从语言本体看，语言的衰变表现为语言固有结构要素特征的变异或消失。因此，一种语言的特色是否消减，也是语言生态评估的内容。语言本身的价值正是蕴涵在语言多样性之中，而语言结构特征的消减，也就是语言多样性的减弱。语言结构系统退化的表现，可能是结构系统的滋生能力减弱，整合外来成分的能力降低或丧失；或者结构系统趋于简化，特色语音形式、核心词和特征词、特征语法结构逐渐丢失，导致语言表现力衰变。

当然，事实语言结构的稳定程度从一时的数据难以做出判断，需要长期的或周期的跟踪调查，进行历时比较测度。因此我们认为语言结构稳定程度的全面测度，有赖于跟踪语料库的建设。这也是前面所说的语言生态调查工作的任务之一。目前由于跟踪语料库的缺乏，这项指标的测度难以真正有实效地进行。不过，作为一种权宜的方法，对核心词和特征词进行基本的考察，也许可以发现某些端倪。自然语言的衰变往往是"他变"占优势，即由外部语言生态环境引起的变化，重要的诱因就是语言接触。陈保亚认为，语言接触无界但有阶，[①] 这可以在核心词的衰变上得到反映。因

---

① 陈保亚. 论语言接触与语言联盟［M］.北京：语文出版社，1996.

此，从词汇层面看，可以采用斯瓦底希的 207 个二阶核心词系统，对核心词的使用状况（包括青少年对核心词能否即时说出）进行调查和测试，是可以预测词汇系统的稳定状况的。对语法结构稳定性的测度，主要是看固有语法结构对外来成分的整合力，也就是说，是外来结构要素与固有结构要素并存，还是固有结构能够改造外来结构要素使之适应语言系统。对语法结构稳定程度的调查，也应确立一个用于语言生态调查的结构要素参项，即建立一个调查范围内的语言或方言普遍具有的语法范畴条目系统，如：数范畴、体范畴、格范畴，处置式、被动式、限定式，SVO/SOV，等等。当然，这个语法条目系统不宜繁杂，抓住重要的显形特征即可。目前急需拟定一个供语言生态调查的语法条目表。

10. 教育

教育是语言生态环境的响应系统要素。教育作为一种主动的、自觉的行为，对语言资源的发展和利用是非常重要的。广义的语言教育包括家庭代际间自觉的母语传播、学校母语教学、宣传媒体的母语使用。我们这里讲的教育是狭义的语言教育，主要是指语言在学校教育（主要是语言社区的初级教育）的地位和作用。中小幼阶段是一个人形成语言能力的关键时期。从目前全国乡村来看，大都没有正式的幼儿园教育，因此对广大乡村而言，幼儿园教育可以忽略。语言群体社区的小学教育则很重要，因为小学才真正开始语言能力和思维能力的正规训练。通过政策和制度在义务教育阶段实施母语教育是一条重要提升语言生态状况的途径。语言教育的测度具体包括两个可测度的指标：一是其作为教学用语的情况，即上课时教师的用语情况；二是作为教学课程的情况，即语言教学课程的开设情况。

11. 语言态度

语言态度包括群体的语言态度和政府的语言态度两个方面。群体的语言态度主要指人们对某种语言价值的评价及其行为的倾向，这是影响语言生存和发展的重要因素。整个语言群体对族群语言普遍表现出积极的态度，语言的使用、学习和传承就能够成为群体的一种自觉行为，语言或方言的保护和利用才有内在的动力。反之，语言态度消极，人们就不会关心语言的学习、传播和利用，语言或方言的生存和发展就会出现危机。群体对语言的态度与语言声望有关。语言态度积极，往往是该语言在双语或多语社区中声望或地位较高，或者该语言比较强势。一般而言，群体的语言态度往往与族群的总体社会实力有关。语言群体社区的总体实力强，群体成员对自己的母语态度就趋于积极。当然，实际中也有这种情况：群体对语言的态度积极，但由于该语言群体社会声望低、势力弱，却无能为力或无可奈何，这种积极的语言态度难以转化为实际的行为，或即使有一些积极的举动，也效果甚微。不过，即使如此，积极的语言态度，至少在个人方面，可以促进语言的运用。此外，语言态度还包括地方政府的政策倾向和管理倾向。政府有相关的政策支持，或虽然没有明确的政策和制度制定，但在实际的管理活动中有支持行为，这种积极的语言态度对语言资源的广泛利用可以起到推动作用。

12. 语言能力

语言能力也是响应系统要素。任何一种语言的衰变和消亡，语言资源的消损，必然要经历一个双语或多语的过程，因此可以从语言群体中单语（单方言）人与语言群体中双语（方言）或多语（方言）人比例及能力状况方面来衡量。虽然双语或多语并用过程，并不必然导致语言衰亡和语言资源的消损，但如果语言群体单语人比率较高，表明该语言是社区重要的交际语言，语言的外生态环境良好，语言功能在社区得到充分广泛的发挥。因此单语人数量和双语人数量的比例问题可以用来衡量语言生态。另外，如果语言群体双语或多语人占优势，而且传统语言能力比第二语言能力较低，语言的功能角色就会发生变化，传统语言资源的衰竭就可能在所难免。

以上 12 个要素中，压力类要素属于外部因素，响应类要素属于内在因素，内外因素的共同作用，形成了语言资源的状态。从理论上讲，语言的发展，语言资源的利用，关键是语言群体内在的动力。但是，就语言生存与发展的实际状况来看，内在因素往往有其外在的根源，如地理环境、经济状况、生存压力等，可以迫使内在要素发生变化，这是应该注意的。

（三）具体指标的确立

前面已经提出一个包含 12 个系统要素的监测指标框架，同时提出了以 12 个要素为一级指标，并对其进行具体分解，设定二级指标的思路。应当指出的是，每个要素对语言生态的作用和影响是从各自不同的方面得到体现的，因此还需要在要素的框架下，建立一套体现要素作用力和影响力的分解要素，并对分解要素的内容和范围做出具体的描述，这样才能使得监测指标能够用于实际的调查和测度。根据统计学的层次分析法，我们将 12 个要素定为一级指标，在其基础上建立若干二级指标。

考虑到一级指标在整个框架体系中的影响力和作用力各不均衡，二级指标在体现一级指标的作用力方面重要性也不一样，因此还需要依据作用力对指标进行分类，分出绝对指标和相对指标，前者是决定性的指标，后者则是辅助性的指标。与此同时，在选择具体指标时，还考虑了以下问题：（1）避免内容重合；（2）普通公众容易理解和接受；（3）主观指标和客观指标比例适当；（4）指标要能体现评估和潜在的预测功能。

　　指标项的数量应如何确定？从其他监测实践所采用的指标系统类推来看，作为语言生态监测指标系统，一级要素指标以 10 ～ 15 个为宜，二级指标应控制在 25 ～ 35 个之间。整个指标体系的指标项和结构如表 4 - 1 所示。由表 4 - 1 可以看出，语言生态监测应考虑两个方面：一是语言外部生态环境系统整体状态的监测；二是语言本体的监测，即语言内生态的监测。语言本体监测包括对语言要素的调查、分析与测度。语言本体是语言资源的第一物质形式，包括语音、语法、词汇、语义系统。比如，国家语委 2004 年成立的语言资源监测与研究中心，主要工作建立在流通语料库建设的基础上，这是语言本体监测。上述监测体系在以自然语言生态监测为主的基础上，综合考虑了衍生语言资源生态的监测，是符合我国语言资源的历史与现状的。在我国，具有衍生资源开发的语言，仅有普通话和少数几种民族语言或汉语方言。语言生态监测体系主要针对自然状态的语言。

表 4 - 1　语言生态监测指标体系一览表

子系统	要素	二级指标	指标性质 *
压力	人口	语言使用人口基数	A
		语言使用者占总人口的比重	A
		青少年 ** 使用人口的比重	A
		语言使用人口的增减趋势	B
	地理	语言群体社区的聚居程度	A
		语言群体社区的地理开放度	B
	文化	文化习俗和传统仪式稳定性	B
		宗教信仰及其与语言的关系	B
		语言使用者跨族通婚态度	B
	经济	语言群体社区的经济实力	A
		语言群体社区的经济产业类型	B

续表

子系统	要素	二级指标	指标性质*
状态	语言格局	毗邻语言的声望与势力	B
		语言跨境状况	B
	语域	家庭内部使用情况	A
		在日常交际***中的使用情况	A
		在广播、电视媒体中的使用情况	A
		在商贸活动中的使用情况	B
		在行政领域的使用情况	B
		传统民俗活动和仪式用语	B
	语言标准化程度	语言族群内部方言差异和听懂度	B
		文字系统或书面语使用和规范情况	B
	语言结构稳定程度	语音系统的稳定程度	B
		词汇系统的稳定程度	B
		语法系统的稳定程度	B
	语言产品	语言教学类产品的数量和使用面	B
		文化生活类语言产品数量与读者面	B
		语言研究类产品的数量与质量	B
响应	教育	以语言为教学用语的初级学校数量	B
		设置了语言课程的学校或机构数量	B
	语言态度	语言群体内部的语言态度	A
		政府的政策倾向或行为倾向	B
	语言能力	语言群体单语或单方言人的比率	B
		双语或多语人的比率及熟练情况	B

注：＊A. 表示绝对指标，B. 表示相对指标。＊＊"青少年"是指年龄为15岁及以下的人群。＊＊＊"日常交际"是指日常衣食住行、婚丧嫁娶等公共生活和相互交往。

  上述指标体系中指标的选择与确定，综合考虑了我国语言的实际状况，符合我国语言资源的历史与现状，而不只适用于普通话和少数几种大语言或汉语方言。当然，任何一个调查指标系统在理论上的科学性，并不能完全保证它在实际运用中的合理性。上述语言生态调查指标系统也不例外。因此，构建指标体系时，除了确定指标项的数目外，还应考虑指标体系的具体运用，这其中也涉及多方面的问题。

1. 语言生态指标的适应性和覆盖面问题

指标的适应性问题。这可能有三种表现：一是不同语言适用的具体指标项可能不同。二是不同语言适用的指标数量可能也不一样，越活跃的语言，适应的指标数目就越多；而有些语言，指标可能就是一种虚设。三是同一指标对不同语言，适用程度也不尽相同。这实际上就是一种运用上的矛盾。由于评估的实质就是在统一尺度下对调查对象的比较，唯有统一的指标系统才具有可比性。指标适应性方面的差异，在很大程度上也反映了调查对象的差异性。例如，文字和书面语这项指标，对大多数语言来说，几乎是虚设；但它的设立是必要的。运用中所要考虑的，是指标在体系中的主次轻重问题。

指标的覆盖面问题。不同语言的存在环境和社会背景情形各异，有限的指标自然无法覆盖所有已呈现的或潜在的现象，难免出现遗漏。这里就有一个对指标的轻重主次运用问题。对不同环境的语言来说，指标要素的影响力可能大不一样。例如，赫哲语濒临灭绝主要由于使用人口基数太少，而土家族则主要是长期受到汉族的影响并接受汉语、汉文化教育，满语则主要由于相对聚居变为杂居而导致灭绝。此外，不同的调查人员，即使是就同一指标项对同一语言进行调查和采集数据，也可能受主观认识或客观原因影响，得到的材料或数据存在差异。因此，在运用调查指标开展调查和数据采集中，遵循统一的规范和程序，采用合适的方法和手段，是十分必要的。

不同调查目的对指标选择运用问题。目的不同，运用调查指标时，可能有不同的选择。如，语言群体希望通过监测系统评估本族语的安全状况，以便采取行动维护语言，这时语言使用人口及与代际传承相关的指标可能显得尤为重要；但若地方政府想了解辖区内的语言资源状况，以制定语言资源开发和利用的政策，则可能更重视语言教学、语言使用域等指标。

2. 指标体系中指标关系的处理

指标体系中的指标不是孤立的，指标体系发挥监测作用除了依赖构成指标体系的元素外，还依赖指标之间的关系和结构。指标关系可以从以下几方面考察。

（1）绝对指标与相对指标相结合，既能保证监测结果的可比性，又能适应各种语言和特殊使用者的需求。绝对指标是指最主要，也最有代表性和适用性的指标，是必选的监测指标。无论具体情况如何，绝对指标对所有语言资源都是使用的，而且处在重要位置，如语言使用人口绝对数量、地理分布类型等指标。相对指标则是一定状况下可选的参照指标。当然，并不是说相对指标所起的作用不大，事实上对特定的具体语言来说，某个相对指标可能比绝对指标的影响更明显。尽管如此，根据前一章若干指标模式系统的分析和比较，结合笔者对语言状况的感性观察，以及在一定范围的调查和咨询，我们初步筛选出以下 10 个指标作为绝对指标：语言使用人口的基数，青少年使用人口的比重，语言群体社区的聚居程度，语言群体社区的经济状况，语言群体的语言态度，官方语言政策及行动倾向，家庭内部使用情况，语言在电视广播中的使用情况，语言在日常生活中的使用情况，文化生活类语言产品数量。

（2）指标的权重关系。调查指标体系在运用过程中的关键问题不是数据的调查和采集，而是数据材料的综合处理，即通过对数据材料的分析、量化和统计，得出定性的结果。这就涉及对整个指标体系的分析统计建模问题。其中重要的内容，就是指标关系的处理，即指标权重的设立。前面所说的教科文组织文件提出了指标，但没有进行统计学上的解析。关于是否设立指标权重，在巴黎的专家会议上就存在两种相反的意见，结果是出台的文件回避了这个问题。目前已有的语言生态和语言活力评估指标体系中，除个别系统考虑了指标权重之外（如黄行的系统），也大多没有统计运用方面的解析。不设立权重即不加权，也叫等权法。当不能准确确定各项指标在系统中的相对重要性，也不能对给定的指标做出科学判断，或者认为各项指标在系统中所起的作用相同时，均可以为各项指标赋予相同权重。这样，对各项指标的评价值直接相加就可以得出综合评价指数。教科文组织的文件中指标分为 6 级，实际上还不是统计学上分值，如果硬是要进行统计，也只能是等权相加。

作为语言资源调查指标体系，自然不能回避指标权重问题，而且应该合理地解决。设立指标权重是无疑的，问题关键之所在是如何尽可能使指标权重关系更科学、合理。确定指标权重是综合评估的基础，其合理与否将直接影响综合评估结果的有效性和科学性。语言资源调查指标体系的权重，是权衡指标调查系统中相对重要程度的量值。

关于权重的设置，我们基本上遵循以下思路：

一是针对不同用途取向的调查目的，可进行不同的权重设置。比如政府想对辖区内的语言资源保护和利用工作成效进行评估，则可以选择在语言使用领域、语言能力、教育与研究和语言开发等指标内构建权重关系。

二是针对不同的语言资源类别，调整指标权重关系。例如，针对文献资源和其他衍生语言资源进行调查，可以在语言产品、广播影视语域、语言教育教学、公共语言服务等指标内调整权重关系。再如，针对少数民族语言资源进行调查，语言的官方地位和政策、宗教与语言的关系、文字和书面语等指标与其他指标的权重关系，与针对汉语方言资源调查，同样的指标在体系中的权重关系，就可能要做出调整。

二、语种生态监测指标的数据采集问题

单个语种（或方言）的生态监测主要涉及影响语言活力的社会环境和自然环境的条件因素的调查。由于各项指标的数据和情况资料的类型不一样，有的是客观数值，有的是主观判断，因而获取数据资料的途径和方法手段也各不相同。比如，有些指标通过实地即时观察或直接询问就可以获得情况数据，有的指标需要一定周期的观察，有的指标需要直接参与和亲身体验才能获得相关数据，还有的指标可能需要大量的问卷统计。例如，不同语域的语言使用情况，双方言或双语的使用情况，单凭询问当事人得到回答，可能与实际情况大相径庭；而对这种情况就需要采取不同的策略，进行参与式的观察。语言生态调查工作方式一般包括三种：一是在语言社区各个场所进行即时观察和周期性观察；二是对语言社区特定机构进行专门采访；三是对语言社群特定人员访问交谈或对众多成员做问卷调查。确定了指标体系，还要将指标内容转化为可操作的调查表，以进行数据采集。

因此，在"语言生态监测指标体系一览表"（见表4-1）的基础上，应根据指标属性以及获取材料的调查工作方式，再进一步设计相应的调查表，用于数据采集。语言生态监测指标体系涉及33个二级指标，每个指标有不同的内容规定。如何把这些指标内容规定转化为科学而行之有效的调查表？解决这个问题的基本研究思路是：从指标内容所需要的数据材料属性出发，并考虑获取材料和数据的方法，拟定针对指标体系中特定指标的分类调查表。比如，语言社区的总人口和语言使用人口、社区地理分布类型、语言产品的数量，这些数据是客观的；而语言态度，则是主观的。基于这些考虑，我们针对语种生态监测指标体系的指标内容描述，设计了几种不同的调查表。

（一）语言生态监测调查细目表

"语言生态监测调查细目表"（见表4-2，以下简称"细目表"）是语言生态监测采集数据的"指南"，分为"监测点总体状况"和"具体语言资

源监测细目"两个部分。细目表不需要填写,主要是为了给监测人员采集数据时明确方向和提供参照。此表根据指标体系详细列出了监测要素指标,调查的具体内容、条目,即将语种生态监测指标体系具体化。

细目表除了详细罗列调查条目外,还给每个条目设计了编码,主要是为了监测时检索的方便,同时也便于数据库的设计。

表格的个别重要条目还有提示信息,比如"02B01 交通"条目后提示:与中心城区的距离、交通工具等,以提醒监测人员明确把握数据采集的对象和目的,避免主观性。

表4-2 语言生态监测调查细目表

第一部分 监测点总体状况	地理	1. 地理位置 2. 地理开放度
	人口	1. 总人口 2. 少数民族人口
	经济	1. 经济类型(农、林、牧、渔、工、商等) 2. 生活水平
	区域通用语言	1. 区域通用语言名称 2. 区域通用语言的覆盖面
	语言分布	1. 语言分布(语言名称、具体分布地) 2. 单语言、双语言、多语言分布格局(单语言区、双语言区、多语言区)
第二部分 具体语言资源监测细目	00 语言名称	
	01 语言分布地及人口	01A 语言分布点总人口(乡、村)
		01B 语言使用人口: 01B01 语言使用总人口 01B02 青少年语言使用人口比例 01B03 语言使用人口增长趋势 01B04 人口流入与流出状况(比例、迁移频率)
	02 地理	02A 语言群体的居住类型: 02A01 聚居□ 02A02 散居□ 02A03 杂居□
		02B 语言社区的开放度

续表

第二部分　具体语言资源监测细目	02 地理	02B01 交通（与中心城区的距离、交通工具等） 02B02 地形（山区、平原、丘陵、近江等）
	03 教育	03A 语言区的中、小、幼以方言为教学语的情况： 03A01 使用语言的中、小、幼数量 03A02 使用语言的中、小、幼分别所占的比例
		03B 中、小、幼使用语言的场所［课堂（哪些科目）、课外活动等］： 03B01 设语言教学课程的学校数量 03B02 设语言教学课程的社会培训机构数量
	04 经济状况（语言社区）	04A 经济类型及规模［农、林、牧、渔、工、商（尽可能具体）］ 04B 生活水平状况（富裕、小康、中等、贫困等）
	05 语言态度	05A 民间语言态度： 05A01 对自己语言的自豪感和自卑感 05A02 对后代学习使用或放弃该语言的态度 05A03 对语言发展前景的信心度 05A04 对语言规划的期望和态度
		05B 官方语言态度： 05B01 各职能部门对该语言的政策和规划情况 05B02 各级政府对民间语言保护、传播和利用行为的态度（支持鼓励、任其自然、不支持等）
	06 语言能力	06A 单语人人口情况 06B 双语人人口及语言能力情况： 06B01 双语人人口数量及比率
		06B02 双语人语言熟练情况的对比 06C 多语人人口及能力情况： 06C01 多语人人口数量及比率
		06C02 多语人语言熟练情况的对比
	07 语域	07A 家庭使用语言情况： 07A01 家庭内部使用语言的家庭比例 07A02 家庭内部使用语言的频率（家庭内部使用语言的场合、频度） 07B 语言社区日常生活使用语言情况：
		07B01 语言社区日常交往（绝大部分）场合使用语言的人口比例（注意其他兼用情况）

续表

第二部分　具体语言资源监测细目	07 语域	07C 语言在媒体中的使用情况： 07C01 有语言节目的广播或电视台数量与类别 07C02 广播或电视台播放时长、周期 07C03 语言节目类型及收视率 07C04 公共服务使用语言的场合情况（公交车、机场、景点广播等）
		07D 语言在工贸活动中的使用情况： 07D01 该语言在工厂、矿厂、农场的使用范围和频度
		07E 语言在行政活动中的使用情况： 07E01 语言在县市行政事务中的使用情况（使用该语言与区域通用语的比较） 07E02 语言在乡镇行政事务中的使用情况
		07F 语言在宗教民俗中的使用情况： 07F01 宗教使用的语言情况（念经、祈祷等） 07F02 迷信活动、特定仪式等场合使用的语言情况
	08 语言产品	08A 教学类语言产品（教材、辅导书、辞典、学习网站等，包括纸质类和音像类产品）
		08B 文化生活类语言产品（报纸、杂志、歌曲、电影等，包括纸质类和音像类产品）
		08C 研究类语言产品（论文、专著、资料等，包括纸质类和音像类产品）
	09 语言结构稳定程度	09A 语音结构的稳定性（语音特点、音类）
		09B 词汇结构的稳定性（核心词）
		09C 语法结构的稳定性（句式、语序等）
	10 语言格局	10A 毗邻语言或方言的种类
		10B 毗邻语言的强弱势：强势、弱势、相等
		10C 跨境语言的规模、发展状况

（二）生态监测点概况表

"语言生态监测点概况表"（见表 4 - 3）是供监测人员和调查人员使用

的情况调查表。这个表格的信息和数据，可以直接通过访谈、咨询、观察和资料收集等方法获取。"监测点概况"包括整个监测点的地理、人口、经济、语言分布等内容，目的是总体上了解某种或某些方言所在区域大环境状况。由于监测点有区域大小之分，因此细分为"_____县区语言社会生态概况表""_____乡（镇）语言社会生态概况表"和"_____居民点语言社会生态概况表"三个部分。

表 4－3 语言生态监测点概况表

第一部分 _____县区语言社会生态概况表	
县（区、市）名	
统计区划代码（国家统计）	
城区名称及人口	
全县总人口	
地理位置和地形地貌	平均海拔：　　　　　　最高海拔： 经纬度： 地形地貌：
生态环境	1. 森林覆盖率：□50% 及以上；□30% 及以上；□10% 及以上；□10% 及以下 2. 国家森林保护区（生态区）：□有；□无 3. 生物多样性（动物和植物种类）：□高；□中；□低 4. 国家野生动物保护区：□有；□无 5. 原始森林和次森林：□50% 及以上；□30% 及以上；□10% 及以上；□无 6. 雨水、河流资源：□丰富；□基本自足；□稀缺 补充说明：
经济水平和产业类型	1. 经济水平：□发达；□较发达；□中等；□落后 2. 主要产业：□工业；□传统农业；□特色农业；□旅游业；□商贸业； □林业；□牧业；□渔业；□其他 备注：

续表

世居民族、分布乡镇和人口	
语言多样性	1. 语言和方言种类及名称
	2. 各语言和方言使用人口 （1） （2） （3） （4） （5） （6）
	3. 各语言和方言的强弱势排序 最强： 次强： 较弱： 更弱： 最弱：
	4. 双语和多语状况排序 最多双语型： 次多双语型： 较少双语型： 最少双语型：
各种语言社会使用状况	1. 各语言社区经常使用的语言（方言） （1）□本族或本地语言（方言） （2）□全县通用语言（方言） （3）□本族（本地）语言为主，兼用通用语 （4）□通用语言为主，兼用本族（本地）语言 以上四种情况排序：
	2. 县、乡镇行政和社会公共服务语言 （1）□全县通用语言 （2）□普通话 （3）□全县通用语为主，兼用普通话 （4）□普通话为主，兼用县内通用语 （5）□县内通用语为主，兼用本族（本地）语言 以上五种情况排序：

续表

各种语言社会使用状况	3. 电视和通讯媒体语言使用情况 （1）□普通话 （2）□普通话为主，兼用县内通用语 （3）□全县通用语为主，兼用普通话 （4）□县内通用语为主，兼用本族（本地）语言 以上四种情况排序： 4. 群众文艺和大型群众活动 （1）□普通话为主，兼用县内通用语 （2）□全县通用语为主，兼用普通话 以上两种情况排序：
语言教学和语言产品	1. 中小幼教学语言 （1）□全部普通话 （2）□普通话为主，县内通用语作为有时备用 （3）□普通话为主，本族（本土）语言作为有时备用 以上三种情况排序： 2. 校园非课堂语言 （1）□普通话为主，兼用县内通用语 （2）□普通话为主，兼用本族（本土）语言 （3）□县内通用语为主，兼用本族（本土）语言 （4）□本族（本土）语为主，兼用县内通用语或普通话 以上四种情况排序： 3. 语言学习产品 □社会大众图书：□较多；□较少；□无 □社会大众融媒体：□较多；□较少；□无 □学校教材和读物：□较多；□较少；□无
其他补充情况	

续表

第二部分 _____ 乡（镇）语言社会生态概况表	
乡镇官方名称 （国家统计局）	
管辖的村委会 名称及人口	
总人口数	
少数民族 居民点和人口数	
地理位置 和地形地貌	平均海拔： 最高海拔： 经纬度： 地形地貌：
生态环境	1. 森林覆盖率：□50%及以上；□30%及以上；□10%及以上； □10%及以下 2. 生物多样性（动物和植物种类）：□高；□中；□低 3. 原始森林和次森林：□50%及以上；□30%及以上；□10% 以上；□无 4. 雨水、河流资源：□丰富；□基本自足；□稀缺 5. 其他补充情况：
经济水平 和产业类型	1. 经济发展水平：□高；□中；□低 2. 主要经济产业：□工业；□传统农业；□特色农业；□旅游业；□商贸业；□林业；□牧业；□渔业；□其他 备注：
交通发达程度	1. □机场；□铁路；□公路；□水路；□乡道 2. □发达；□比较方便；□不方便
对外开放度	1. □短期外出人多；□长期外出人多；□外出人少 2. □短期外来人多；□长期外来人多；□外来人少 备注：

续表

学校种类和数量、在校学生人数	中学数量和学生人数： 小学数量和学生人数： 幼儿园数量和幼儿人数：
语言（方言）种类和名称	
各语言（方言）居民点和使用人口	
乡镇通用语言（方言）	

第三部分　_____居民点语言社会生态概况表

居民点官方名（国家统计局）	
统计代码（国家统计局）	
本土语言（方言）俗名	
居民点户数、人口数、民族身份	
居民点语言（方言）种类和使用人口	
居民点语言传承情况	
居民点语言使用情况	
居民点人口流动情况	1.□短期外出人多；□长期外出人多；□外出人少 2.□短期外来人多；□长期外来人多；□外来人少
居民点地理位置和地形地貌	平均海拔：　　　　　　　最高海拔： 经纬度： 地形地貌：

续表

经济来源	□传统农业；□经济种植；□牧业；□渔业；□林业；□养殖业；□外出务工；□商贸
交通发达程度	1. □机场；□铁路；□公路；□水路；□乡道 2. □发达；□比较方便；□不方便
生态环境	□优良；□一般；□差
学校和学生数	□有小学；□有幼儿园；□无小学；□无幼儿园； 学生数：
其他补充情况	

（三）观察用表

"语言社会生态实时观察指引表"（见表4－4）、"语言社会生态实时观察记录用表"（见表4－5）用于实地观察体验获取材料。

"语言社会生态实时观察指引表"用来指引调查人员开展观察工作，不需要填写。内容包括观察场所和对象、实地观察操作要点。

"语言社会生态实时观察记录用表"用于记录观察到的真实情况。

表4－4　语言社会生态实时观察指引表

观察场所和对象	车站	（1）售票员和乘客交流用语 （2）候车室乘客交流用语
	医院	（1）医生和病人交流用语 （2）医院叫号广播用语
	市场	（1）卖方吆喝用语 （2）买卖双方交流用语
	学校	（1）教师课堂用语 （2）课外学生交流用语
	公交车	（1）车上人们交流用语 （2）公交车站台播报语
	政府机构	（1）政府人员交流用语 （2）政府人员和办事者交流用语

续表

观察场所和对象	银行	（1）银行人员服务用语 （2）银行人员和顾客交流用语
	餐厅	（1）服务员用语 （2）顾客点餐用语 （3）食客闲聊用语
	居民家庭	（1）父母辈之间交流用语 （2）父母与子女交流用语 （3）子女之间交流用语 （4）祖辈和孙辈交流用语
	娱乐场所（棋牌室、广场、K厅）	（1）熟人寒暄用语 （2）人们交流用语 （3）广场广播用语
	传统礼俗场合（婚丧、节日、宗教）	（1）主持用语 （2）群众和观众用语 （3）祈祷读经用语
	商店招牌、路标用语和文字	
实地观察操作要点	1. 本提纲用于语言社区的实地观察记录。 2. 应在一定时段内对每一种场所进行多次间隔观察，不能只观察一次。 3. 实地观察时，应记录该场所的主要用语、其次用语，老年、中年、青少年人群，男女性别，以及可能的职业阶层。 4. 应注意观察某些场所、某些人群的语言转换现象。	

表4-5　语言社会生态实时观察记录用表

日期：　　　　年　　月　　日 观察员： 场所： 备注：	
整体用语 人群情况	开始观察时间：　　点　　分 结束观察时间：　　点　　分

续表

个体1用语情况 身份年龄性别情况	开始观察时间：　　点　　分 结束观察时间：　　点　　分
个体2用语情况 身份年龄性别情况	开始观察时间：　　点　　分 结束观察时间：　　点　　分
个体3用语情况 身份年龄性别情况	开始观察时间：　　点　　分 结束观察时间：　　点　　分
情况总结	

（四）访谈用表

"语言社会生态调查访谈提纲"（见表4-6）、"语言社会生态调查访谈记录表"（见表4-7）用于访问和交谈方式获取信息资料。

"语言社会生态调查访谈提纲"包括访谈对象、访谈内容以及访谈工作要点。提纲让调查者在访谈之前对自己的访谈目的有明确的认识和方向，防止在实际访谈操作中脱离主线，对访谈工作起辅助作用，不需要填写。

"语言社会生态调查访谈记录表"用于对访谈参与者、时间、地点、内容的真实记录。

表4-6　语言社会生态调查访谈提纲

访谈对象 及内容	1. 县区政府的农村调查统计部门、民族宗教部门、地方志办公室、乡镇政府 内容： （1）人口数据 （2）社会经济发展数据 （3）历史文献资料
	2. 县区文化和媒体部门、语言文字工作部门、文化团体和民间协会及文化人士 内容： （1）语言文化政策 （2）语言和方言概况 （3）媒体和文化发展状况 （4）语言和非物质文化遗产情况

续表

访谈对象及内容	3. 县区教育部门，学校、教师和学生 内容： （1）教育发展状况 （2）学校语言教学情况
	4. 县区农林部门、环保等部门、旅游机构 内容： （1）自然生态环境状况 （2）环境变化和环境开发状况
	5. 语言社群知名人士、长老、普通民众 内容： （1）语言社群历史文化状况 （2）语言使用历史状况 （3）语言使用现状
访谈工作要点	1. 先拟写一个简要的采访提纲，送交受访人，让受访人提前做准备，这样可以提高访谈效率。 2. 正式采访前，应向受访人说明访谈目的、内容，以及访谈资料的用途，取得受访人授权同意，进行采访录音。 3. 通常情况下，最好采用聊天方式，采访人将要采访的问题融入闲聊中，让受访人自然地口述相关情况，这样可以避免受访人为迎合采访而提供一些非真实的情况。 4. 将采访内容整理成文，若要公开发布，则务必让受访人过目，征得同意许可。

表4-7 语言社会生态调查访谈记录表

采访人： 地点： 日期： 年 月 日	
受访人简介：	
访谈记录：	
备注	

（五）问卷用表

"语言使用情况问卷表"（见表 4 - 8）、"问卷调查情况统计分析表"（见表 4 - 9）用于众多人员的问卷调查和统计。

"语言使用情况问卷表"是为了了解语言使用状况、语言群体语言态度等内容。此表用于对语言社区成员的问卷调查。调查方法采用抽样调查，可以采取分类集中填写问卷的方法。调查表主要包括以下调查内容：（1）被调查者的基本情况。如被调查者的性别、年龄、文化程度、职业、工作单位、家庭人均月收入等。这些情况也与人口、经济、语域等要素的内容相关。（2）语言能力。主要包括单双语能力、语言熟练度等方面的调查。（3）语言态度。通过"对自己语言的自豪感和自卑感""对后代学习使用或放弃语言的态度""对语言发展前景的信心度""对语言规划的期望和态度"等问题的回答，获得语言群体的语言态度方面的数据。（4）语域。这一部分调查，可获得语言群体成员对方言在各种场合使用情况的感性判断。

"问卷调查情况统计分析表"用于问卷结束对问卷调查结果的统计。

表 4 - 8　语言使用情况问卷表

说明	1. 本调查表仅用于研究，不作其他用途。调查人承诺对调查表信息予以保密。 2. 在您认为合适的选项前打"√"，没有特殊说明，一般每题只能选一项。
一	1. 姓名：＿＿＿＿＿＿＿＿＿＿＿＿＿＿＿＿＿（可不填）
	2. 性别：①男　②女
	3. 年龄：①12 岁及 12 岁以下　②13～30 岁　③31～50 岁　④51 岁及 51 岁以上
	4. 文化程度：①没上过学　②小学　③初中　④高中、中专　⑤大专或以上
	5. 职业：①农民　②工人　③商人　④干部 　　　　⑤教师　⑥学生　⑦服务业人员　⑧医生　⑨其他
	6. 工作单位（或学习单位）所在地：①白话区　②客家话区　③闽南话区④土话区　⑤其他
	7. 月收入：①500 元以下　②500～1000 元　③1001～2000 元　④2001～4000 元　⑤4000 元以上
	8. 籍贯：＿＿＿＿省＿＿＿＿市＿＿＿＿县＿＿＿＿乡
	9. 当地使用的语言或方言：①白话　②客家话　③闽南话　④本地土话⑤其他

续表

二	1. 您小时候（读书前）最先学会的话： ①白话 ②客家话 ③闽南话 ④土话 ⑤普通话 ⑥其他
	2. 您本地话的熟练程度： ①熟练 ②基本能交流（能听，也能说一些） ③能听，但不能说 ④不懂（不能说，也不能听）
	3. 您还会说下列哪几种话（可多选）： ①白话 ②客家话 ③闽南话 ④土话 ⑤普通话 ⑥其他 与本地话比较，熟练程度由高至低排序_____。
三	1. 您听到本地话时，会感到： ①很亲切 ②比较亲切 ③一般 ④不大顺耳或别扭 ⑤不喜欢，有些讨厌，太土
	2. 您坚持使用本地话是因为： ①喜欢 ②从小就会（习惯） ③方便 ④需要 ⑤其他
	3. 您认为本地话： ①很有用 ②比较有用 ③有一些用处 ④基本没什么用 ⑤没有用
	4. 您希望讲本地话的人越来越多吗？ ①很希望 ②比较希望 ③无所谓 ④不希望 ⑤很不希望
	5. 本地小学老师用本地话上课，您认为： ①很好，应该 ②好，有必要 ③无所谓 ④不大好 ⑤不行
	6. 本地广播和电视台播放本地话节目，您认为： ①很好，应该 ②好，有必要 ③无所谓 ④不大好 ⑤不行
	7. 在外地学习或工作的人回到本地后跟您不讲本地话，您会感到： ①很反感 ②有些反感 ③无所谓，可理解 ④有些羡慕 ⑤很羡慕
	8. 您认为本地中小学用哪种话教学更好？ ①白话 ②本地官话 ③普通话 ④本地土话 ⑤其他
	9. 如果本地中小学开设学习本地话的课程，您认为： ①很好，应该 ②好，有必要 ③无所谓 ④不大好 ⑤不行
	10. 您听到普通话时，会感到： ①很亲切 ②比较亲切 ③一般 ④不亲切 ⑤很不亲切
	11. 您认为普通话有用吗？ ①很有用 ②比较有用 ③有一点点用 ④没什么用 ⑤很没用

续表

三	12. 在本地，您认为普通话和本地话哪个有用？ ①普通话　②本地话　③各有各的用处
	13. 您学习和使用普通话的原因是： ①喜欢　②从小就会　③方便　④需要
	14. 有越来越多的本地人讲本地话，您认为： ①很好，应该　②好，有必要　③无所谓　④不大好　⑤不行
	15. 本地周边的另一种主要语言或方言是什么？ ①白话　②客家话　③西南官话　④闽南话　⑤其他
	16. 您听到这种方言时，会感到： ①很亲切　②比较亲切　③一般　④不大顺耳或别扭　⑤不喜欢，有些讨厌，太土
	17. 您认为该方言： ①很有用　②比较有用　③有一些用处　④基本没什么用　⑤没有用
	18. 有越来越多的本地人讲这种方言，您认为： ①很好，应该　②好，有必要　③无所谓　④不大好　⑤不行
	19. 您认为本地会说这种方言的人会越来越多吗？ ①肯定　②很可能　③不知道　④不大可能　⑤肯定不会
四	1. 您在家跟父亲常说哪种话？ ①白话　②本地话　③普通话　④客家话　⑤其他
	2. 您在家跟母亲常说哪种话？ ①白话　②本地话　③普通话　④客家话　⑤其他
	3. 您在家跟丈夫（妻子）常说哪种话？ ①白话　②本地话　③普通话　④客家话　⑤其他
	4. 您在家跟孩子常说哪种话？ ①白话　②本地话　③普通话　④客家话　⑤其他
	5. 您在家跟爷爷最常说哪种话？ ①白话　②本地话　③普通话　④客家话　⑤其他
	6. 您在家跟孙子最常说哪种话？ ①白话　②本地话　③普通话　④客家话　⑤其他
	7. 总体来看，您在家最经常说的话是： ①白话　②本地话　③普通话　④客家话　⑤其他
	8. 您在村子里跟村里人一般会说哪种话？ ①白话　②本地话　③普通话　④客家话　⑤其他

续表

四	9. 您在本地乡镇集市购物一般会说哪种话？ ①白话　②本地话　③普通话　④客家话　⑤其他
	10. 您在城市里一般会讲哪种话？ ①白话　②本地话　③普通话　④客家话　⑤其他
	11. 您读初中时，在学校课外一般会讲哪种话？ ①白话　②本地话　③普通话　④客家话　⑤其他
	12. 您平时在心里算数的时候一般会用哪种话？ ①白话　②本地话　③普通话　④客家话　⑤其他
	13. 您在看书看报心里默读的时候一般会用哪种话？ ①白话　②本地话　③普通话　④客家话　⑤其他
	14. 您与老乡上网聊天时一般会用哪种话？ ①白话　②本地话　③普通话　④客家话　⑤其他
	15. 本地乡镇政府开会一般用哪种话？ ①白话　②本地话　③普通话　④客家话　⑤其他
	16. 本村村委会开会一般用哪种话？ ①白话　②本地话　③普通话　④客家话　⑤其他
	17. 您去乡镇医院看病时，一般使用哪种话？ ①白话　②本地话　③普通话　④客家话　⑤其他
	18. 您去县城医院看病时，一般使用哪种话？ ①白话　②本地话　③普通话　④客家话　⑤其他
	19. 您去乡镇政府办事时，一般使用哪种话？ ①白话　②本地话　③普通话　④客家话　⑤其他
	20. 您去县城政府机关办事时，一般使用哪种话？ ①白话　②本地话　③普通话　④客家话　⑤其他
	21. 您去县城法院打官司时，一般说哪种话？ ①白话　②本地话　③普通话　④客家话　⑤其他
	22. 本地唱山歌、民歌一般使用哪种话？ ①白话　②本地话　③普通话　④客家话　⑤其他
	23. 本地人演戏时说唱通常是用哪种话？ ①白话　②本地话　③普通话　④客家话　⑤其他
	24. 本地婚礼上，主持人一般说哪种话？ ①白话　②本地话　③普通话　④客家话　⑤其他

续表

四	25. 本地民俗仪式中（如丧葬、道场、清明祭祀、驱赶鬼神等），主持人或师公一般说哪种话？ ①白话 ②本地话 ③普通话 ④客家话 ⑤其他

表4－9　问卷调查情况统计分析表

调查项目名称			
发放问卷份数		收回有效问卷份数	
问卷调查对象		问卷调查地点	
统计分析工具			
统计分析内容和结果			

（六）语言结构要素监测表

语言结构要素监测表包括三个部分："音系监测表"（此表略）、"核心词监测表"（见表4－10）和"语法监测条目表"（见表4－11）。这三个表用于语言本体结构动态变化的监测，应纳入语言生态监测的跟踪语料库内容模块。语言结构要素的监测，一方面需要一定的监测周期，通过不同时期监测数据的比较，才能进行评估判断，现时的监测是难以做出判断的；另一方面，跟踪语料库理论上越大越好，但事实上大语料的周期采集非常困难，获取的数据需要时常更新，并进行比较。

（1）音系监测表。这是一个由具体的语言调查人员拟定的表，语言不同，表格的内容也就不同。当然，最好是能够根据已有调查材料的语言或方言，为每一种语言或方言整理一个基本的音系表。

（2）核心词监测表。词汇监测分为三个部分：一是核心词；二是特征词；三是借词。核心词即斯瓦底希的100个高阶核心词系统。另外，每种语言都不同程度地存在一批特征词，目前语言特征词的研究还不够深入，涉及的方面还不广。这方面应加强。借词的监测，可以得到新旧词汇的彼此斗争和消磨，以及音类的变化。

（3）语法监测条目表。包括语言共有的语法范畴和句法特点，如：数范畴、体范畴、格范畴，处置式、被动式、限定式，SVO/SOV，等等。通过这类语法特点的动态监测，可以了解语言变异和发展状况。

表4-10　核心词监测表（swadesh前100词）

编码	词汇	注音	使用情况	编码	词汇	注音	使用情况
A01	我			A28	皮肤		
A02	你			A29	肉		
A03	我们			A30	血		
A04	这			A31	骨头		
A05	那			A32	脂肪		
A06	谁			A33	鸡蛋		
A07	什么			A34	角		
A08	不			A35	尾巴		
A09	全部			A36	羽毛		
A10	多			A37	头发		
A11	一			A38	头		
A12	二			A39	耳朵		
A13	大			A40	眼睛		
A14	长			A41	鼻子		
A15	小			A42	嘴		
A16	女人			A43	牙齿		
A17	男人			A44	舌头		
A18	人			A45	爪子		
A19	鱼			A46	脚		
A20	鸟			A47	膝盖		
A21	狗			A48	手		
A22	虱子			A49	脖子		
A23	树			A50	肚子		
A24	种子			A51	乳		
A25	叶子			A52	心脏		
A26	根			A53	肝		
A27	树皮			A54	喝		

续表

编码	词汇	注音	使用情况	编码	词汇	注音	使用情况
A55	吃			A78	沙子		
A56	咬			A79	土地		
A57	看见			A80	云		
A58	听见			A81	烟		
A59	知道			A82	火		
A60	睡			A83	灰		
A61	死			A84	烧		
A62	杀			A85	路		
A63	游水			A86	山		
A64	飞			A87	红		
A65	走			A88	绿		
A66	来			A89	黄		
A67	躺			A90	白		
A68	坐			A91	黑		
A69	站			A92	晚上		
A70	给			A93	热		
A71	说			A94	冷		
A72	太阳			A95	满		
A73	月亮			A96	新		
A74	星星			A97	好		
A75	水			A98	圆		
A76	雨			A99	干		
A77	石头			A100	名字		

表 4 −11　语法监测条目表

编码	语法点说明	语言记录	语法例句
R	词组		
R01	定语位置		公牛/母猪
R02	多重定语		我家那只生蛋的老母鸡
R03	副词修饰语		太多
R04	代词修饰语		那么重
R05	介词短语修饰语		对你好
R06	趋向状语		爬上去
R07	结果状语		痛死了
R08	数量状语		高两丈
R09	多重状语		用刀慢慢坐着砍
S	单句		
S01	SV 句型		花开了。
S02	SV 句型		我肚子痛。
S03	SAV 句型		我每天很早起来。
S04	SAV 句型		你先走。
S05	SVO 句型		蛇吃青蛙。
S06	SVO 句型		我有四个兄弟。
S07	SVOO 句型		你教我客家话。
S08	SVOO 句型		我借了他 100 块。
S09	SVOC 句型		老李请你喝酒。
S10	SVOC 句型		他留我住了两天。
S11	SVC 句型		我吃饱了。
S12	SVC 句型		天热起来了。
S13	存现句		屋里坐了很多人。
S14	存现句		屋里飞进来一只鸟。

续表

编码	语法点说明	语言记录	语法例句
S15	处置句		风把门吹开了。
S16	处置句		你把我吓了一跳。
S17	被动句		他被狗咬了。
S18	被动句		一座山被火烧掉了。
S19	"是"字句		老王是个好人。
S20	"是"字句		这件衣服不是我的。
S21	比较句		他的年龄和我一样大。
S22	比较句		你比我起得早。
S23	进行体		我在吃饭。
S24	进行体（持续）		他提着一个包。
S25	将来体		他的女儿要出嫁了。
S26	已行体		我洗了手。
S27	完成体		我吃过中饭了。
S28	经历体		我吃过蛇肉。
S29	一般问句		你去昆明？
S30	特殊疑问句		谁明天坐火车去昆明？
S31	特殊疑问句		他明天怎样去昆明？
S32	特殊疑问句		哪座房子是你家的？
S33	选择问		你认得这是牛还是马？
S34	选择回答		是牛。/两个都不是。
S35	附加问		你家在城里有亲戚，是不是？
S36	附加回答		是的，有亲戚。/不是，没亲戚。
S37	正反问		这么多菜你吃不吃得完？
S38	正反问		你喜不喜欢唱歌？
S39	祈使句		给我滚出去！
S40	祈使句		请你过来一下。

续表

编码	语法点说明	语言记录	语法例句
S41	感叹句		呸，真不要脸！
S42	感叹句		咦！你的脸肿得好厉害！
S43	独词句		好热！／真辣！
T	复句		
T01	并列复句		我们住在山上，他们住在河边。
T02	并列复句		他不是病了，就是家里有事。
T03	取舍复句		把钱借给他，还不如送给别人。
T04	连贯复句		他说着说着，就哭起来了。
T05	层进复句		这双鞋不仅好看，也经穿。
T06	因果复句		昨天下大雨，所以我没有去。
T07	转折复句		他个子小，但力气很大。
T08	让步复句		不管有多远，我们愿意去。
TO9	条件复句		走路我就不去。
T10	假设复句		你来早一点，就见到他了。

第三节　语种生态评估模式

　　单种语言生态状况的评估方法，可采用比较直观的等级计分法。语言生态评估模式的构建也涉及若干方面，其中主要是监测指标评估方法和统计模型。监测数据分析与综合评估包括单项指标分析和综合评估。通过单项指标分析，可以使某一方面的监测结果细致、直观地表示出来，如总量及其分布、动态过程、极端状态等。综合评估则要反映语言生态系统的结构完整性、活力、恢复力等，并对语言生态系统的整体情况有一个定级结果。单项指标分析是语言生态综合评估的基础。

一、单项指标的分级与内容描述

单纯的指标项并不是都可以直接量化的，难以用于实际的调查操作。兰德[①]（1998）提出对单项指标进行分级描述。对指标内容进行分级描述，即对每项指标可能包括实际中的那些事实和现象进行分类描述，是最佳的描述方法。只有这样，实际监测中获得的调查材料和数据才能发挥评估价值。实践证明，此方法用于语言生态监测数据的分析和评估是行之有效的。指标内容描述应力求通俗、具体、详细。不过，每项指标涵盖的事实和现象可能多种多样，指标内容不可能对此穷尽罗列，只能择要描述，但是如何择要，难免存在主观性。可见，指标内容的描述看起来简单，实际上十分困难。这方面还可以深入探讨。

分级描述采用几级适宜？分级过少，概括程度过高，会显得笼统模糊；而分级过多过密，等级差距不够明显，限制得太死，容易造成更多跨级现象，难以明确定级。从统计学角度衡量，测评系统常常控制在5至6级。联合国教科文组织文件《语言活力与语言濒危》中也把语言活力分为6级。因此，对语言生态监测指标的描述，也采用6级描述和评估的方法，把各个单项指标由高至低分成6级，确定各级分值：10分、8分、6分、4分、2分、0分。基本分值采用偶值而不是自然数列，主要是为了统计上便于拉开各级的分值距离。这种方法对定性指标和定量指标同样适应。以"语言使用人口"指标为例，可以分为以下六级：10分：语言使用总人口 >10万；8分：5万 <语言使用总人口 ≤10万；6分：1万 <语言使用总人口 ≤5万；4分：0.1万 <语言使用总人口 ≤1万；2分：0.01万 <语言使用总人口 ≤0.1万；0分：语言使用总人口 ≤0.01万。具体参看表4-12。

---

① LANDEER M. L. Indicators of Ethnolinguistic Vitality [J], Sociolinguistics, 1998, 5（1）: 5-22.

表4－12　语言生态调查指标分级描述表

一级指标	二级指标	评分等级					
		10分	8分	6分	4分	2分	0分
人口	XX1	语言使用人口>10万	语言使用人口>5万，≤10万	语言使用总人口>1万，≤5万	语言使用人口0.1万，<1万	语言使用人口>0.01万，≤0.1万	语言使用总人口≤0.01万
	XX2	语言使用人口占总人口的比重>80%	语言使用人口占总人口的比重>60%，≤80%	语言使用人口占总人口的比重>30%，≤60%	语言使用人口占总人口的比重>20%，≤30%	语言使用人口占总人口的比重>10%，≤20%	语言使用人口占总人口的比重≤10%
	XX3	青少年使用人口比重>80%	青少年使用人口比重>60%，≤80%	青少年使用人口比重>30%，≤60%	青少年使用人口比重>20%，≤30%	青少年使用人口比重>10%，≤20%	青少年使用人口比重≤10%
	XX4	语言使用人口的增长率>10%	语言使用人口的增长率>5%，≤10%	语言使用人口的增长率>1%，≤5%	语言使用人口的增长率>0%，≤1%	语言使用人口的增长率>-5%，≤0%	语言使用人口的增长率≤-5%
地理	XX5	有若干县市级或以上的聚居区域，县市地理上基本毗邻	有1个县市的聚居区域，或若干县市聚居区域相邻，但不相邻	有若干乡镇或跨乡镇的聚居区域，聚居区的地理上多数相邻	有1个乡镇的政府村的聚居区域，聚居点基本相邻，或若干乡镇聚居区域，但不相邻	有1个行政村的聚居区域，或有若干自然村的聚居点，聚居点基本相邻	只有1个自然村聚居点，或无若干自然村聚居点，整体呈零散分布状态，或呈杂居状态
	XX6	语言群体大多居住在偏远乡村或山地。无公共交通，封闭	语言群体大多居住在偏远的乡镇或无中心集镇的乡村或山地。交通不方便，开放度低	语言群体大多居住在县城远郊的乡村。交通移动方便，开放度较低	语言群体大多居住在集镇及县城近郊地区。交通较便利，对外交往较频繁	语言群体大多居住在县城或中心集镇。交通较为发达，对外开放度较高	语言群体大多居住在大中城市区域。交通发达，对外开放度高

续表

一级指标	二级指标	评分等级					
		10分	8分	6分	4分	2分	0分
文化	XX7	语言群体文化习俗和传统稳定，有鲜明的民族特色	语言群体文化习俗和传统基本稳定，但是有一些变化，少量吸收其他群体的文化习俗和传统仪式，并加以改造	语言群体文化习俗和传统稳定，有些不稳定，大量吸收其他群体的文化习俗和传统仪式，但大部分还是保留自己的民族特色	语言群体文化习俗和传统仪式不太稳定，大量不加改造地吸收其他群体的文化仪式和传统仪式，但还是有一些民族特色的传统	语言群体文化习俗和传统仪式极不稳定，大量不加改造地吸收其他群体的文化习俗和传统仪式，只保留一点点民族文化传统	语言群体传统的文化习俗和传统仪式已经消失
	XX8	语言群体大部分有某种宗教义信仰，且宗教义又赋予该语言崇高的地位	语言群体大部分有某种宗教信仰，且宗教组织在行动上鼓励提倡使用该语言，各种宗教仪式上明确要求使用该语言	语言群体大部分有某种宗教信仰。宗教组织在行动上显无数励，提倡使用某种语言，但各种宗教仪式要求使用该语言	语言群体大部分有宗教信仰，重要的宗教仪式对使用哪种语言有要求，但一般性的宗教仪式对语言无规约要求	语言群体大部分无宗教信仰，或者虽有某种宗教信仰，但各宗教仪式对使用哪种语言没有规约和要求	语言群体大部分有宗教信仰，但宗教仪式要求使用另一种语言，或宗教组织鼓励支持学习另一种语言文字
	XX9	语言族群严禁跨族通婚，只能族内通婚	语言族群没有明文规定不和其他族群通婚，但绝大多数人倾向族内通婚	多数人更倾向于族内通婚，少部分人倾向于跨族通婚或持无所谓态度	近半数人更倾向于跨族通婚，其他人倾向于族内通婚	绝大多数人更倾向于跨族通婚，只有少数人倾向于族内通婚	语言族群严禁族内通婚，只能其他族群通婚

续表

一级指标	二级指标	评分等级					
		10分	8分	6分	4分	2分	0分
经济	X10	经济规模大、发展状况良好，且对其他地区有辐射作用；居民生活水平高	经济规模较大，呈发展趋势；居民接近小康	经济规模一般，发展态势不明显；居民大多处于中等生活水平	经济规模较小，发展较慢；居民生活水平偏下	经济规模小，发展潜力很有限；居民大部分生活贫困	经济难以自给，主要依靠政府救济
	X11	几乎所有人都在本地从事传统的产业，如农耕、畜牧	多数人在本地从事传统产业，少部分人从事其他产业，如加工、商等	近半数人在本地从事传统产业，部分人经常外出从事其他产业，但无外迁	部分人从事统产业，多数人经常外出，从事其他产业	少数人在本地从事统产业，多数人长期外出从事其他产业	很少或已无人从事统产业，多数人长期在外居住
语域	X12	省级广播、电视台（站）多数频道节目使用该语言，收视和收听率高	市县乡广播、电视台（站）有若干频道节目使用该语言，收视和收听率较高	市县乡广播、电视台（站）有新闻节目和某些固定的娱乐节目，有一定收视和收听率	市县乡广播、电视台（站）有个别即时新闻节目，时间较短，收视和收听率不高	市县乡广播、电视台（站）只偶尔有短时新闻或娱乐节目，时间固定，无其他语言节目	市县乡广播、电视台（站）没有任何节目使用该语言
	X13	几乎当地所有企业对内和对外都经常使用该语言	当地多数企业对内都对外经营使用该语言	当地多数企业既使用该语言，也使用其他语言	当地少部分企业对内使用和对外使用该语言	当地只有个别小型企业对内和对外经常使用该语言	几乎没有企业使用该语言
	X14	县市行政事务都使用该语言	县市部分范围的行政事务使用该语言	乡镇行政事务中多数使用该语言	乡镇行政事务有时使用该语言	乡镇行政事务较少使用该语言	各级行政事务都不使用该语言
	X15	基本上所有宗教、民俗仪式经常使用该语言	大多数宗教、民俗仪式经常使用该语言	近半数宗教、民俗仪式经常使用该语言	少数宗教、民俗仪式经常使用该语言，或多数宗教、民俗仪式有时使用该语言	个别宗教、民俗仪式经常使用该语言	基本上所有宗教、民俗仪式都不使用该语言或呈零星使用

续表

一级指标	二级指标	评分等级					
		10分	8分	6分	4分	2分	0分
语言格局	X16	毗邻的语言种类多样单一，势力微弱	毗邻语言有两种或以上，势力较弱	毗邻几种语言，其中个别势力基本相当，其他势力弱势	毗邻多种势力相当的语言	毗邻其他语言中，个别明显强势	毗邻的多种语言都明显强势
	X17	该语言在境外多个国家或地区有分布，有区域官方地位	该语言在境外若干国家或大面积分布，无区域官方地位但群体认同度较高	该语言在境外若干个国家大面积分布，无区域官方地位但群体认同度较高	该语言在境外若干国家或地区有若干小范围分布	该语言在境外仅有个别、零星的小范围分布	该语言在境外几乎没有分布
	X18	几乎所有家庭在家都只使用该语言	大多数家庭在家使用该语言，少部分家庭同时也使用其他语言或转用其他语言/方言	近半数家庭在家使用该语言，其他家庭交替使用母语和其他语言/方言，或转用其他语言/方言	少数家庭在家使用该语言，多数家庭使用其他语言或方言	个别家庭在家使用该语言，绝大多数家庭使用其他语言	个别家庭偶尔使用或没有家庭使用该语言
	X19	几乎所有人日常交际完全使用该语言	大多数人日常主要使用该语言	近半数人日常经常使用该语言	少数人日常交际经常使用该语言	个别人日常交际经常使用该语言	几乎无人日常交际经常使用该语言
语言产品	X20	有足够的教科书、学习辅导资料、工具书和配套的音像、软件资料，不断面世，使用面面广	有一定数量的教科书、学习辅导资料、工具书和部分音像、软件资料，有一定的使用面	有少量的教科书、学习辅导资料、简易的工具书和少量音像、软件资料，在特定的范围使用	有教科书、学习辅导资料，没有工具书，有个别少量音像、软件资料，在个别范围内使用	有零星的教科书、学习辅导资料、软件音像、仪音有少量或个别读者者使用	没有任何教科书、学习辅导资料、工具书和音像、软件资料

续表

一级指标	二级指标	评分等级					
		10分	8分	6分	4分	2分	0分
语言产品	X21	市面上有大量读物、音像制品（歌曲、电影、戏曲）和其他文化生活消费，有广泛的消费面	有一定数量的读物、音像制品（歌曲、电影、戏曲）和其他文化生活消费，品种不多，有一定的消费面	有部分读物、音像制品、电影、戏曲等）和其他文化生活消费，品种有限	有少量读物或音像制品（歌曲、电影等）和其他文化生活消费，消费面很有限	有个别零星的读物（歌曲等）、音像制品、电影、戏曲等）和其他文化生活消费，只有时在个别范围内使用	几乎没有任何读物、音像制品、电影、戏曲等）和其他文化生活消费面
	X22	有多种研究著作、文集和大量的研究论文及其他研究成果	有若干种研究著作、文集，有一定数量的研究论文或其他研究成果	有个别研究著作、文集，部分研究论文或其他研究成果	无研究著作、文集，仅有少量研究论文	无研究著作、文集，仅有零星研究论文	没有任何研究成果
语言标准化程度	X23	区域内语言几乎完全没有差异	区域内语言有若干种方言，方言差异不大，只是语调上有差异，互能听懂	区域内语言有若干种方言，方言之间差异一定差异，大部分能听懂	区域内语言有若干种方言，方言之间差异较大，但能听懂一部分	区域内语言有若干种方言，方言之间差异很大，只能听懂一点	区域内语言有若干种方言，方言差异极大，方言不能互懂
语言程度	X24	有自己的传统文字，几乎人人会用该文字	有自己的传统文字，大部分人会使用	有自己的传统文字，但只有少部分人会用	没有传统文字或虽无人会用；有新创造的文字，且有部分人会使用	有新创造的文字但无人会用，或无自己专用的文字，多借用其他语言的文字	无文字，无人会使用文字
语言结构稳定程度	X25	音位系统稳定，有抵御外来语音成分进入的能力	音位系统基本稳定，有抵御外来语音成分进入的能力，但个别固有音在发生变化	音位系统基本稳定，有一定抵御外来语音成分的力量，有较多外来语音成分进入语音系	音位系统不够稳定，整合外来语音成分的能力较弱，外来语音成分进入音系统	音位系统不稳定，丧失整合外来语音成分的能力，外来语音成分占优势	音位系统与强势语言基本相同，只在有限的词汇中偶尔出现特色语音成分

续表

一级指标	二级指标	评分等级					
		10分	8分	6分	4分	2分	0分
语言结构稳定程度	X26	基本词和特征词稳定，其中极少或没有使用外来词的情况	基本词和特征词基本稳定，其中出现个别外来词形式并用的情况	基本词和特征词基本稳定，其中有外来词占优势	基本词和特征词都不稳定，其中近半数使用外来词	基本词和特征词只有少部分是语言固有词	基本词和个别词只剩下个别零星的传统和固有形式
	X27	语法系统稳定，有整合外来语法形式的能力	语法系统基本稳定，有整合外来语法形式的能力，出现个别固有语法成分并用的情况	语法系统基本稳定，有一定整合外来语法形式的能力，部分外来语法和固有语法成并用占优势	语法系统不够稳定，整合外来语法能力较弱，外来语法形式占优势，个别固有的语法形式趋于消失	语法系统不稳定，外来语法形式占绝对优势，不少固有或特色语法形式趋于消失	语法系统与强势语言或方言基本相同，只是在个别语言出现固有的语法结构
教育	X28	当地绝大多数中小学的多数课程有用该语言教学（>85%）的情况	多数当地中小学有用该语言教学情况（>65%，≤85%）	将近半数当地中小学部分课程有用该语言教学的情况（>35%，≤65%）	有少数当地中小学有些课程有用该语言教学的情况（>5%，≤35%）	个别当地中小学个别课程有用该语言教学的情况（>1%，≤5%）	当地没有中小学有用该语言教学的情况（≤1%）
	X29	社会上有大量专门的语言学习和培训的机构与课程	社会上有较多专门的语言学习和培训机构与课程	社会上有一些专门的语言学习和培训机构与课程	社会上有少数专门的语言学习和培训机构与课程	社会上有个别专门的语言学习和培训的机构与课程	社会上没有专门的语言学习和培训的机构与课程
语言态度	X30	几乎所有人都对自己的语言态度积极，重视传承它并希望它不断发展	多数人对自己的语言态度积极，支持保持和传承语言	近半数人对自己的语言态度积极，支持保持语言，其他人态度不明确或消极	部分人对自己的语言态度积极，支持保持语言，其他人漠不关心	少数人对自己的语言态度积极，愿意保持语言，但绝大部分人漠不关心	几乎所有人对自己的语言态度消极，使用强势语言或方言

续表

一级指标	二级指标	评分等级					
		10分	8分	6分	4分	2分	0分
语言态度	X31	地方政府重视该语言的存在和发展，有相关的政策或措施，并重视措施的落实	地方政府支持该语言的发展，有一些相关的政策、措施和政策，但落实不够	地方政府关心该语言的发展，偶尔有一些行动或活动，但缺乏相应的措施和政策	地方政府对语言的发展没有倾向性的态度，基本上任其自然	地方政府鼓励和支持语言转用或语言同化	地方政府限制或禁止使用该语言
语言能力	X32	几乎所有人是单语人	多数人是单语人，部分人是双语或多语人	单语人与双语或多语人基本相当	少量单语人、大多数是双语或多语人	个别单语人、大都为双语/多语人或方言人	已经没有单语人
	X33	几乎所有人的母语熟练程度高于第二语言	多数双语或多语人的母语比第二语言熟练	近半数双语或多语人的母语比第二语言熟练	少数人母语比第二语言熟练	个别人母语比第二语言熟练	几乎所有人其他语言比母语要熟练

二、语言生态综合评估

语言生态综合评估要求对各项具体指标数据和材料进行综合分析、量化和统计，最终得出一个对每种语言生态的定性结论，以及对所有评估对象语言的生态状况进行排序。因此，需要对整个指标体系的分析统计设计建模。建立语言生态监测数据综合分析处理的统计评估模型，需要解决三个问题：权重设置、评分机制与处理、评估等级确立。

（一）指标的权重设置

语种生态监测指标权重确定的基本方法思路同语言多样性指标的权重相同：根据指标体系拟定一个"权值因子判断表"（问卷），然后组成一个评价成员组，由各个成员独立填写"权值因子判断表"，发表意见，最后根据收回的"权值因子判断表"来确定指标权重的值。这个方法将定性评价定量化，比较直观有效，操作方便。

1. 指标的权重确定的操作程序

在确立语言生态调查指标权重时，我们依据上述方法，按照以下程序进行操作。

程序一：根据语言生态监测指标体系制定"权值因子判断表"，由以下三个子调查表构成："语言生态监测指标体系一览表"（表4 - 13）、"一级指标重要性对比评级表"（表4 - 14）、"二级指标重要性对比评级表"（表4 - 15）。

表4 - 13　语言生态监测指标体系一览表（专家咨询用）

要素	二级指标
人口	语言使用人口基数
	语言使用者占总人口的比重
	青少年使用人口的比重
	语言使用人口的增减趋势
地理	语言群体社区的聚居程度
	语言群体社区的地理开放度
文化	文化习俗和传统仪式稳定性
	宗教信仰及其与语言的关系
	语言使用者跨族通婚态度

续表

要素	二级指标
经济	语言群体社区的经济实力
	语言群体社区的经济产业类型
语言格局	毗邻语言的声望与势力
	语言跨境状况
语域	家庭内部使用情况
	在日常交际中的使用情况
	在广播、电视媒体中的使用情况
	在商贸活动中的使用情况
	在行政领域的使用情况
	传统民俗活动和仪式用语
语言标准化程度	语言族群内部方言差异和听懂度
	文字系统或书面语使用和规范情况
语言结构	语音系统的稳定程度
	词汇系统的稳定程度
	语法系统的稳定程度
语言产品	语言教学类产品的数量和使用面
	文化生活类语言产品的数量与读者面
	语言研究类产品的数量与质量
教育	以语言为教学用语的初级学校数量
	设置了语言课程的学校或机构数量
语言态度	语言群体内部的语言态度
	政府的政策倾向或行为倾向
语言能力	语言群体单语或单方言人的比率
	双语或多语人的比率及熟练情况

表4-14 一级指标重要性对比评级表

甲组因子	重要性远大于	重要性大于	重要性同等	重要性不如	重要性远不如	乙组因子
人口						地理
人口						文化
人口						经济
人口						语言格局
人口						语域
人口						语言标准化程度
人口						语言结构稳定程度
人口						语言产品
人口						教育
人口						语言态度
人口						语言能力
地理						文化
地理						经济
地理						语言格局
地理						语域
地理						语言标准化程度
地理						语言结构稳定程度
地理						语言产品
地理						教育
地理						语言态度
地理						语言能力
文化						经济
文化						语言格局
文化						语域
文化						语言标准化程度
文化						语言结构稳定程度

续表

甲组因子	重要性远大于	重要性大于	重要性同等	重要性不如	重要性远不如	乙组因子
文化						语言产品
文化						教育
文化						语言态度
文化						语言能力
经济						语言格局
经济						语域
经济						语言标准化程度
经济						语言结构稳定程度
经济						语言产品
经济						教育
经济						语言态度
经济						语言能力
语言格局						语域
语言格局						语言标准化程度
语言格局						语言结构稳定程度
语言格局						语言产品
语言格局						教育
语言格局						语言态度
语言格局						语言能力
语域						语言标准化程度
语域						语言结构稳定程度
语域						语言产品
语域						教育
语域						语言态度
语域						语言能力

续表

甲组因子	重要性远大于	重要性大于	重要性同等	重要性不如	重要性远不如	乙组因子
语言标准化程度						语言结构程度
语言标准化程度						语言产品
语言标准化程度						教育
语言标准化程度						语言态度
语言标准化程度						语言能力
语言结构稳定程度						语言产品
语言结构						教育
语言结构						语言态度
语言结构						语言能力
语言产品						教育
语言产品						语言态度
语言产品						语言能力
教育						语言态度
教育						语言能力
语言态度						语言能力

表4-15　二级指标重要性对比评级表

甲组因子	重要性远大于	重要性大于	重要性同等	重要性不如	重要性远不如	乙组因子
语言使用人口基数						语言使用人口占总人口的比重
语言使用人口基数						青少年使用人口的比重

续表

甲组因子	重要性远大于	重要性大于	重要性同等	重要性不如	重要性远不如	乙组因子
语言使用人口基数						语言使用人口的增长率
语言使用人口占总人口的比重						青少年使用人口的比重
语言使用人口占总人口的比重						语言使用人口的增长率
青少年使用人口的比重						语言使用人口的增长率
语言群体社区的聚居程度						语言群体社区的地理开放度
文化习俗和传统仪式稳定性						宗教信仰及其与语言的关系
文化习俗和传统仪式稳定性						语言族群的跨族通婚态度
宗教信仰及其与语言的关系						语言族群的跨族通婚态度
该地区的经济实力						该地区的经济产业类型
毗邻语言的声望与势力						语言在境外的人口和分布
家庭内部使用情况						日常交际中的使用情况
家庭内部使用情况						广播、电视媒体的使用情况

续表

甲组因子	重要性远大于	重要性大于	重要性同等	重要性不如	重要性远不如	乙组因子
家庭内部使用情况						商贸活动中的使用情况
家庭内部使用情况						行政领域的使用情况
家庭内部使用情况						传统民俗活动和仪式用语
日常交际中的使用情况						广播、电视媒体的使用情况
日常交际中的使用情况						商贸活动中的使用情况
日常交际中的使用情况						行政领域的使用情况
日常交际中的使用情况						家庭内部使用情况
日常交际中的使用情况						传统民俗活动和仪式用语
广播、电视媒体的使用情况						商贸活动中的使用情况
广播、电视媒体的使用情况						行政领域的使用情况
广播、电视媒体的使用情况						家庭内部使用情况
广播、电视媒体的使用情况						传统民俗活动和仪式用语
商贸活动中的使用情况						行政领域的使用情况
商贸活动中的使用情况						家庭内部使用情况
商贸活动中的使用情况						传统民俗活动和仪式用语

续表

甲组因子	重要性远大于	重要性大于	重要性同等	重要性不如	重要性远不如	乙组因子
行政领域的使用情况						家庭内部使用情况
行政领域的使用情况						传统民俗活动和仪式用语
家庭内部使用情况						传统民俗活动和仪式用语
语言内部方言差异和听懂度						文字系统或书面语使用和规范情况
语音系统的稳定程度						词汇系统的稳定程度
语音系统的稳定程度						语法系统的稳定程度
词汇系统的稳定程度						语法系统的稳定程度
语言教学类产品的数量和使用面						文化生活类语言产品的数量与读者面
语言教学类产品的数量和使用面						语言研究类语言产品的数量与质量
文化生活类语言产品的数量与读者面						语言研究类语言产品的数量与质量
以该语言为教学用语的初级学校比例						以该语言作为课程的培训机构数量
语言群体对该语言的态度						政府的语言政策倾向与落实状况

第一个表为参照表，后两个表为咨询表，要求被调查者独立判断填写。

程序二：确定评价成员组。

一般的做法是组成专家组，人数在 20 左右。我们认为，完全由专家确定的评价成员组织方法，失之偏颇。这种方法在其他社会民情调查和评估，以及政策制定中，出现的问题已经为人民群众所诟病。因此，评价成员组既要体现权威性和专业性，又要体现代表性和合理性。在实际操作中，评价成员组以语言学专家成员为主，同时，还考虑吸收当地方语文工作者，因为地方语文工作者比较熟悉当地语言资源的历史与现状，而且有一定的专业知识，可以将直接的语文工作经验转化为理性认识；此外，也考虑了语言群体的普通民众中有高中文化程度的人士，他们从语言生活的切身体验中对相关要素的作用和影响，有真实的感受和认识。语言学专业人士、地方语文工作者、语言群体有高中文化程度的人士的构成比例是 6：2：2。

程序三：向评价成员发送上述 3 个调查表，要求独立判断填写。

程序四：根据返回的调查表，进行分析统计，得出权重值。

表 4 - 13 为评估成员填表时参照，以便了解整个指标体系的分类和结构情况。表 4 - 14 为一级指标重要性对比评级表，表 4 - 15 为二级指标重要性对比评级表。每行甲乙两组指标采用随机配对排序，以避免在视觉上给评判人产生某种引导倾向的副作用。

2. 权重计算的数学模型及分值的确定

（1）指标重要性分级赋值方法如下：将一级指标和二级指标分成两个表格。将要素和指标分别两两组合匹配，作为行因子；将重要性分为非常重要、比较重要、同样重要、不大重要、很不重要等 5 级，采用通用的四分制为重要性程度赋值：

非常重要（远大于）　　4；

比较重要（大于）　　　3；

同样重要（同等）　　　2；

不大重要（不如）　　　1；

很不重要（远不如）　　0。

（2）对返回的"权值因子判断表"进行统计。

① 按照下面的算式计算每一行监测指标得分值：

$$D_{iR} = \sum_{\substack{i=1 \\ j \Rightarrow i}}^{n} a_{ij}$$

式中：n 指评价指标的项数；a_{ij} 评价指标 i 与 j 相比时，指标得分值；R 为专家序号。

② 求调查指标平均分值：

$$P_i = \sum_{R=1}^{L} \frac{D_{ir}}{L}$$

式中：L 为专家人数。

③ 计算行指标的权值：

$$W_i = \frac{P_i}{\sum_{i=1}^{n} P_i}$$

以上是一级指标和二级指标分别计算权重的步骤。指标体系分为两个层级：一级指标（要素）和二级指标。从一级指标看，不同的要素对语言资源的影响和作用不一样，需要设置权重；从具体指标来看，每个要素中的具体指标对在同一要素中起的作用以及在整个二级指标中起的作用也不一样，因此二级指标的权重还要考虑进行一级指标的加权。

（二）监测指标分值统计模型

指标分值的统计算式采用多目标线性加权函数法。

$$S = \sum_{j=10}^{m} \left(\sum_{i=1}^{n} A_{ij} B_{ij} \right) C_j$$

上式中，S 为总得分，A_{ij} 为第 j 个要素中第 i 项单项指标的分值，B_{ij} 为第 j 个要素中第 i 项单项指标的 权重，C_j 为第 j 个要素的权重，n 为第 j 项要素中具体指标的个数，m 为准则层因子的个数，本模型取 10。

例如：某语言 A 第 $i \cdots j$ 项指标的得分值分别为：

[10 6 8 6；8 6；6 8 6；6 8；6 8；8 8 4 2 2 8；6 2；8 8 10；0 4 6；2 0；8 6；6 10]，则总分为：

$S = （0.2412 \times 10 + 0.2308 \times 6 + 0.2829 \times 8 + 0.2451 \times 6）\times 0.1091 + \cdots\cdots + （0.6250 \times 6 + 0.3750 \times 10）\times 0.0852$

$= 7.5306 \times 0.1091 + \cdots\cdots + 7.5000 \times 0.0852$

$= 5.9302$

（三）确定语言生态的评估等级

语言生态监测指标值的最终评估，采用科学的等级计分法是最为直观的。前面给单项指标内容分为六级，六种等级设置的分值分别为 10 分、8

分、6分、4分、2分、0分，与评估等级一致，降序排列。语言生态整体的评估定级也相应地采取等级分类法。

语言生态状况的等级分类包括两个方面的含义：一是语言生态环境状况的优劣，包括语言的安全和濒危状况；二是语言资源的价值及利用上的优劣。这是一种总体的评估。这种评估既是语言生态现状的定性评估，也是一种预警性质的判断。

语言生态状况的定性评估可以分为以下6级：

（1）最佳：语言生态环境各方面有利于语言的生存与发展；语言能够得到持续的、充分的传承和使用。

（2）良好：语言生态环境满足语言的持续生存，语言能够在一定范围内稳定地传承和使用。

（3）一般：语言生态环境能使语言继续生存，但缺乏发展条件，语言的传承和使用范围有限。

（4）较差：语言生态环境勉强使语言生存，但持续动力不足，语言传承和使用范围很有限。

（5）差：语言生态环境不利于语言的生存，语言不断萎缩，语言传承接近中断，语言濒危。

（6）极差：语言生态完全不利于语言生存，语言传承完全中断，语言使用仅限于少数幸存者。各等级状况相对应的得分值划分见表4-16。

表4-16 语言生态状况分级表

等级	最佳	良好	一般	较差	差	极差
得分 （分）	8.5～10 （含8.5分）	7～8.5 （含7分）	5～7 （含5分）	3～5 （含3分）	1.5～3 （含1.5分）	0～ 1.5

上述分值采用十分制进行层级划分。这种赋值法直观、方便，不但可以正确得出具体语言生态的现状，而且能够对语言生态状况等级做基本定位。尤其是监测样本较少时，可直接对语言生态做出定性判断。

当然，这种方法也有局限性。等级间的界限尽管有分值区别，但实际评估得分，处于临界点或非常接近临界点的分值，定级就有些勉强，因为在实际的状况中，过渡现象是正常的。比如，得分5.000分和得分5.001分的两种语言生态状况划入不同等级，而二者事实上的差异显然不至于构成级差。

在这种情况下，标准分法不失为一种理想的解决方案。也就是说，评估等级不按照规定的偶数级差划分，而是根据标准分定位。标准分是由均数和标准差规定的相对地位量，能够精确反映语言生态状况的排位信息，即表示考查对象在总体中处于什么位置，其目的主要在于将某种语言的生态系统与其他语言的生态系统做比较，着眼于整个语言生态系统中各种具体语言生态状况的排序，明确个体在集体中的位置，以便对语言生态进行科学的层次划分、排序，从而为语言规划和语言资源的抢救与保护提供参考。

可见，标准分更能有效地体现监测意图，有利于发挥语言生态监测的作用。标准分定性评估是一种相对评价。这种评价方法，无论所考察的总体情况如何，都可以进行评价，因而适用性强，应用面广。当然，采用标准分评估有一个基本前提，就是必须有足够量的样本，否则无从谈起。因此，随着监测范围的不断扩大，监测对象语言和方言越来越多，便可以将两种方法结合起来进行评估。

第四节　语言生态状况评估示例
——以贺州市几种方言为例①

贺州市地处湘、粤、桂三省（区）交汇处，有"三省通衢"之称，古为百越之地，战国时期系楚国属地。1997年2月，国务院批准撤销梧州地区，设立贺州地区，辖贺县、富川、钟山、昭平。行署驻地由梧州市迁往贺县八步镇。2002年7月，经国务院批准撤销贺州地区，设立地级贺州市，辖八步区、钟山县、昭平县、富川瑶族自治县三县一区（原县级贺州市改为八步区）。其中八步区面积为5 147.20平方千米，下辖20个乡镇，总人口80多万，现为贺州市政府所在地。八步区东面、东南面分别与广东省连山壮族瑶族自治县、怀集县交界，南与广西苍梧县相接，西接昭平县和钟山县，北邻湖南江华瑶族自治县。贺州市是全国罕见的多语言多方言地区，全国汉语方言按七大分区，贺州方言中就有其中五种，还有一些系属未定的土话。贺州语言生态呈现多样性、复杂性特点，境内除汉语外，还有壮语、瑶语（勉）、苗语等多种少数民族语言，素有"语言博物馆"美誉，是

---

① 该调查评估于2010年完成，具体情况可参看：肖自辉. 岭南方言资源监测指标体系研究[D]. 广州：暨南大学文学院，2010.

研究方言的"天然实验室"。汉语方言十分复杂，境内有本地话、客家话、白话（广府片粤语）、官话、湖广话（湘语）、坝佬话（闽语）、铺门话（属平话）、都话（又称土拐话）等，还分布着鸬鹚话等其他系属未明的土话。20世纪80年代以前，贺州区域相对通行的交际语言是桂柳官话，但目前，贺州市的基本交际语言是普通话。

一、调查指标体系的确定

前文的语言生态监测指标体系，是从指标适合各种语言总体情况的角度涉及的。将它用于岭南地区的汉语方言生态调查，还需要做一些选择和调整。

前面已经指出，指标在具体语言的适用性方面，有时可能成为虚设。如有的指标可能主要针对少数民族语言，而在汉语方言资源监测中可能就属于此类。例如，"宗教信仰及其与语言的关系""语言使用者跨族通婚态度"，对汉语方言群体来说，两个指标可以舍弃。汉族方言群体普遍没有一个正式的宗教，在跨族群通婚上也没有什么禁忌。此外，在"语言标准化程度"这个要素中，"语言族群内部方言差异和听懂度"和"文字系统或书面语使用和规范情况"也可以忽略。因为方言资源监测本身就以方言种类为对象，这种对象可大可小，也就不存在进一步考虑差异的问题；另外，方言本身作为语言的地域分支，即使内部有，也相对较小，可以忽略。再说，方言差异的衡量，也存在争议，技术和方法并不成熟。拿一种不太成熟的技术和方法来进行测量，会影响监测结果。"文字系统或书面语使用和规范情况"这一指标，众所周知，汉字是超方言的文字系统，方言不存在自己的文字或书面语体系。

有些具体指标的内容，还需根据实际情况进行微调。如"设置了语言课程的学校或机构数量"这一指标，考虑到整个汉语方言地区，由于国家政策上的因素，几乎没有初级学校在其课程体系中开设专门的方言学习课程，充其量只有社会上的某些培训机构根据实际需要进行一些方言学习的培训现象，这条指标可改为"社会上有方言学习课程的培训机构情况"。调整后的贺州汉语方言语言生态调查指标体系，包括10项一级指标要素，27项二级指标。如表4-17所示。

表 4－17　贺州汉语方言语言生态调查指标体系

子系统	要素	具体指标
压力系统	人口	方言使用人口基数
		青少年使用人口的比重
		方言使用人口的增长率
	地理	方言群体社区的聚居程度
		方言群体社区的地理开放度
	经济	方言群体社区的经济实力（富裕/强、一般，贫困）
		方言群体社区的经济类型（农、副、工、商等）
	（双语/双方言分布格局）语言格局	毗邻语言的声望与势力
		方言的跨境情况
状态系统	语域	家庭内部使用情况
		日常交际的使用情况
		广播、电视媒体的使用情况
		商贸活动中的使用情况
		行政领域的使用情况
		民俗仪式领域的使用情况
	语言结构稳定程度	语音系统的稳定程度
		词汇系统的稳定程度
		语法系统的稳定程度
	语言产品	语言教学类产品的数量和使用面
		文化生活类语言产品的数量和读者面
		语言研究类产品的数量与质量
响应系统	教育	以方言为教学用语的初级学校比例
		社会上有方言学习课程的培训机构情况
	语言态度	方言群体对方言的态度
		政府语言政策或行动倾向
	语言能力	方言群体单方言人的比率
		双方言或多方言人的比率及熟练程度

二、权重设计

我们采用德尔菲专家咨询法进行权重的计算。本次权重调查表发出 25 份，收回 21 份，其中语言专业人员（教师、研究生）13 份；基层语文工作者 5 人，方言群体成员 3 人。人员结构达到要求，收回的表格没有空缺，全部有效。根据上述计算模型，得出的指标权重分值如表 4－18 所示。

表 4－18　贺州汉语方言调查指标权重值

要 素 （一级）	权 重	具体指标 （二级）	权 重
人口	0.1236	方言使用人口基数	0.3229
		青少年使用人口的比重	0.3646
		方言使用人口的增长率	0.3125
地理	0.0938	方言群体社区的聚居程度	0.6094
		方言群体社区的地理开放度	0.3906
经济	0.1076	方言群体社区的经济实力	0.6719
		方言群体社区的经济产业类型	0.3281
语言 格局	0.0875	毗邻语言的声望与势力	0.6563
		方言的跨境情况	0.3437
语域	0.1066	家庭内部使用情况	0.1844
		日常交际的使用情况	0.2042
		广播、电视媒体的使用情况	0.1760
		商贸活动中的使用情况	0.1646
		行政领域的使用情况	0.1479
		民俗仪式领域的使用情况	0.1229
语言 结构 稳定 程度	0.0684	语音系统的稳定程度	0.4271
		词汇系统的稳定程度	0.2552
		语法系统的稳定程度	0.3177
语言 产品	0.0830	语言教学类产品的数量和使用面	0.3854
		文化生活类语言产品的数量和读者面	0.4115
		语言研究类产品的数量与质量	0.2031

续表

要素 （一级）	权重	具体指标 （二级）	权重
教育	0.1153	以方言为教学用语的初级学校比例	0.7344
		社会上有方言学习课程的培训机构情况	0.2656
语言 态度	0.1146	方言群体对方言态度	0.5938
		政府的语言政策或行为倾向	0.4062
语言 能力	0.0997	方言群体单方言人的比率	0.6250
		双方言或多方言人的比率及熟练程度	0.3750

三、各汉语方言评估得分情况和结果分析

（一）贺州市本地话调查与评估

1. 本地话概况

贺州本地话，《贺州县志》称"梧州声"①，《广西年鉴》称"百姓话"②，当地无论操本地话还是不操本地话的人都称其为"本地话"或"本地声"，以别于其他汉语方言。顾名思义，本地话历史上进入贺州的时间较其他汉语方言要早。据《贺州市志》，贺州本地人的祖先大多是元明后从江浙、江西、湖南和广东等地迁入的。③ 贺州本地话是贺州第一大方言，使用人口30多万，约占全市人口的40%。其分布范围极广，几乎所有贺州的乡镇均有分布。其中八步区、昭平县的本地话使用人数最多，也最为集中。而使用人口逾万人的乡镇有桂岭镇（约4.14万）、贺街镇（约3.78万）、大宁镇（约3.77万）、仁义镇（约2.55万）、步头镇（约1.78万）、莲塘镇（约1.5万）、公会镇（约1.32万）、鹅塘镇（约1.23万）、信都镇（约1.2万）、沙田镇（约1.08万）。水口乡、开山镇、里松镇、黄田镇等乡镇使用本地话的人口也各近万人。按其地理分布及内部差异，可将贺州本地话分为东北片、中片和南片，各片的代表点分别为桂岭、贺街和仁义。关于本地话的归属，陈小燕通过全面比较研究认为，贺州本地话归属粤语。④

---

① 梁培瑛等. 贺县志（卷四）[M].民国23年（1934年）铅印本.

② 广西省政府统计局. 广西年鉴 [M].南宁：广西省政府总务处，1935.

③ 贺州市地方志编纂委员会. 贺州市志 [M].南宁：广西人民出版社，2001.

④ 陈小燕. 多族群语言的接触与交融——贺州本地话研究 [M].北京：民族出版社，2007.

2. 本地话调查指标得分情况

通过实地调研及问卷评分，利用前文所述的指标体系及评估模型，经分析、计算、统计后，本地话的综合得分见表 4-19。

表 4-19 贺州本地话监测数据统计表

要素与指标	分值（分）	权重	综合得分（分）
人口		0.1236	7.9166
方言使用人口基数	10	0.3229	3.2290
青少年使用人口的比重	6	0.3646	2.1876
方言使用人口的增长率	8	0.3125	2.5000
地理		0.0938	6.7812
方言群体社区的聚居程度	6	0.6094	3.6564
方言群体社区的地理开放度	8	0.3906	3.1248
经济		0.1076	6.6562
方言群体社区的经济实力	6	0.6719	4.0314
方言群体社区的经济产业类型	8	0.3281	2.6248
语言格局		0.0875	3.9378
毗邻语言的声望与势力	6	0.6563	3.9378
方言的跨境情况	0	0.3437	0.0000
语域		0.1066	4.7170
家庭内部使用情况	8	0.1844	1.4752
日常交际中的使用情况	8	0.2042	1.6336
广播、电视媒体的使用情况	0	0.1760	0.0000
商贸活动中的使用情况	2	0.1646	0.3292
行政领域的使用情况	2	0.1479	0.2958
宗教文化领域的使用情况	8	0.1229	0.9832
语言结构稳定程度		0.0684	9.4896
语音系统的稳定程度	10	0.4271	4.2710
词汇系统的稳定程度	8	0.2552	2.0416
语法系统的稳定程度	10	0.3177	3.1770
语言产品		0.0830	1.2186

续表

要素与指标	分值（分）	权重	综合得分（分）
语言教学类产品的数量和使用面	0	0.3854	0.0000
文化生活类语言产品的数量与读者面	0	0.4115	0.0000
语言研究类产品的数量与质量	6	0.2031	1.2186
教育		0.1153	1.4688
以该方言为教学用语的中小学比例	2	0.7344	1.4688
以该方言作为课程的学校或社会机构数量	0	0.2656	0.0000
语言态度		0.1146	5.1876
语言群体对该语言的态度	6	0.5938	3.5628
政府的语言政策倾向与落实状况	4	0.4062	1.6248
语言能力		0.0997	4.2500
方言群体单方言人的比率	2	0.6250	1.2500
双方言或多方言人的语言或方言熟练程度	8	0.3750	3.0000

$$S = [(0.3229 \times 10 + 0.3646 \times 6 + 0.3125 \times 8) \times 0.1236 + \cdots\cdots +$$
$$(0.6250 \times 2 + 0.3750 \times 8) \times 0.0997] \div 10$$
$$= (7.9166 \times 0.1236 + \cdots\cdots + 4.2500 \times 0.0997) \div 10$$
$$= 5.1160$$

3. 本地话监测评估结果及分析

从上面得分情况可以看出，本地话一级指标均值为 5.1160，按照方言资源状况评估等级表，应列入第 3 级，即生态状况一般。该等级的状态描述是：语言生态环境各方面能使方言资源生存，但缺乏方言发展的条件，方言资源的利用较为有限。

从监测结果得出，本地话作为贺州市使用人口最多的一种方言，生态状态总体表现一般。具体来看，各项要素中，人口、地理等要素得分较高，这主要得益于本地话使用人口基数大，相对聚居，且当地对外开放程度不高等因素。此外，语言结构稳定程度得分也较高，说明语言本体相对稳定。但语域、语言产品、教育、语言能力等得分较低。从语域方面来看，尽管本地话使用人口多，但大多局限于家庭和日常交际，而其他场合用普通话、桂柳话、客家话较多。这在一个方面反映本地话在当地地位不够高。从语言产品来看，语言教学类和文化生活类语言产品数量为零。据调查了解，甚至鲜见用本地话演唱、表演的山歌、童谣等语言艺术形式，缺少了这种艺术形式做载体，语言产品未见开发也就不足为奇了。但从语言研究类产品来看，贺州的几大方言中，相对而言，本地话算是比较多产的了。目前已出版了陈小燕的《多族群语言的接触与交融——贺州本地话研究》专著一本，从各个方面描写、分析了本地话的语言结构，其他还有若干相关论文。教育方面，由于整个贺州推普工作力度大，目前已鲜见学校使用本地话教学，甚至村级中小学均使用普通话教学。语言能力方面，只有少数单方言人，大多均为双方言甚至多方言人。在我们对以本地人为主要族群的鹅塘镇的 80 人进行调查中，70 人（占 88%）会说客家话，62 人（占 78%）会说白话，31 人（占 39%）会说桂柳话。双方言人中，绝大多数本地话都是最为熟练的方言，也有少数青少年由于从小习普通话或其他方言，本地话不够熟练。

（二）贺州市客家话调查与评估

1. 客家话概况

客家人大规模迁入贺州始于清代。明末清初，广西是南明政权的抗清基地，吴三桂叛清时，广西又是当时的主战场，延续 20 多年的战争，使广西人口锐减、土地荒芜。战争过后，清廷为恢复广西的农业生产，实行鼓励垦荒的优惠政策，形成了从康熙到乾隆 100 多年间客家人入桂的高潮。咸丰、同治年间，广东南部土客械斗异常激烈，持续十余年，造成数十万的客家人因战败而被遣送或逃到广西，形成了清代客家人入桂的又一次高潮。贺州客家人来自广东各地，他们一般以家族为单位举族迁居，来贺的客家人大多定居农村，从事农业生产。从清初到民国期间近 300 年，来贺的客家人络绎不绝。① 大量客家人的迁入使客家话成为贺州的第二大方言，目前贺州客家话的使用人口有 25.8 万多人，约占全市总人口的 34%。② 在整个贺州所辖的乡镇中，仅有铺门、南乡等若干乡镇几乎没有分布，其他乡镇则多多少少均有分布。其中使用人口规模较大的乡镇有公会镇（49 287 人）、莲塘镇（54 330 人）、桂岭镇（32 174 人）、沙田（65 182 人）、黄田镇（29 012 人）、鹅塘镇（12 355 人）、英家镇（12 658 人）等乡镇。

当然，客家话内部也还有一些细小的支系，比如贺州客家话就大体分

---

① 许中继. 贺州市族群源流考释 [J]. 贺州学院学报，2007.
② 韦祖庆等. 从语言视角看客家民性——以贺州客家为例 [J]. 梧州学院学报，2009.

为河婆声、河源声和长乐声三种，但是并不影响交流。①

2. 客家话调查指标得分情况

同样通过实地调研及问卷评分，利用前文所述的指标体系及评估模型，经分析、计算、统计后，客家话的综合得分见表4－20。

表4－20 贺州客家话调查数据统计表

要素与指标	分值（分）	权重	综合得分（分）
人口		0.1236	7.9166
方言使用人口基数	10	0.3229	3.2290
青少年使用人口的比重	6	0.3646	2.1876
方言使用人口的增长率	8	0.3125	2.5000
地理		0.0938	6.7812
方言群体社区的聚居程度	6	0.6094	3.6564
方言群体社区的地理开放度	8	0.3906	3.1248
经济		0.1076	6.6562
方言群体社区的经济实力	6	0.6719	4.0314
方言群体社区的经济产业类型	8	0.3281	2.6248
语言格局		0.0875	6.6874
毗邻语言的声望与势力	6	0.6563	3.9378
方言的跨境情况	8	0.3437	2.7496
语域		0.1066	5.4210
家庭内部使用情况	8	0.1844	1.4752
日常交际中的使用情况	8	0.2042	1.6336
广播、电视媒体的使用情况	4	0.1760	0.7040
商贸活动中的使用情况	2	0.1646	0.3292
行政领域的使用情况	2	0.1479	0.2958
宗教文化领域的使用情况	8	0.1229	0.9832
语言结构稳定程度		0.0684	8.6354
语音系统的稳定程度	8	0.4271	3.4168

① 钟文典．广西客家［M］．桂林：广西师范大学出版社，2005．

续表

要素与指标	分值（分）	权重	综合得分（分）
词汇系统的稳定程度	8	0.2552	2.0416
语法系统的稳定程度	10	0.3177	3.1770
语言产品		0.0830	2.8646
语言教学类产品的数量和使用面	0	0.3854	0.0000
文化生活类语言产品的数量与读者面	4	0.4115	1.6460
语言研究类产品的数量与质量	6	0.2031	1.2186
教育		0.1153	1.4688
以该方言为教学用语的中小学比例	2	0.7344	1.4688
以该方言作为课程的学校或社会机构数量	0	0.2656	0.0000
语言态度		0.1146	7.1876
语言群体对该语言的态度	8	0.5938	4.7504
政府的语言政策倾向与落实状况	6	0.4062	2.4372
语言能力		0.0997	7.5000
方言群体单方言人的比率	6	0.6250	3.7500
双方言或多方言人的语言或方言熟练程度	10	0.3750	3.7500

$$S = [(0.3229 \times 10 + 0.3646 \times 6 + 0.3125 \times 8) \times 0.1236 + \cdots\cdots +$$
$$(0.6250 \times 6 + 0.3750 \times 10) \times 0.0997] \div 10$$
$$= (7.9166 \times 0.1236 + \cdots\cdots + 7.5000 \times 0.0997) \div 10$$
$$= 6.0630$$

3. 客家话调查评估结果及分析

从上面得分情况可以看出，客家话一级指标均值为 6.0630，按照监测评估等级表，也应该列入第 3 级，即生态状况一般。此等级的状态描述是：语言生态环境能使方言资源继续生存，但缺乏方言发展的条件，方言资源的利用较为有限。

从各项指标的分值来看，客家话生态状况较好主要得益于人口、地理、经济、语言格局等外部因素，此外语言态度方面，方言群体认同度高，政府也对该方言有所关注，也对该方言的发展起到了一定的作用。人口方面，客家人大量分布，据 1990 年人口普查资料，当时贺州市面积 11 853.77 平方千米，人口 1 801 077 人，其中客家居民就有约 469 000 人，平均每平方千米有客家居民 39.6 人，占全市总人口 26%。可见，贺州的客家人在人口上占大量优势。经济上，由于贺州客家人长于经商，在经济上稍强于其他族群，这为客家话的发展提供了优势条件。"生存法则造就了贺州客家人长于经商的品性，从而使得他们积累了相当多的物质财富，于是自己为自己营造了一个通行客家话的生态环境。"① 语言态度方面，信奉"宁卖祖宗田，不卖祖宗言"的客家人对母语的坚守显得比较强烈。我们在调查中发现，许多年长客家人以及妇女基本上只能说客家话，而部分年轻人尽管已经不像他们长辈那样固守母语，已经开始习得双方言，但依然以使用客家话为主。而且日常交流只要有客家人在场，一般使用客家话交流。地方政府方面，虽然没有明确出台对客家话的倾向性政策文件，但从各种实际行动上来看，还是对客家话的发展是倾向于支持和鼓励的。比如，允许市电视台播放客家话节目，这也是全市唯一的方言节目。此外，贺州还有一个客家人博物馆，这也从侧面说明贺州对客家文化的重视，这种重视自然会延伸到语言上。语言格局方面，其他方言除了本地话稍显强势，均未有较大影响，而且客家话是贺州本地主要方言中为数不多的在境外有大量分布的方言。因为这些外部因素，客家话及其外部环境显示出一种有活力的状态。

但是，语言产品方面得分较低，这甚至与客家话整体状态是不相匹配的。客家话有着历史悠久的文化艺术形式，如客家民歌、童谣等。这些艺术形式在民间广为流传，应该要加大这方面的开发。此外，教育方面也同样得分较低。

（三）贺州市都话调查与评估

1. 都话概况

贺州市的都人是指贺州市人数较少的族群。"都"本是一种军事建制，后由军事管制而转为地方行政建制。今贺州地区自宋代起，以"都"做县以下的行政区划名，并在"都"前冠以"七、八、九"序号而成为完整的区域称谓。居住第几都的人自称体系，人们称之为"×都人"。都人根据其居住地点的不同分为七都人、八都人、九都人，三个地区的都人语言生活习俗各不相同。都人所说的方言也称为都话，有七都话、八都话、九都话等。在八步区，九都话使用人口最多，主要分布在八步镇以北及其外围的黄田、鹅塘和莲塘的部分村寨，使用人口共 3 万多人。八都话主要分布在八

---

① 韦祖庆等. 从语言视角看客家民性——以贺州客家为例 [J].梧州学院学报，2009.

步镇以南，主要是鹅塘镇和八步镇的厦良村与灵凤村等地，共 9000 余人。七都话较少。都话是贺州较有特色的一种方言，其中七、八、九都话内部一致性相对较强，彼此交流没有问题，其突出特点之一是入声韵消失，但仍保留独立的入声调。另外，富川县也有称作都话的方言，但整体认同感不强，语言差异较大，本次研究未把它列入统计范围。

2. 都话调查指标得分情况

都话的调查得分情况见表 4-21。

表 4-21　贺州都话调查数据统计表

要素与指标	分值（分）	权重	综合得分（分）
人口		0.1236	5.2916
方言使用人口基数	8	0.3229	2.5832
青少年使用人口的比重	4	0.3646	1.4584
方言使用人口的增长率	4	0.3125	1.2500
地理		0.0938	4.7812
方言群体社区的聚居程度	4	0.6094	2.4376
方言群体社区的地理开放度	6	0.3906	2.3436
经济		0.1076	5.9686
方言群体社区的经济实力	4	0.6719	2.6876
方言群体社区的经济产业类型	10	0.3281	3.2810
语言格局		0.0875	1.3126
毗邻语言的声望与势力	2	0.6563	1.3126
方言的跨境情况	0	0.3437	0.0000
语域		0.1066	3.4378
家庭内部使用情况	8	0.1844	1.4752
日常交际中的使用情况	6	0.2042	1.2252
广播、电视媒体的使用情况	0	0.1760	0.0000
商贸活动中的使用情况	0	0.1646	0.0000
行政领域的使用情况	0	0.1479	0.0000
宗教文化领域的使用情况	6	0.1229	0.7374
语言结构稳定程度		0.0684	8.6354

续表

要素与指标	分值（分）	权重	综合得分（分）
语音系统的稳定程度	8	0.4271	3.4168
词汇系统的稳定程度	8	0.2552	2.0416
语法系统的稳定程度	10	0.3177	3.1770
语言产品		0.0830	0.4062
语言教学类产品的数量和使用面	0	0.3854	0.0000
文化生活类语言产品的数量与读者面	0	0.4115	0.0000
语言研究类产品的数量与质量	2	0.2031	0.4062
教育		0.1153	1.4688
以该方言为教学用语的中小学比例	2	0.7344	1.4688
以该方言作为课程的学校或社会机构数量	0	0.2656	0.0000
语言态度		0.1146	4.3752
语言群体对该语言的态度	6	0.5938	3.5628
政府的语言政策倾向与落实状况	2	0.4062	0.8124
语言能力		0.0997	2.5000
方言群体单方言人的比率	4	0.6250	2.5000
双方言或多方言人的语言或方言熟练程度	10	0.3750	0.0000

$$S = [(0.3229 \times 8 + 0.3646 \times 4 + 0.3125 \times 4) \times 0.1236 + \cdots\cdots +$$
$$(0.6250 \times 4 + 0.3750 \times 10) \times 0.0997] \div 10$$
$$= (5.2916 \times 0.1236 + \cdots\cdots + 2.5000 \times 0.0997) \div 10$$
$$= 3.7704$$

3. 都话调查评估结果及分析

从上面得分情况可以看出，都话一级指标均值为 3.7704，按照方言资源生态测定等级，应该列入第 4 级，即生态状况较差。

从具体指标和要素来看，都话的许多要素及指标得分都偏低，尤其是语言格局、语言产品、教育等要素，以及经济中的"方言群体社区的经济实力"等指标。这些因素制约了都话的发展。这从表示方言资源生态状态及方言本体状态的各项要素及指标中也可窥见一二：语域要素中，除了"家庭内部使用情况"和"日常交际中的使用情况"两项指标得分稍高外，其他指标大多得分为零，也就是说基本上不再在那些场合使用。在该方言群体的传统文化仪式上，也大多使用白话、桂柳话或普通话。语言能力中的"方言群体单方言人的比率"指标得分也较低，在我们对栗木村的抽样调查中，40个人里，有34个（占85%）会说客家话，21个（占53%）会说白话，12个（占30%）会说本地话。单方言人非常少，且大多以青少年、儿童、妇女为主。

（四）贺州市铺门话调查与评估

1. 铺门话概况

铺门是贺州市八步区辖属的一个乡镇，位于八步区的东南部。现铺门镇政府驻地距离八步区政府所在地85千米，东南部与广东省封开县毗邻，部分与梧州市接壤（115千米），北部与信都镇隔江相望，西北一角与仁义镇接壤，947县道由北向南贯穿全境直通广东广州市。铺门曾是古代封阳县志之所在地。全镇总面积154平方千米，折合23.1万亩，其中耕地面积有5.46万亩，林地面积有12.97万亩。总人口为6.01万人，下辖24个村民委员会，414个村民小组，84个经联社。全镇经济主要以农业为主，种植水稻、甜玉米、蔬菜等。

历史上，铺门所属的八步区在秦汉时代就有中原汉族迁入，宋以后各个朝代，尤其明清两朝，有不少人群或因征戍，或因兵祸，或因逃荒，从江浙、湘赣、闽粤、桂西等地陆续迁入。今铺门人的祖先，据民国版《信都县志》记载，迁徙自广东南雄府（州）保吕县珠玑巷。历史的原因使八步区成为多语言、多方言的区域。就汉语方言而言，有本地话、客家话、铺门话、官话、九都话、坝佬话、鸬鹚话、开建话、怀集话等。除汉语外，还有壮语、瑶语等少数民族语言。其中铺门人所说的汉语方言称为铺门话，主要分布在铺门镇，毗邻的信都、仁义两镇也有一部分村寨讲铺门话。铺门话就方言分区来说属平话的一种。这一地区方言比较单一，99%的人主要使用这一方言。此外，从铺门、信都迁居到八步镇凤鹅塘、莲塘镇信都寨和信都梁等村寨的人，也仍然使用这一方言。据2001年贺州市志载，当时铺门话约有8.2万使用人口，占全市总人口的10%。

2. 铺门话调查指标得分情况

通过实地调研及问卷评分，利用前文所述的指标体系及评估模型，经分析、计算、统计后，铺门话的综合得分见表4-22。

表4－22　贺州市铺门话调查数据统计表

要素与指标	分值（分）	权重	综合得分（分）
人口		0.1236	6.6458
方言使用人口基数	8	0.3229	2.5832
青少年使用人口的比重	6	0.3646	2.1876
方言使用人口的增长率	6	0.3125	1.8750
地理		0.0938	3.5624
方言群体社区的聚居程度	2	0.6094	1.2188
方言群体社区的地理开放度	6	0.3906	2.3436
经济		0.1076	5.9686
方言群体社区的经济实力	4	0.6719	2.6876
方言群体社区的经济产业类型	10	0.3281	3.2810
语言格局		0.0875	2.6252
毗邻语言的声望与势力	4	0.6563	2.6252
方言的跨境情况	0	0.3437	0.0000
语域		0.1066	4.1420
家庭内部使用情况	8	0.1844	1.4752
日常交际中的使用情况	8	0.2042	1.6336
广播、电视媒体的使用情况	0	0.1760	0.0000
商贸活动中的使用情况	0	0.1646	0.0000
行政领域的使用情况	2	0.1479	0.2958
宗教文化领域的使用情况	6	0.1229	0.7374
语言结构稳定程度		0.0684	8.6354
语音系统的稳定程度	8	0.4271	3.4168
词汇系统的稳定程度	8	0.2552	2.0416
语法系统的稳定程度	10	0.3177	3.1770
语言产品		0.0830	1.2186
语言教学类产品的数量和使用面	0	0.3854	0.0000
文化生活类语言产品的数量与读者面	0	0.4115	0.0000
语言研究类产品的数量与质量	6	0.2031	1.2186

续表

要素与指标	分值（分）	权重	综合得分（分）
教育		0.1153	1.4688
以该方言为教学用语的中小学比例	2	0.7344	1.4688
以该方言作为课程的学校或社会机构数量	0	0.2656	0.0000
语言态度		0.1146	5.1876
语言群体对该语言的态度	6	0.5938	3.5628
政府的方言政策倾向与落实状况	4	0.4062	1.6248
语言能力		0.0997	7.5000
方言群体单方言人的比率	6	0.6250	3.7500
双方言或多方言人的语言或方言熟练程度	10	0.3750	3.7500

$$S = [(0.3229 \times 8 + 0.3646 \times 6 + 0.3125 \times 6) \times 0.1236 + \cdots\cdots + (0.6250 \times 6 + 0.3750 \times 10) \times 0.0997] \div 10$$

$$= (6.6458 \times 0.1236 + \cdots\cdots + 7.5000 \times 0.0997) \div 10$$

$$= 4.6387$$

3. 铺门话调查评估结果及分析

从上面得分情况可以看出，铺门话一级指标均值为 4.6387，按照调查评估等级表，也应该列入较差级。

铺门话在语言格局、语言产品、教育等要素方面得分很低。从语言格局上看，不仅铺门话毗邻的信都白话比较强势，此外，在贺州当地影响力较大的本地话也分布在铺门周边，铺门人不可避免地受到在整个贺州非常强势的客家话影响。这也直接导致铺门话的使用者中多语人越来越多，这样多种强势方言夹击的语言格局对铺门话的发展极为不利。我们调查发现，在铺门镇调查的 80 人里，除会说铺门话外，54 人（占 67%）会说白话，40 人（占 50%）会说本地话，15 人（占 19%）会说客家话，6 人（7%）会说桂柳话，还有 5 人（6%）会说闽南话。语言产品上看，除了有少量论文，未见其他语言产品，这也在一定程度上制约了铺门话的发展利用。据调查了解，当地有用铺门话唱山歌、童谣等，甚至还有极富特色的用铺门话吟诗的传统，但现在会唱会吟的人已经极少，急需加强这方面的采集、记录工作。而教育方面，同贺州其他地区一样，由于推普工作深入人心，极少学校使用铺门话教学。

4. 贺州市四种方言生态状况比较研究

在分别计算出贺州市本地话、客家话、都话、铺门话四种方言资源调查得分后，再把四个方言点的调查结果进行一个排序和比较，见表4-23。

表4-23 贺州市四种方言资源监测得分排序

方言	总得分（分）	等级	排序
客家话	6.0630	一般	1
本地话	5.1160	一般	2
铺门话	4.6387	较差	3
都话	3.7704	较差	4

应该说，上面的评估结果与人们的感性认识总体上是吻合的。这也说明，语言生态调查指标体系，总体上能够较准确反映贺州市方言生态环境的状态和发展变化的趋势，是可操作的，也是比较合理的。

对语言生态状况的调查，必须着眼于整个语言资源的生态系统。比如四种方言中，客家话的生态状况相对较好，甚至比人口更多的本地话生存状态更好，这主要是由于虽然客家话人口处于劣势，但在语言威望、使用者的语言态度、方言群体的经济优势等方面优于本地话，使客家话在当地显示出更强的生命力。而铺门话和都话的使用群体同样在当地都是少数族群，但是铺门话的得分比都话得分高，这主要是由于铺门话的使用者相对集中，且地理相对封闭，受其他方言影响，也不如都话的使用群体那么大。

5. 几点建议

由调查可知，贺州市的各种汉语方言的生态状况不容乐观，尤其是铺门话和都话。为此，提出以下对策与建议：

（1）加强贺州地区地方族群的母语教育。

提高弱势民族和族群年轻一代的母语能力，使其有效地代际传承，是改善语言生态的关键，而要实现这一目标，母语教育非常重要。母语教育包括家庭代际间自觉的母语传播、学校母语教学，以及宣传媒体的母语使用。在我国民族地区，民族母语与汉语相比，明显处于弱势。民族母语主要是自然获得，如今父母出于前途考虑，更多地关心后代的汉语甚至外语教育。要提高年轻一代的母语能力，除了充分利用媒体进行宣传和引导外，通过政策和制度在义务教育阶段实施母语教育是一条重要的途径。建议采取以下措施：

①建立健全民族语文工作机构或民间工作机构，制定中长期行动计划。

②对于有文字的弱势语言和方言，编写不同层次的母语教材、读物和音像材料。有条件的话制定一套合适的拼音字母，培训本地的语言积极分子，支持他们利用拼音记录和保存母语和口头文化遗产，通过他们带动民间自觉的母语教育和文化传播。

③对有方言差异的族群语言，要重视民间的语言规范，组织本族语文工作者和语言积极分子，进行审音、审词和编写词典。

④中小幼可以适当开设民族母语口语和读写训练课，在适当的课程引入母语作为教学媒介语。

⑤地方广播电视台播放汉语方言教学节目或使用汉语方言。

（2）着力保护土著民族和族群的自然和社会生态的完整性。

语言的源泉来自民族或族群所栖息的自然和社会环境。保护土著民族和族群的自然生态和社会生态的完整性，对于语言和文化的生存与发展非常重要。许多动植物被灭绝，自然环境遭受破坏，社会完整性受到削弱，语言资源就会枯竭。土著语言中有大量关于环境、植物、动物、生产和生活方式的词汇，如果许多动植物灭绝，地质矿产资源枯竭，地形地貌被破坏，那么语言系统中与原初自然环境和族群生产生活方式相适应的词汇和结构就会废弃，相应的文化内容也随之消亡，其结果是语言资源枯竭，语言活力衰弱。

改革开放以来，我国对偏远贫苦地区的扶持力度不断加大，国家采取了许多措施来改善这些地区的经济状况。对偏远贫困地区的开发中，应注意切实维护语言族群对栖息地生态资源所有权，力避随意圈占族群传统世居领地、随意强制搬迁的行为，应在保护自然生态和人文生态前提下，实施可持续发展战略。例如，政府对一些族群居住点实施了扶贫开发迁居。这类搬迁，应该尽可能就近安居，化零为整、集中迁移。这样可以保证族群所处的自然和社会生态完整性不会发生根本性破坏，维持社会文化生态与自然生态的固有联系，使汉语方言系统保持稳定的社会功能域，从而促进语言与文化的生存与发展。

（3）加强方言资源保护、利用和发展的政策和法律理据。

方言资源可持续发展的内因在于方言群体与相关社群的自觉传承和传播，而这种传承和传播行为，则源于民众对方言资源社会文化价值的意识。民众意识的形成，却往往受制于外部的因素，其中重要的因素就是政策和法律层面的牵动或制约。方言是一种语言资源、社会资源，方言资源可以进行多层次和多用途的开发，生产或制作各种各样的资源产品，满足人民群众多样化的文化精神生活需求。这一点对学界来说，基本形成了共识。问题在于，学界的共识，如不能成为政策制定的理据，就难以推动民众共识的形成。联合国教科文组织文件《保护非物质文化遗产公约》将语言作为口述文学的媒介列入保护内容，国家也出台了非物质文化遗产的保护政策。但是，在对待其中的语言或方言问题上，至今没有相关的政策。"包括作为媒介的语言"这个表述中，这里的"语言"是指针对口传文学中的作为个体样本的"言语"，还是作为语种的"语言"？这里的"语言"，是有正式语言地位的语言，还是包括方言？这些看起来不言而喻，实际上值得深思。如果仅仅保护具体口传文学样本中的"语言"，而不保护作为语种的语言，那么样本中的"语言"就成了一些死的声音，体现不出其中特有的语言韵律和意境，这和使用通用语言转述就没有什么差别，因此保护口传文学中的"语言"，自然应该保护作为一个有机的音、义、结构系统体；而任何语言都不同程度地以方言形式存在，从这个角度思考，语言或方言作为一种语言种类，完全有单独列为一类非物质文化遗产的学理。可是，迄今国家公布的几批非物质文化遗产名录中，未见任何一种语言，包括少数民族濒危语言。

因此，在推广通用语言的基础上，如何确定方言的地位和作用，在政治或政策层面给方言资源以生存和发展的空间，是需要研究和解决的问题。

（4）加强方言资源的开发和利用。

一般人可能觉得，使用人口多的方言，生存和利用状况就好，不存在危机。从上面的示例中可以看出，情况并非必然如此。使用人口基数大的方言社群，未必在方言传播和传承方面表现就好；青少年使用人口的比例不高，使用人口呈减少趋势，对方言的信心不足，方言资源的总体状况的等级就比较低。总体状况较差的方言，往往也缺乏方言资源产品，缺乏方言资源的再度开发和利用。

方言的资源价值体现在不断应用、开发、传播，这是一种有意识的主动行为，需要语言文化工作者和方言群体的文化精英来推动。目前，在方言群体和社区中，虽然有不少有识之士认识到方言资源的价值，但鲜有人主动地开展方言资源的再度开发和利用工作。语言应用的一个重要领域就是语言教学。方言资源的利用也是如此，只有越来越多的人学习方言，该方言才能代代传承，实现可持续发展；而方言的学习途径，不能仅仅依赖于在方言社群的居住地生活，从社会传播面来看，需要有多样化的方言学习产品，而这恰恰是除粤方言之外的众多岭南方言所缺乏的。因此说，方言教学是方言资源开发利用的最基本形式，在此基础上把方言资源与其他文化资源有机地结合起来，变成人们文化生活领域的精神产品，这也是方言资源不断发展、价值不断提高的必由之路。

（5）开展弱小方言资源的抢救和保存工作。

岭南文化多样性和丰富性的一个显著特点是方言的多样性。因此，保持方言多样性是保持和发展岭南文化多样性的基本内容。从上述监测示例中可以看出，贺州方言资源的生存和发展状况很不平衡。即使主体方言之一的客家话，在离开大本营地域后，虽然人口基数大，但它的发展状况的表现也并不良好，至于那些小的方言，则处于衰变之中，并存在生存危机，其发展状况尤其不容乐观。在上述监测示例之外，可能还存在一些语言濒危程度已经十分严重并面临消亡的方言。这些弱小方言资源，同样是人类非物质文化遗产的组成部分，应该而且必须得到抢救和保存。

我们所说的抢救和保存，不仅仅是一种简单的记录和存档，仅仅为后代保留一些以供纪念和凭吊的"语言活化石"，而应重在从未来可能的语言恢复角度来研究抢录和保存问题，尽可能维护与强化该方言的内在生命力，使其有机会恢复和增强语言活力。但目前，我国对弱小方言的研究主要还停留在一般的学术研究层次上，对弱小方言资源的调查和记录基本上没有突破惯常的语言研究框架，科学而完备的濒危语言研究程序和规范也还没有建立起来。这种状况明显不能满足上述要求，因此亟须改变。方言研究者目前面临的几大重要任务就是：①确立各种材料记录和收集的程序、方法和技术手段，材料存储介质的类型和技术标准；②明确调查材料的数量和质量标准，调查中使用的设备器件规格和技术标准；③规范记录调查的语言内容，应能够全面、真实、客观地展现语言面貌，并将语言调查和文化调查结合起来；④确定语言材料分析处理的技术路线，并要考虑技术更新带来转换升级后如何保证持续的效用和可读性问题。

只有通过研究抢救、延续、保护和振兴弱小方言的方法、途径和手段，以多种有效方法、途径和手段，向公众宣传当前方言资源尤其是弱小方言发展的状况，并将之付诸实践，才能最终实现弱小方言资源的抢救和保存。

第五章　族群传统生态知识监测与评估

传统生态知识的调查评估，主要是指对当地族群语言中拥有的传统生态知识进行记录、鉴定、分类、编目，以及对传统生态知识在当地族群中的丰富度和传承情况展开的测试、评定。所以传统生态知识的监测评估其实包含两个内容：一是传统生态知识丰富度监测与评估，即某个族群语言中所拥有的传统生态知识的丰富程度的周期性调查评估；二是传统知识传承率的监测和评估，即传统生态知识在当地族群语言中的传承情况的周期性调查评估。

第一节　传统生态知识研究概述

20 世纪 70 年代以来，国外研究传统生态知识的有政治、经济、文化、宗教、环境保护和知识产权等领域的学者，研究的问题相对较广，涉及生物多样性、濒危物种、动植物栖息地保护，TEK 发掘、评估、现代利用，TEK 和现代环境评估等。比较突出的是民族生态学的研究，国外学者在这一领域取得了丰硕的研究成果。代表性研究成果如约翰尼斯（Robert Earle Johannes）编辑的《传统生态知识论文集》①、英格利斯（Julian. T. Inglis）编纂的《传统生态知识：概念与案例》② 都是生态人类学界引用率比较高的论著。加拿大学者亚瑟（Peter J. Usher）认为传统生态知识应纳入环境评估和资源管理③，并将传统生态知识分为四类：（1）有关环境的知识；（2）有关环境利用的知识；（3）有关环境的价值观；（4）知识体系。

---

① JOHANNES R E. Traditional ecological knowledge：a collection of essays［C］. International Union for Conservation of Nature and atural Resources，1989.

② INGLIS J T. Traditional ecological knowledge：concepts and cases［C］. Canada：International Development Research Centre，1993.

③ USHER P J. Traditional ecological knowledge in environmental assessment and management［J］. ARCTIC，2000，53（2）：183 – 193.

　　国际社会也早就意识到传统知识对于生物多样性保护以及可持续发展的重要作用，并且关注传统知识是否能够得到可持续的利用和发展。最早提出保护传统知识的是联合国环境规划署（UNEP）下的《生物多样性公约》（CBD），这是 1992 年缔结、1993 年年底生效的一个环境保护领域的国际公约。大量的国际政府间组织设立了传统知识的议题，其关注点主要集中在环境与生物、经济与贸易、社会与权利等三个方面。① 传统知识的持有方——土著与地方社区（Indigenous and Local Communities，ILCs），可以借助他们拥有的传统知识在未来的发展中谋求更多的机遇，进而保护他们社区的环境与生物多样性，实现可持续发展。故此，国际上对于有利于环境保护的 TEK 和有利于经济发展的传统医药知识的研究较多。

　　语言学领域比较突出的有语言－文化－生物多样性理论和传统生态知识框架的建立，这主要由加拿大的非政府组织"语界"人类学者马菲为代表的团队提出并付诸实践，其研究人员斯坦福·岑特（Stanford Zent）对传统环境知识的活力情况开展评估，设计出定量评估方案，发布了《传统环境知识活力指数》的著名研究报告。英国、美国、加拿大、澳大利亚的一些语言学者、资源环境学者和生态学者开展了土著民族 TEK 单点调研和区域语言－生物－文化多样性研究，如 Johannes & Yetting、Arun Agrawal、Stanford Zent、Emerson Lopez Odango 等人的研究。

　　国内有生态学者和民族学者也关注过传统生态知识这个问题，如阐释 TEK 概念，探讨 TEK 的传承和保护、多样化表达及现代价值。传统生态知识作为少数民族生活、文化、信仰、观念的重要组成部分，相关研究的视点基本都聚焦在传统生态知识的生态和医疗等多方面价值的发掘、整理和保护、传承、利用上。这一领域的个案研究十分丰富。例如对于蒙古族的传统知识的研究，特别是其药用植物民间知识的研究，已经取得了较大的成绩。在云南等西南地区开展的一系列研究，体现了传统知识的对于生物多样性保护和可持续发展的重要贡献。薛达元主编的《民族地区医药传统知识传承与惠益分享》② 通过实地调查，系统地归纳总结了侗、苗、彝、藏、蒙等多个民族的医药传统知识，为民族医药知识的传承、迁移和再利用做了贡献。

---

　　① 成功，王程，薛达元. 国际政府间组织对传统知识议题的态度以及中国的对策建议［J］. 生物多样性，2012（4）.

　　② 薛达元主编. 民族地区医药传统知识传承与惠益分享［M］. 北京：中国环境科学出版社，2009.

但是总体上看，极少有学者从语言的角度去调查和研究传统生态知识。民族语言学者开展田野调查是以语言本体分析为旨趣的词汇材料记录。在国内少数民族语言研究成果中，基于词汇材料的语音分析、历史比较和语法描写占了相当比例。调查记录的词汇材料以单纯的汉语—民族语对照词表（或词典）居多，词义描写广度和深度不够，语汇覆盖面也有限，语汇蕴含的族群认知经验、传统知识、文化功能的调查记录比较缺乏。除一些民族地区出版的地名集和个别草药典涉及一些传统地理环境和植物语汇以外，目前还尚未见到关于少数民族语言 TEK 语汇详细记录和深度描写的单点报告和著述。

事实上，传统生态知识是自然生态环境在语言和方言中的反映，当生态环境改变时，传统生态知识的内容往往会发生改变，语言和方言也会相应出现变化。同时，语言和方言又是传统生态知识的载体，一旦语言消亡，由这种语言所传承的所有传统知识也将随之消亡，甚至当地的自然生态环境也相应受到威胁。因此，语言、传统生态知识和自然生态环境三者之间是相互关联、相互影响的，语言学家可以也应该积极参与传统生态知识的调查和研究工作中，从 TEK 视角进行语汇调查，建立语汇深度调查描写模式，提升少数民族语言调查的理论和实践层次。

第二节　传统生态知识的语言表现

一、传统生态知识的构成

各民族传统生态知识内容十分丰富，为族群的生存发展提供了智慧和能力素质基础，它们包含了族群生活的方方面面，如狩猎、捕鱼、采集，农业和畜牧业，食物准备、保存和分配，水的地理、收集和储存，抵御疾病和伤害，解释气象和气候，制作服装和工具，建造和维护住房，陆地和海洋定位导航，管理社会与自然的生态关系，适应环境/社会变化，等等。传统生态知识不仅是关于环境和社会运作的知识，还是人们生产生活的行为活动指导。具体地说，主要包括两大内容，见表 5 – 1。

（1）概念性知识。关于与生态相关的事物性质、形态、作用以及事物关系的知识，即关于"是什么"的知识，具体包括动植物知识、地形景观知识、土壤知识、气候知识等。

（2）实践技能知识。运用已有的认知体现和经验，通过反复实践而形成的生存技能知识，即关于"怎么做"的知识，具体包括农林牧渔知识、矿业知识、食物制作与处理知识、传统医药知识、民间工艺知识、建筑知识等。

这两类传统生态知识来源广泛，有的是各族群在当地环境长期生存而积累的经验教训，有的是个体对具体事件和环境的实证观察所得，也有的是从他人经验通过叙述、教学、对话等方式建构创造而来。有的知识明确、精确、详细具体；有的知识则可能不确定，有待进一步经历体验和总结。

表5-1 传统生态知识主题表

类型	知识主题	具体内容
概念性知识	动物知识	（1）动物名称；（2）动物特征（如形态、习性、生命周期特征、产地）；（3）动物功用（如观赏用、民俗用、畜牧用、食用、药用、建筑用、能源用、商业用、技术用、护卫用、运输用、养殖用、维持环境用等）；（4）人与动物关系（饲养、保护、猎捕）
	植物知识	（1）植物名称；（2）植物特征（如形态、特征、生命周期特征、产地）；（3）植物功用（如食用、药用、役用、能源用、商业用、观赏用、技术用、民俗用、维持环境用等）；（4）人与植物关系（种植、保护、砍伐）
	动植物关系知识	（1）动物之间的关系；（2）植物之间的关系；（3）动物与植物之间的关系
	地形景观知识	（1）地形、地貌、景观名称；（2）地形、景观的特性，如海拔、形态、宜居、动植物适应性；（3）地名、俗名，包括命名理据、特征；（4）地形景观的文化意义
	土壤知识	（1）土壤名称；（2）土壤的性状；（3）土壤的作物适宜性；（4）土壤利用（建筑、制作、种植、医药、民俗等）
	气候知识	（1）气候要素，如气温、降水、风、雪、日照、雷电；（2）季节性周期及其指示性特征；（3）季节性活动情况；（4）人与气候关系，如：传统农业、林业、畜牧、渔业与气候关系，气候与生活习俗关系，民间气候气象预测知识。

续表

类型	知识主题	具体内容
实践技能知识	农业知识	（1）作物栽培和种植；（2）田间管理，如耕田、培肥、除草、浇水、灭虫、抗灾等；（3）农产品收割、储存和加工；（4）农业工具制作和用途
	林业知识	（1）林木采种、育苗、栽培；（2）造林和林木保育；（3）树林、森林保护和管理；（4）林产品采集和加工、用途
	畜牧业知识	（1）家禽饲养；（2）放牧方式；（3）狩猎方式；（4）畜牧工具；（5）肉食加工处理
	渔业知识	（1）内陆水生动物养殖；（2）内陆水生动物捕捞；（3）海洋水生动物养殖；（4）海洋水生动物不牢；（5）水产处置
	矿业知识	（1）矿产勘查；（2）矿产开采；（3）矿产处理和加工；（4）矿产利用
	食物制作与地理知识	（1）食材获取；（2）食物制作和加工；（3）食物保健；（4）炊具种类和用法
	传统医药知识	（1）药物采集；（2）传统诊疗术；（3）药物炮制技术；（4）传统制剂方法；（5）养生方法；（6）驱蚊驱鼠方法；（7）传统防病防疫方法
	民间工艺知识	（1）工艺名称和来源；（2）工艺流程；（3）工艺工具；（4）工艺传承习制
	建筑知识	（1）建筑名称和类别；（2）基本结构与造型；（3）建筑施工的流程；（4）庭院设计和装饰；（5）村庄规划；（6）环境和建筑风水与禁忌

二、语言中传统生态知识的表现

不同的族群语言中的传统生态知识丰富度不同，一般来说生态环境多样性程度越高的族群，传统生态知识越丰富，但传统生态知识明显也受到其他因素的影响。那么如何来评估传统生态知识？毕竟传统生态知识包含的内容太多，不容易测度。我们不妨从语言的角度入手，毕竟语言是传统生态知识的载体。首先我们要了解传统生态知识在语言中的表现，大多数民族语言中的传统生态知识没有文字记载，以口头形式传播和传承，其在语言中的具体表现形式有①：

1. 词汇

任何民族的多数传统生态知识都会通过认知思维而形成概念，用本民族语言创造的词汇和词义将知识点定型下来。传统生态知识词汇主要有两类：一是名物类词汇，是对自然环境的标定、记号，记载着族群的独特生态信息，如人名、地名、族名、气象名、动植物名、生产工具名、食物名、建筑名、风俗名等。二是谓词类词汇，主要针对自然环境，即针对名物的意念、意向和动作，人的观念的行为，如：跟农林畜牧业活动，水生动物养殖、捕捞，矿产的开采、处理加工，食物的制作、加工，药物的采集和炮制，建筑施工，工艺活动等相关的动作行为词，以及反映自然环境内生态关系、人伦关系的词，等等。传统生态知识词汇反映客观事物的分类、属性、功用，因此不同民族往往有不同的专业词汇系统，如达斡尔族曾经有过十分繁荣的渔业生产活动，因此有许多丰富、细腻的渔业词汇，如鲫鱼、鳇鱼、细鳞鱼、狗鱼、串丁鱼等鱼类名称，鱼粉、烤鱼、鱼松、生鱼片等鱼加工品名称，大网、小鱼网、袋子网、老母猪网、拖网、直杆等渔具名称。这些词汇常常能直接体现出当地族群对生态环境的特殊认识，如傈僳语称败酱草为"轮荒地草"，因为该草在火烧过后，长势更好。

2. 俗语

传统生态知识俗语。俗语包括谚语、成语、俗话、歇后语、顺口溜等。传统生态知识在语言中还表现为传授生产劳动知识以及与生产劳动有关的气候天象变化和草木鸟兽等自然界知识的俗语和现成用语。俗语是一种特殊的语言形式，形象生动、喻义明了，不少属于承载着各民族对生态环境的认知体验。例如，土家族在农业生产中观察动植物现象创造了有关物候学知识的谚语，"阳雀叫在清明前，热气腾腾好种田。布谷，布谷，日夜种谷。穷人莫听富人哄，桐子开花就出种。石榴开花小麦黄，收了小麦种高粱……"苗、傣、壮等民族也有"娘壮儿肥，秧壮谷多"等作物生长知识的农谚；维吾尔族有"油坊（土法榨油机）靠马力，磨坊凭好水"等关于榨油和磨坊工艺的谚语；侗族有"老树保村，老人管寨"等森林观谚语。

3. 语篇

传统生态知识的语篇包括两个方面：一是隐含传统生态知识的民族民

---

① 肖自辉. 面向传统生态知识：当代民族语言调查的价值取向［J］. 广西民族大学学报：哲学社会科学版，2018（5）.

间故事、歌谣、传说等口传文学；二是当地族群对传统生态知识的口头叙述。（1）隐含传统生态知识的民族民间故事、歌谣、传说等口传文学。由于许多族群的传统生态知识无法通过书面的物质载体来实现传播，因此反过来刺激了口头传统艺术的发展。以我国的苗族为例，从古到今都把学歌记俗放在生活的首位，利用歌谣记录和传承各种传统生态知识。不少民族地区也有诸如二十四节气歌等总结气候知识的歌谣。（2）当地族群对传统生态知识的口头叙述。口头叙述，是指当地族群，尤其是经验丰富、能力强的人通过叙述工艺、工序、操作等讲述和传播传统生态知识。比如，对本地某种重要作物或庄稼种植过程的叙述；对本地某种民间技艺或工艺操作流程的叙述，如制陶、织锦、扎染、造纸、制席、补锅；对本地某种器具机械制作过程的叙述，如竹器、马车、弓箭、土枪、箍桶、神器；对本地或本族某种疾病土法医治过程（包括药物制作）的叙述；对本地某种特色食品制作过程的叙述；对本地某种猎物捕获过程的叙述；对本地房屋建筑过程的叙述；等等。这种口头叙述是通过语言对传统生态知识的直观展示，是民族地区传统生态知识在语言中的重要表现形式。

三、传统生态知识语汇的释义方式

前面提到，各民族的多数传统生态知识都会通过认知思维而形成概念，用本民族语言创造的词汇、俗语和词义、语义将知识点定型下来。因此，词汇蕴含了大量以词、短语为主体并包含民族口语习惯表达形式（如民谣、俗语等）的语言材料集，是传统生态知识在语言中的主要表现形式。在国内少数民族语言研究成果中，基于词汇材料的语音分析、历史比较和语法描写占了相当比例，调查记录的词汇材料以单纯的汉语—民族语对照词表（或词典）居多，词义描写广度和深度不够，语汇覆盖面也有限，语汇蕴含的族群认知经验、传统知识、文化功能的调查记录比较缺乏。传统生态知识语汇描述要叙述传统生态知识，具有科学叙述特征，因而不同于普通的民族语言词典；但由于使用民族本土语言表达，需要进行民族语的标音和语用描述，因而它又不同于普通的动植物等百科知识词典；每条传统生态知识语汇的内容叙述要从生态文化价值进行思考和判断。因此传统生态语汇释义方式需要有所创新，把语言要素标注、传统生态知识叙述和词语释义有机地整合。

对传统生态知识语汇进行描写和释义时，应遵守如下原则：

1. 准确化原则

语汇释义是为了帮助使用者准确认知词语的特征，因此传统生态知识语汇释义首先应该尽可能准确，语言描写符合实际情况、知识内容叙述也要符合当地族群的实际认知。不具备准确性的释义不仅没有使用价值，反而会起到负面作用。准确性要求释义者能够正确无误地理解源语词目包含的词汇意义、文化意义、语法意义以及语用意义等，在此基础上，用符合语言规范的释义方式尽量全面而准确地传达词语内容。

2. 简明性原则

传统生态知识语汇的释义要尽量使普通民众也能确切地明白，由此就必须用尽可能简单、浅近的语言模式来加以解释。简明性要求释义在准确清楚的前提下，用简要、精炼、符合规范的语言，简洁明了地表达源语符号的信息。释义应简洁清楚，选择贴切的对应词语。附加说明应认真措辞，不加不必要的修饰、限定或说明，避免画蛇添足。不乱添加词语的来源说明和语体标志，以免释义啰嗦烦琐。省略不必要的语义、语法或语用成分。总之，释义及相关信息应简单、清楚、明了，篇幅系统、规范，使读者很容易查询到所需信息。

3. 综合性原则

传统生态知识语汇释义是将词语的语言学信息、知识内容和价值进行重组的过程，综合性原则要求释义者从多层面、多角度进行词汇描写，在多维释义的框架下要全方位地详尽表述被释义词的各种语言属性和知识内容。

4. 客观性原则

客观性指释义应如实反映词汇和短语所指称的客观现实或社会约定的意义。释义应客观全面地反映源语的真实语义，应客观地对待不同语言社会文化背景方面的差异，用客观实际的语言如实传递源语词目所包含的语言信息、生态信息以及文化信息等，不依个人喜好添加褒贬色彩，避免将一种语言中的词语蕴含的文化内涵附加到另一种语言对应词语上，以免造成文化误解。释义的语言应符合正确的生态观。

在遵守以上原则的基础上，TEK语汇的释义内容应包含语音标注、词类标注、语义标注、语用标注、知识叙述、附加资料等各种信息，这些信息分别指向语汇的语音、语法、语义、语用、知识内容等多个方面。这些释义内容依次排列，形成TEK语汇的释义框架，表示如下：

语音标注➡词类标注➡语义标注➡（其他词法、句法、语用信息）➡知识内容（含事物特征、行为过程、利用价值等）➡附加材料（图片、录音、录像等材料）。

具体来看，释义内容中包含三大部分：语言学内容、生态知识内容、附加材料。

（1）语言学内容，即用语言学方法标注语汇发音，标注语音、词类和语义等。语音标注一般使用国际通用的国际音标，也可以使用民族语的拼音系统；词类标注要使用较为通行的词类分类方式；语义标注主要标明该词所属的语义场。最后标注其他特殊的需要标注的语言特征。

（2）生态知识内容，即按 TEK 逻辑关系描述语汇中蕴涵的特定民族和族群在传统生活栖息地积累和传承的有关生物生态环境的认知、信仰和实践的知识，包括自然地理知识、动植物知识、人与自然相互依存关系、生产劳动知识、自然资源利用知识、社会组织和社会生活与自然生态关系、文化习俗与自然生态关系等。知识内容的叙述是 TEK 语汇释义的核心。不同传统生态词汇的叙述模式不同，我们以主要的几种生态词汇的叙述模式为例介绍如下：

动植物词汇：动植物的特征（如形态、行为习惯、生命周期特征、产地）＋动植物的实际功能（如食用、药用、建筑用、能源用、商业用、观赏用、技术用等）。

食物词汇：所需原材料＋制作过程＋食用价值（营养价值、药用价值等）。

工艺名称词：工艺工具＋工艺流程＋工艺传承习制。

（3）附加材料，附加的有助于反映语言特征或知识内容的各种材料，具体包括词汇的录音材料，实体实物或生产生活过程的图片、影像等。

我们以衡阳方言中的个别传统生态知识词汇的释义示例如下：

糯粑［pian^{21}pa^{55}］，名词，一种有食疗价值的衡阳特有食品。制作材料为糙糯米、大米，配乡村中草药，制作过程是：①先将糯米泡上半个小时，晾干后磨制成粉状。②一百斤糯米放一斤糯药（糯药是由中草药制成）搅拌均匀并揉成团。③将揉成小团的糯粑发酵，在下面垫上稻草，上面盖上罩子，放置三天左右即成（见图 5－1）。食用方式：先用水将糯粑煮半小时左右，再煎至两面金黄时，最后放入滚水煮软即可食用。功效：健脾益胃，消食化积之功效。

罩机子【tsau^{35}tɕi^{55}tsɿ^{33}】，名词，"子"是衡阳方言中常见后缀。衡阳地区常见的无脊椎动物，学名螳螂。头部倒三角形，复眼大而明亮，触角细长；颈可自由转动，体呈黄褐色、灰褐色或绿色，生活在平地树林旁草丛间，它的食物有棉蚜虫、红铃虫、玉米螟、菜螟、菜青虫、金龟子、苍蝇、蚂蚱等 60 多种害虫的成虫和幼虫，因此在田间和林区能消灭不少害虫。见图 5－2。

图 5－1　糍粑

图 5－2　罩机子

羊奶奶 [iaŋ²¹ ne²¹ ne²¹]，名词。衡阳地区的一种常见野果，学名胡颓子。野果树为常绿灌木，有刺，小枝褐锈色。叶互生，椭圆形，两端钝或基部圆形，上面绿色，有光泽，下面银白色；叶柄褐色。花银白色。果实椭圆形，长约 1.5 厘米，熟时红褐色。花期 10—11 月，果期次年 5 月。生于山地杂木林内或向阳沟旁。果实味甜，可生食，也可酿酒和熬糖。见图 5－3。

图 5－3　羊奶奶

第三节　传统生态知识丰富度和传承率测定

一、传统生态知识丰富度测定

（一）指标体系设计

根据传统生态知识类型及其在语言中的表现，我们将语言中传统生态知识丰富度的评估指标设计为如下几个方面。

1. 传统生态知识词汇的丰富度

因为词汇的数量是可计量，传统生态词汇越多，说明其传统生态知识越丰富。该指标又可以分为如下几个二级指标。

（1）动物类词汇的数量，判断族群认识的动物的数量。

（2）植物类词汇的数量，判断族群认识的植物的数量。

（3）地理类词汇的数量，判断族群对地形景观的认识。

（4）气候类词汇的数量，判断族群对气候气象的认识。

（5）食物类词汇的数量，判断族群对食物制作的知识。

（6）农林牧渔活动词汇的数量，判断族群在农林牧渔方面的知识。

2. 传统生态知识俗语的丰富度

该指标通过计量传统生态知识类谚语、成语、俗话、歇后语、顺口溜等的数量，主要可分为如下几个二级指标。

（1）生产劳动知识类俗语的数量。

（2）气候类俗语的数量。

（3）生活常识类俗语的数量。

3. 传统生态知识语篇的丰富度

主要用来计量隐含传统生态知识的民族民间故事、歌谣、传说等口传文学的数量，主要可分为如下几个二级指标。

（1）蕴涵传统生态知识的传统民间故事的数量。

（2）蕴涵传统生态知识的传统民间歌谣的数量。

（3）蕴涵传统生态知识的民间传说的数量。

语言中的传统生态知识丰富度调查指标体系如表5-2所示。

表 5-2　传统生态知识丰富度调查指标体系表

一级指标	二级指标
A1 传统生态知识词汇的丰富度	A1-1 动物类词汇的数量
	A1-2 植物类词汇的数量
	A1-3 地理类词汇的数量
	A1-4 气候类词汇的数量
	A1-5 食物类词汇的数量
	A1-6 农林牧渔活动词汇的数量
A2 传统生态知识俗语的丰富度	A2-1 生产劳动知识类俗语的数量
	A2-2 气候类俗语的数量
	A2-3 生活常识类俗语的数量
A3 传统生态知识语篇的丰富度	A3-1 蕴涵传统生态知识的传统民间故事的数量
	A3-2 蕴涵传统生态知识的传统民间歌谣的数量
	A3-3 蕴涵传统生态知识的民间传说的数量

（二）传统生态知识丰富度指标的数据采集

传统生态知识不同于上述两种调查：一是包含词汇、长篇语料的采集工作；二是涉及知识产权、第三方获取有价值或敏感信息等法律问题。其调查程序推荐如下：

第一步，明确调查对象、调查主题和调查目标。

其一要确定是要调查哪种族群内语言或方言蕴含的传统生态知识；其二要明确调查该族群掌握的所有传统生态知识还是某一特定类型的传统生态知识；其三要确定调查目标是评估当地传统生态知识的丰富度，还是了解当地传统生态知识的传承率等。

第二步，联系当地族群，征得同意。

调查内容以书面形式或通过口头解释的方式告知族群的关键成员和组织，并取得他们同意参加调查。征得语言族群对开展调查的许可，方可取得允许调查者收集信息、发布和出版调查报告和其他文件的权限。原始数据需要交给当地社区，进一步的使用需要经过社区同意，坚决不能损害当地社区和人民的利益。根据当地的风俗习惯、国家法律、机构规章等，同意书可以是口头的，也可以是书面的。应清楚地说明项目的目标、方法、估计的持续时间和列出"传统生态知识构成表"，这是全部传统生态知识的分类知识点列表。

　　第三步，确定当地族群掌握的传统生态知识的具体领域，明确调查方向。

　　获得当地族群同意后，第一步应尽快与当地公认的专家、知识能人（考虑到男女熟悉的领域不同，应该兼顾男女）进行小型焦点小组会议，以了解当地传统生态知识的领域。根据当地的实际情况在"传统生态知识主题表"（见表 5-1）的基础上进行增删，明确当地传统生态知识调查和评估的主要内容。因为要根据当地语言社区的环境状况来设计传统生态知识的调查方向和重点。例如，在地处山区的语言社群调查，传统生态知识的重点可能是动植物知识和地形地貌知识，而牧业和渔业知识就可能是空缺范畴，就不必专门设计调查表。但在海岛和沿海地区语言社区调查，渔业水产和航海知识就需要专门设计调查表，而在这些地区，农作耕种知识可能是空缺知识范畴或非丰富的知识内容。

　　小组会议上，对于每一个传统生态知识的领域，询问参与者他们是否熟悉，或者它是否与当地的生活相关和是否重要。检查任何被认为熟悉、显著或重要的领域。如果被认为对当地来说是未知的或不相关的，那么删除这个领域。同时询问是否有其他知识项没有显示在名单上，但对他们很重要，则可以把它添加到列表中。也就是说在通用的"传统生态知识主题表"的基础上进行删减和增加，确定当地的传统生态知识领域明细。

　　第四步，根据当地的实际情况确定调查内容、设计调查表格。

　　一般来说，针对传统生态知识内容的调查应该设计以下表格：

　　一是"传统生态知识分类细目表"（参见表 5-3），用于调查时的提示和指引，以防漏掉某些重要内容。

　　二是"当地自然生态特征登记表"（参见表 5-4），用于登记当地自然生态特征。

　　三是根据生态知识内容的不同，分别制定传统生态知识访谈提纲表，例如"动物传统生态知识访谈提纲"（参见表 5-5）、"农业知识访谈提纲"（参见表 5-6）。

　　在进行传统生态知识调查时，还应根据"传统生态知识主题表"，结合所调查地域和社群社区的实际情况，对知识点进行筛选，按类别分别设计传统生态知识调查提纲，供田野调查记录时使用。因为不同的地理环境和社会环境，存在知识范畴的空缺。

表5-3 传统生态知识分类细目表

分类	具体细目
一、动物	010 爬行类动物，如蛇、蜥蜴、龟 011 飞禽类动物，如老鹰、麻雀、鸽子 012 哺乳类动物（胎生动物），如兔、狗、猫 013 昆虫类动物，如蝗虫、蜻蜓、蝴蝶 014 鱼类动物，如鲤鱼、草鱼、沙丁鱼 015 水陆两栖动物，如青蛙、蟾蜍 016 家禽类动物，如鸡、鸭、鹅
二、植物	020 陆生植物 020A 乔木，有一个直立主干，且高达5米以上的木本植物 020A1 落叶乔木，每年秋冬季或干旱季叶全部脱落的，如山楂、梧桐、枫树等 020A2 常绿乔木，终年常具有绿叶，如樟树、柚木等 020B 灌木，主干不明显，常在基部发出多个枝干的木本植物，如玫瑰、龙船花、映山红、牡丹等 020C 亚灌木，矮小的灌木，多年生，茎的上部草质，在开花后枯萎，而基部的茎是木质的，如长春花、决明等 020D 草本植物，茎含木质细胞少，全株或地上部分容易萎蔫或枯死，如菊花、百合、凤仙等 020E 藤本植物，茎长而不能直立，靠倚附它物而向上攀升的植物，如瓜类、豌豆、牵牛花、忍冬等 021 水生植物，植物体全部或部分沉于水，如荷花、睡莲等 022 附生植物，植物体附生于它物上，但能自营生活，不需吸取支持者的养料，如大部分热带兰 023 寄生植物，寄生于其他植物上，并以吸根侵入寄主的组织内吸取养料为自己生活营养的一部分或全部，如桑寄生、菟丝子等 024 腐生植物，生于腐有机质上，没有叶绿体，如菌类植物、水晶兰等
三、动植物的关系	030 天敌关系，如老鹰与蛇 031 寄生关系，如蛔虫与人 032 共生关系，如犀牛和犀牛鸟 033 食物关系，如羊和草 034 互利关系，如花和蜜蜂 035 相克关系，如丁香和铃兰香

续表

分类	具体细目
四、地形景观	040 人造或自然景观 040A 森林景观 040B 江、河、湖泊景观 040C 沙漠景观 040D 湿地景观 041 地形 041A 高原地形 041B 山地地形 041C 平原地形 041D 丘陵地形 041E 盆地地形 042 风水知识
五、土壤	050 红壤 051 棕壤 052 褐土 053 黑土 054 栗钙土 055 漠土 056 潮土（包括砂姜黑土） 057 灌淤土 058 水稻土 059 其他土壤类型，如湿土、盐碱土、岩性土、高山土等
六、气候	060 温带季风气候，夏季暖热多雨，冬季寒冷干燥 061 亚热带季风气候，夏季高温多雨，冬季温和少雨 062 热带季风气候，全年高温，有明显的旱季和雨季 063 温带大陆性气候，夏季炎热，冬季严寒，终年干旱少雨 064 高原山地气候，终年低温（气候垂直地带性明显）
七、农业	070 谷物及其他作物的种植 070A 谷物，如稻谷、小麦、玉米、高粱等 070B 薯类，如马铃薯、甘薯、木薯等 070C 油料，如花生、油菜籽、芝麻、向日葵等 070D 豆类，如大豆、豌豆、绿豆、蚕豆等

续表

分类	具体细目
七、农业	070E 棉麻类，如棉花、亚麻、大麻等 070F 糖料类，如甘蔗、甜菜等 070G 其他类，如烟草、染料作物、饲料作物等 071 蔬菜瓜果的种植 071A 种叶菜、根茎菜、茄果菜、葱蒜、菜用豆、水生菜等的种植 071B 蘑菇、菌类等蔬菜的种植 071C 西瓜、木瓜、哈密瓜、甜瓜、草莓等瓜果类的种植 072 茶和其他饮料作物的种植，如茶、可可、咖啡等 073 香料作物的种植，如留兰香、香茅草、薰衣草、月桂、香子兰、枯茗、茴香、丁香等
八、林业	080 用材林地 081 防护林地 082 经济林地 082A 水果种植，苹果、梨、柑橘、葡萄、香蕉、杏、桃、李、梅、荔枝、龙眼等的种植 082B 坚果种植，如椰子、杏仁等 083 园艺作物的种植，盆栽观赏花木、工艺盆景等 084 其他林地，如薪碳林地、特用林地
九、畜牧业	090 牲畜的饲养，如猪、牛、羊、马、驴、骡、骆驼等主要牲畜的饲养 091 家禽的饲养，如鸡、鸭、鹅、驼鸟、鹌鹑等禽类的孵化和饲养 092 狩猎和捕捉动物 093 其他 093A 各种鸟类的饲养 093B 猫、狗、兔等家养动物的饲养 093C 珍贵动物的饲养，如鹿、貂、狐狸等的饲养 093D 虫类饲养，土中软体动物的饲养和青蛙的饲养 093E 活的家畜产品的生产，如蜂蜜、蚕茧、麝香、鹿茸等
十、渔业	100 海洋养殖和捕捞 100A 利用海水对鱼、虾、蟹、贝、珍珠、藻类等水生动植物的养殖 100B 各种鱼、虾、蟹、贝、珍珠、藻类等天然海水动植物的捕捞 101 内陆水域的养殖和捕捞活动 101A 内陆水域的鱼、虾、蟹、贝类等水生动物的养殖 101B 指在内陆水域对各种天然水生动物的捕捞 （不包括水产品加工，列入食物加工和处理）

续表

分类	具体细目
十一、矿业	110 煤矿开采和洗选业 111 石油和天然气开采业 112 黑色金属矿采选，如铁矿、锰矿、铬矿 113 有色金属矿采选，如铜、铅、锌、锡、锑、铝、镁、汞等 114 贵金属矿采选，如金、银和铂 115 稀有稀土金属，如钨原矿、镧系金属等 116 非金属矿采选 116A 土砂石开采，如石灰石、石膏开采，大理石等建筑装饰用石开采，耐火土石开采，黏土开采 116B 采盐，如海盐、湖盐和井矿盐 116C 化学矿和肥料矿物开采，如硫铁矿、明矾石开采 116D 石棉及其他非金属矿采选 116D1 石棉、云母矿采选 116D2 石墨、滑石采选 116D3 宝石、玉石开采 117 其他采矿业，如对地热资源、矿泉水资源等的开采活动
十二、水利	120 防止洪水灾害的防洪工程 121 防止旱、涝、渍灾为农业生产服务的农田水利工程，或称灌溉和排水工程 122 将水能转化为电能的水力发电工程 123 改善和创建航运条件的航道和港口工程 124 为工业和生活用水服务，并处理和排除污水和雨水的城镇供水和排水工程 125 防止水土流失和水质污染，维护生态平衡的水土保持工程和环境水利工程 126 保护和增进渔业生产的渔业水利工程 127 其他水利工程，如围海造田，满足工农业生产或交通运输需要的海涂围垦工程等
十三、食物制作与处理	130 粮食制品，各种原粮、成品粮的粮食加工制品 130A 谷物粉类制成品，如米粉、米线等 130B 淀粉和淀粉制品，如红薯淀粉、绿豆淀粉、马铃薯淀粉等 130C 面食品，如水饺、汤圆、馄饨、包子、馒头等 130D 糕点类，如饼干、面包、蛋糕等

续表

分类	具体细目
十三、食物制作与处理	130E 豆制品，指以各种豆类为原料，经发酵或未发酵制成的食品，如豆腐、豆粉、素鸡、腐竹等
	131 食用油制品，植物和动物性食用油料，如花生油、大豆油、动物油等
	132 肉制品，指动物性生、熟食品及其制品，如生、熟畜肉和禽肉等
	133 乳制品，指乳粉、酸奶及其他属于乳制品类的食品
	134 水产类，指供食用的鱼类、甲壳类、贝类等鲜品及其加工制品
	135 糖制品，指各种成品糖、糖果等制品
	136 冷食制品，指固体冷冻的即食性食品，如冰棍、雪糕、冰激凌等
	137 饮料制品，如指液体和固体饮料，如碳酸饮料、汽水、果味水、酸梅汤、散装低糖饮料、矿泉水饮料、麦乳精等
	138 酒类制品
	138A 蒸馏酒、配制酒，指以含糖或淀粉类原料，经糖化发酵蒸馏而制成的白酒（包括瓶装和散装白酒）和以发酵酒或蒸馏酒作酒基，经添加可食用的辅料配制而成的酒，如果酒、白兰地、香槟、汽酒等
	138B 发酵酒，指以食糖或淀粉类原料经糖化发酵后未经蒸馏而制得的酒类，如葡萄酒、啤酒
	139 其他食品，未列入上述范围的食品类别
	139A 调味品，指酱油、酱、食醋、味精、食盐及其他复合调味料等
	139B 糖果蜜饯，以果蔬或糖类的原料经加工制成的糖果、蜜饯、果脯、凉果和果糕等食品
	139C 酱腌菜，指用盐、酱、糖等腌制的发酵或非发酵类蔬菜，如酱黄瓜等
十四、传统医药	140 传统药材
	140A 植物类药材
	140B 动物类药材
	140C 矿物类药材
	140D 其他药材
	141 传统疗法
	141A 针法类疗法，如针挑法、放血法等
	141B 灸法类疗法，如隔物灸、雷火灸等
	141C 手法类疗法，如推拿按摩等
	141D 其他疗法，如贴敷疗法、穴位埋线等
	142 其他医药知识，如传统方剂、养生保健知识等

续表

分类	具体细目
十五、民间工艺	150 染织绣类，如传统刺绣、民间印染、中国织锦等 151 塑作艺术，如泥塑艺术、面塑艺术、木偶艺术等 152 剪刻艺术，如剪纸与刻纸、皮影 153 雕镂艺术，如玉雕、木雕、石雕、砖雕 154 绘画之类，如彩画、农民画、年画 155 编织之类，如竹编、漆器 156 扎糊之类，如纸扎、彩灯、风筝 157 表演艺术，如川剧变脸、民间音乐、舞蹈、戏曲 158 其他方面，如建筑装饰、门窗艺术、脸谱、面具、瓷器
十六、建筑	160 村寨布局 161 私人建筑 161A 民居建筑，如窑洞、茅屋、庭堂、院落等 161B 陵墓建筑，如墓园、石坊等 162 公共建筑 162A 教育建筑，如学校、书院等 162B 娱乐建筑，如舞楼、露台、看台等 162C 园林建筑，如亭、花园等 162D 交通建筑，如桥、港口、码头等 162E 宗教建筑，如寺、庙、观、庵、祠堂等 163 其他建筑，如城墙、鼓楼等

表5-4　当地自然生态特征登记表

分类	具体问题
（一）土地	1. 该地属于陆地生态系统还是水生生态系统？陆地面积和水域面积分别多少？

续表

分类	具体问题
（一）土地	2. 该地森林覆盖率多少？
	3. 该地草地面积多少？耕地面积多少？
	4. 该地主要的矿产资源及其开发利用情况如何？
	5. 该地属于何种土壤类型？适合何种作物？
（二）气候和水文	1. 该地气候和降水量情况如何？
	2. 该地有哪些重要的河流？
	3. 该地湿地面积多少？

续表

分类	具体问题
（三）动植物	1. 该地野生动物数目多少？有哪些珍稀野生动物？
	2. 该地植物数目多少？有哪些珍稀植物？
	3. 该地有哪些濒危动植物？近年来已经消失的有哪些？
（四）生态问题	该地面临的主要生态问题是什么？

表5-5　动物传统生态知识访谈提纲

主题	具体问题
（一）动物数量、名称	1. 本地有哪些野生兽类动物？（如虎、豹等）
	2. 本地山上有哪些野生爬行类动物？（如蛇、虫等）
	3. 本地有哪些飞禽类动物？（如雀、鸦等）
	4. 本地有哪些昆虫类动物？（如蜂、蝶等）

续表

主题	具体问题
（一）动物 数量、名称	5. 本地有哪些鱼类？
	6. 目前本地最常见的动物有哪些？
	7. 哪些动物是本地特有的，其他地方少见的？
（二）动物特征、 用途 （以甲鱼为例）	1. 甲鱼这边用本地话怎么称呼？有没有其他称呼？
	2. 甲鱼长什么样（颜色、形态、大小、声音）？
	3. 甲鱼一般什么时候出来活动？
	4. 甲鱼一般能活多久？怎么繁衍下一代？
	5. 哪些地方甲鱼比较多？一般在什么地方能找到？
	6. 甲鱼和哪种动物是天敌？

续表

主题	具体问题
（二）动物特征、用途（以甲鱼为例）	7. 甲鱼可以食用吗？
	8. 甲鱼可以做药用吗？
	9. 甲鱼的壳有没有特别用途？
	10. 甲鱼有其他用途吗？
	11. 当地人对甲鱼的态度如何？（喜欢/讨厌/一般）
	12. 当地有没有跟甲鱼相关的谚语、惯用语、歇后语？
	13. 当地有没有跟甲鱼有关的神话传说？
（三）动物的保护问题	1. 近年来哪些动物逐渐减少？
	2. 哪些动物是近年来逐渐多见的物种？
	3. 当地有没有一些保护动物的措施和方法？

附：动物类传统生态知识汇总登记表

名称	特征（如形态、行为习惯、生命周期特征、产地）	用途或害处等	备注

表5-6　农业知识访谈提纲

（农业生产种类繁多，稻作文化和麦黍文化有很大的差别，要根据实际情况分别加以叙述。）

主题	具体问题
（一）农作物的数量、名称	1. 本地有哪些谷类粮食作物？（如水稻、小麦）
	2. 本地有哪些豆类粮食作物？（如大豆、蚕豆）
	3. 本地有哪些薯芋类粮食作物？（如红薯、木薯）
	4. 本地有哪些油料类经济作物？（如油菜、花生）

续表

主题	具体问题
（一）农作物的数量、名称	5. 本地有哪些糖料类经济作物？（如甘蔗、甜菜）
	6. 本地有哪些纤维类经济作物？（如棉花、大麻）
	7. 本地还有哪些其他用处的经济作物？（如烟草、茶叶、桑）
	8. 本地有哪些蔬菜作物？（如萝卜、芹菜）
	9. 哪些作物是本地的特色作物？

续表

主题	具体问题
（二）农作物的 生产、技术	1. 水稻长什么样子？当地的水稻主要是山稻还是田稻？
	2. 本地一年种几季水稻？种植和收获时间是什么时候？
	3. 本地如何计量田地面积？耕地面积单位是什么？
	4. 如何挑选和保管种子？在播种前种子要做何处理？
	5. 播种用的田地要怎么整理（耕田、犁田的方法）？

续表

主题	具体问题
（二）农作物的生产、技术	6. 水稻出芽后，如何播种育秧？
	7. 何时可以插秧？如何插秧？
	8. 肥料的种类、来源与加工、使用方式是怎样的？
	9. 如何田间防虫、除草？
	10. 如何灌溉？

续表

主题	具体问题
（二）农作物的生产、技术	11. 水稻成熟后，收割的方式如何？
	12. 水稻如何晒干、储存？
	13. 水稻怎么清理、脱壳？
	14. 水稻怎么销售？
	15. 当地如何食用和利用水稻？水稻可以加工成什么产品？

续表

主题	具体问题
（三）农具的制造、保存和使用	1. 本地农具有哪些？
	2. 以锄头为例（最好拍照或画图） （1）锄头是用什么材料制作的？ （2）锄头是什么形状大小的？ （3）锄头一般用来干什么？

续表

主题	具体问题
（四）农业风俗习惯	1. 农业劳动的方式与休息方式如何安排（即时间、饮食等如何安排）？
	2. 有无共同劳动？
	3. 有无劳动时唱的歌？
	4. 有无与农业相关的信仰（如土地神）、仪式（如春耕前的仪式）和节日（比如尝新节）？
	5. 有无烧田耕种？烧田有什么方法？
	6. 当地有哪些农谚？

附：农业类传统生态知识汇总登记表

农作物	农作物特征（形状、颜色、习性等）（最好配图）	农作物的生产流程	用到的农具	备注

第五步，选择传统生态知识的调查方法。

传统生态知识的田野调查实践基本原则是：参与族群生活，深度交流访谈，面向知识经验，不拘语料形式。

传统生态知识田野调查者应积极并有恒心地驻扎在语言社区，深度参与族群生活，广泛接触社区群众，而不是以自己完成课题和撰写论著为导向，走马观花地收集快餐式语言资料。也就是说，调查者要以饱满的热情、足够的时间和精力，投入少数民族社区的语言生活中。要充分认识到，调查传统生态知识的过程是一种劳动体验过程，是学习一种新的系统知识经验的过程。调查的目标是传统生态知识，工作进程以学习和获得本土知识为导向，调查者应培养自身对民族社群知识经验的敏感，而不是满脑子里想着只要获得某些发音、语音现象、构词、形式和语法特点方面的样本资料，后者是现在大多数语言调查研究者的思维方式和行为习惯，一定要努力去除这种惯势，实现从单纯语言形式的敏感到民族语言传统生态知识内容的敏感之转向。

在传统生态知识的调查操作中，可采用以下几种方法。

1. 随机询问法

在刚开始进入要调查的语言社区时，对当地情况还不太熟悉，可与他们同食同住并观察他们的日常生活，无论什么事物什么事件，只要不触犯当地禁忌，感兴趣的话都可详细询问并做好记录。这种不带问题意识，不选择某个固定的采访对象，随机与民族社群展开深入的交谈，可快速了解当地各方面的情况。

2. 访谈法

访谈是调查传统生态知识非常重要的一种手段，具体有如下几种操作方法。

（1）叙事主导式的单人口述法。

这种口述方法，以受访者为主导，由访谈者提出一个主题发问，启动受访者的主叙述。受访者开始叙说时，访谈者不宜以提问题的形式进行询问，来打断或干扰受访者叙说的进行，以期确保叙说内容的品质。在这个过程之中，访谈者只能作为一个听众，使用某些声音信号，如鼓励受访者继续叙说的"嗯"，或者是使用身体语言，或者是一个眼神，来传达其对叙说者的故事与观点的同情和理解。

与其他访谈方法比较，叙事访谈方法常常以"引导出与整体故事相关的叙说"来主导整个访谈过程。其特点在于，在访谈过程中，受访者的叙说能够获得某种程度的独立性，能清楚呈现个人实际的生命历程，揭露"它真实的本来面貌"。但每个人掌握叙说的程度都不同。因此，叙事访谈法也不见得总是最佳的口述史访谈法。因为不是每个受访者都擅长用叙说的方式来表达受访者自己的经历。事实上，在口述史的访谈中经常遇到沉默寡言、害羞、不善沟通或言行保留的人，这个时候，就不适合使用这种方法。

（2）问答式的单人访谈法。

以单一访谈者作为访谈对象，访谈多采用研究者与受访者一问一答的方式。这种问答式的单人访谈法，研究者在访谈进行之前，应当根据研究的问题与目的，设计访问大纲，作为访谈指导方针。不过，在整个访谈进行过程中，访谈者也不必根据访谈大纲的顺序来进行访问工作。通常访谈者也可以依实际情况，对访谈问题的询问程序、提问的方式，甚至是问题的具体内容，做出一些相应的弹性调整。

也就是说，这种访谈法由访谈者提问来推动。访谈者的问题包括两种，一种是事先设定的主导性问题，另一种是随机问题。一般来说，主导性问题和随机问题这两种方法是混合着使用的。主导性问题一般应当是明确的预先设定的问题，先让受访者说出他们认为最具意义的事情，以开放式询问方式进入访谈比较稳妥。一般而言，口述访谈中大部分的问题都应该是开放性的问题，让受访者能提供资讯、说故事、给予细节并持续不断地说下去。当然，随机的开放性问题在访谈中有着重要地位，这样才能让受访者能够提供更深入、更加丰富的信息，也不会让受访者过度转换话题，过度掌握访谈。

（3）多人参与的群体访谈法。

群体访谈是指一到两名研究者同时对两人及两人以上进行访谈，通过群体成员相互之间的互动对研究的焦点问题进行探讨。我们可将民族社群的若干群众召集在一起，就当地生态环境等话题自由座谈聊天，场所自由，时间也不限。话题可由调查人预先准备，座谈聊天时进行提示引导，比如调查人希望深入了解当地的蚕养殖技术，可邀请当地养蚕有经验的若干人员，并以"蚕养殖"为话题，事先准备若干问题，引导他们进行讨论。当然，话题也可以由参与者根据自己的兴趣和知识经验选题议论。调查人不是提问者，而是中介人、辅助者、协调人、观察人，以及轻松自由、安全和平氛围的营造者。集体访谈法应把握以下原则：一是座谈聊天人员要有代表性；二是人数以三四人为宜；三是聊天是讨论式的，有权威讲述，也有争议和怀疑，传统生态知识是在聊天谈话中根据各人的见识、记忆、经验建构的。群体访谈使访谈本身成为研究的对象，可以对研究的问题进行集体性的探讨，在访谈的过程中，以集体的方式建构知识。

以上访谈方法各有利弊。群体访谈的弊端是，一些善于表达的人对谈话的方向产生一定的影响，而且很有可能会剥夺其他人发言的可能，或者是访谈会沦为受访者之间的聊天谈笑，而无法紧紧围绕主题。另外，通过这种访谈方法获得的资料，往往会比较杂乱。反之，从事单个人的口述访谈，虽然会耗时，但因为受访者的异质经验，却使研究者非常容易能从访谈中把握那些细微的知识点，从而使收集到的口述资料比群体访谈法所收集到的口述资料，内容更加详尽、丰富。对于传统生态知识的访谈来说，群体的初步访谈有时候是打破现状并刺激记忆的最好方法。

3. 个体跟踪法

重点关注少数民族社区的本土知识能人，如长老、巫师、土郎中、生产劳动能手、手艺人，以及政府近些年认定的非物质文化遗产传承人，如有可能，拜师学艺，经常跟随他们询问和学习。在跟随的过程中，详细记录本土知识能人叙述和展示的知识内容。在经得许可的情况下，尽可能随时配带数字录音或摄像机进行录制和拍摄，必要时应采集实物样本或标本。

4. 音像引导法

事先搜集相关图片、音频、视频，或直接在当地社区拍照、录音、摄像，比如拍摄动物、植物、食物、建筑、地理景观、工艺品等；采录鸟叫、虎吼、虫鸣等动物声音的音频；采录手工艺制作、食品制作和处理、工具制造、种植作物、建筑施工等的录像视频；等等。通过这些材料引导调查对象讲解、口述当地的传统生态知识，比如根据穿山甲的图片，引导本土知识能人说出它的名称、用途、生活习性。这种方法还可以用来考查传统生态知识的传承情况。比如挑选近100张当地常见的，尤其是特色动植物的图片，再选取老中青三代人作为调查对象，对图片进行识别、解说，从而了解和评估当地族群对传统动植物知识的传承情况。

5. 地图引导法

利用已有的地图，或根据自己的观察绘制一幅尽量详细的当地地图，充分发挥地图形象、直观的特点，引导当地人口述当地的自然地理环境等。比如我们可以指着地图的某个区域询问"这块区域有多少山峰？高度大概多少？""这个山叫什么名字？为什么叫这个名字？"等来获取当地目前的地形地貌知识，或通过询问"这条河很早以前就有吗？"来了解当地的地形地貌变化情况；也可以通过询问"这块地域有无矿产？有什么矿产？"来获取当地的矿业知识；还可以通过询问"这块区域哪些动物较多？""这些动物迁移的方向和路径情况如何？"等来获取动植物的地理分布知识和动物迁徙知识。地图引导法在了解某些生态环境知识时有特殊的作用，可以刺激调查对象的回忆和联想，并能尽量减少可能被遗忘的细节。

除了上述方法以外，实际调查操作中，调查者应根据民族社区的人员、环境和语言生活实际状况，寻求和创新其他有效的方法手段。

第六步，选择重点调查对象。

应该选择当地生态知识丰富、能力强的关键人物作为传统生态知识的重点调查对象，但至少应该考虑三个变体：一是行业变体，应该针对调查项选择不同领域的行家，比如农业种植专家、林业专家、植物专家、中草药专家、巫医、手工业世家等。二是性别变体，男女熟悉的生态知识领域有区别，比如墨西哥的 Rarámuri 社区，女性更了解可作药物使用的植物情况，男性则更熟悉作为建筑材料或商品的植物种类和性能。① 三是年龄变体，青年、中年、老年等不同年龄段的群体掌握的传统生态知识也有明显区别。

第七步，开展实地调查。

建议先在不触犯禁忌的前提下在当地多多走动，一方面自行观察、了解自然生态和人文生态概况与特征；另一方面准备可用于后期访谈、测试等用的图片、音像、实物样本资料，作为口头或基于文本的问题或提示的视觉补充。例如，用来描绘植物和动物物种的照片，动物叫声音频、景观

---

① CAMOU-GUERRERO A, REYES-GARCÍA V, MARTÍNEZ-RAMOS M, CASAS A. Knowledge and use value of plant species in a Rarámuri community: a gender perspective for conservation [J]. Hum Ecol, 2008, 36: 259 –272.

单元或天气录像、手工艺品制作录像、土壤样本、植物标本、矿物标本等。

接着，可以针对不同的领域通过个人访谈、个体追踪、实地观察、地图引导等方法，详细分类记录各项传统知识情况。

最后，根据访谈得到的信息去当地社区通过拍照、录音、摄像等方式搜集相关材料和证据，比如补充拍摄动物、植物、食物、建筑、地理景观、工艺品等的图像；补充采录鸟叫、虎吼、虫鸣等动物声音的音频；补充采录手工艺制作、食品制作和处理、工具制造、种植作物、建筑施工等的录像视频；等等。此外，在条件允许下，还可以收集和制作相关动植物标本，作为证据保存。

第八步，鉴定分类和整理编目。

对获取的信息进行核实和鉴定，剔出不准确的信息，再对所有资料进行整理，按知识领域分类、编目，形成当地社区的传统生态知识报告和档案，然后将结果报告给社区，并讨论其意义，还要根据他们的意见对调查报告进行修正。

（三）传统生态知识丰富度的评估模式

传统生态知识丰富度指标值的最终评估，采用科学的等级计分法是最为直观的。用十分制表示的原始分数来对语言生态情况进行层级划分，比较直观、方便，不仅能够正确得出传统知识丰富度的现状，而且能够对它们的等级进行基本的定位。尤其是评估对象样本较少的时候，可以直接对语言中传统生态知识丰富度状况做出定性判断。因此，这也是本研究选择使用的方法。该方法的计量模式分为三步。

第一步，指标赋值，即按照百分的总分值，根据指标的重要性程度确定各指标所占的具体分值。指标重要性分级赋值方法可以采用德尔菲专家咨询法。具体参看语言生态状况评估采用的权重赋值法。

第二步，指标内容描述及测度分级。语言中的传统生态知识丰富度评估结果最终给传统生态知识丰富度状况定为哪级，依赖于各个指标的评判。因此指标内容涵盖的情形需要进行分级描述。见表5－7。

表5-7 传统生态知识丰富度指标分级及其内容描述

一级指标	二级指标	评分等级					
		10分	8分	6分	4分	2分	0分
A1	A1-1	植物类词汇数量>3000种	植物类词汇数量>2000种,≤3000种	植物类词汇数量>1000种,≤2000种	植物类词汇数量>500种,≤1000种	植物类词汇数量>100种,≤500种	植物类词汇数量≤100种
	A1-2	动物类词汇数量>3000种	动物类词汇数量>2000种,≤3000种	动物类词汇数量>1000种,≤2000种	动物类词汇数量>500种,≤1000种	动物类词汇数量>100种,≤500种	动物类词汇数量≤100种
	A1-3	地理类词汇的数量>1000种	地理类词汇的数量>800种,≤1000种	地理类词汇的数量>500种,≤800种	地理类词汇的数量>300种,≤500种	地理类词汇的数量>100种,≤300种	地理类词汇的数量≤100种
	A1-4	气候类词汇的数量>1000种	气候类词汇的数量>800种,≤1000种	气候类词汇的数量>500种,≤800种	气候类词汇的数量>300种,≤500种	气候类词汇的数量>100种,≤300种	气候类词汇的数量≤100种
	A1-5	食物类词汇的数量>1000种	食物类词汇的数量>800种,≤1000种	食物类词汇的数量>500种,≤800种	食物类词汇的数量>300种,≤500种	食物类词汇的数量>100种,≤300种	食物类词汇的数量≤100种
	A1-6	农林牧渔活动词汇的数量>1000种	农林牧渔活动词汇的数量>800种,≤1000种	农林牧渔活动词汇的数量>500种,≤800种	农林牧渔活动词汇的数量>300种,≤500种	农林牧渔活动词汇的数量>100种,≤300种	农林牧渔活动词汇的数量≤100种

续表

一级指标	二级指标	评分等级					
		10分	8分	6分	4分	2分	0分
A2	A2-1	生产劳动知识类俗语的数量>200种	生产劳动知识类俗语的数量>140种，≤200种	生产劳动知识类俗语的数量>100种，≤140种	生产劳动知识类俗语的数量>60种，≤100种	生产劳动知识类俗语的数量>20种，≤60种	生产劳动知识类俗语的数量≤20种
	A2-2	气候类俗语的数量>200种	气候类俗语的数量>140种，≤200种	气候类俗语的数量>100种，≤140种	气候类俗语的数量>60种，≤100种	气候类俗语的数量>20种，≤60种	气候类俗语的数量≤20种
	A2-3	生活常识类俗语数量>200种	生活常识类俗语的数量>140种，≤200种	生活常识类俗语的数量>100种，≤140种	生活常识类俗语的数量>60种，≤100种	生活常识类俗语的数量>20种，≤60种	生活常识类俗语的数量≤20种
A3	A3-1	蕴涵传统生态知识的传统民间故事的数量>40种	蕴涵传统生态知识的传统民间故事的数量>30种，≤40种	蕴涵传统生态知识的传统民间故事的数量>20种，≤30种	蕴涵传统生态知识的传统民间故事的数量>10种，≤20种	蕴涵传统生态知识的传统民间故事的数量>1种，≤10种	蕴涵传统生态知识的传统民间故事的数量≤1种
	A3-2	蕴涵传统生态知识的传统民间歌谣的数量>40种	蕴涵传统生态知识的传统民间歌谣的数量>30种，≤40种	蕴涵传统生态知识的传统民间歌谣的数量>20种，≤30种	蕴涵传统生态知识的传统民间歌谣的数量>10种，≤20种	蕴涵传统生态知识的传统民间歌谣的数量>1种，≤10种	蕴涵传统生态知识的传统民间歌谣的数量≤1种
	A3-3	蕴涵传统生态知识的传统民间传说的数量>40种	蕴涵传统生态知识的传统民间传说的数量>30种，≤40种	蕴涵传统生态知识的传统民间传说的数量>20种，≤30种	蕴涵传统生态知识的传统民间传说的数量>10种，≤20种	蕴涵传统生态知识的传统民间传说的数量>1种，≤10种	蕴涵传统生态知识的传统民间传说的数量≤1种

第三步，监测指标内容级次分值计算，得出评估结果。

上面已经提出，在评估等级和指标描述分级上都采用 6 分法。实际上，从统计学角度衡量，测评系统也大多控制在 5 至 6 级。我们给六种等级设置的分值分别为 10、8、6、4、2、0 分，与评估等级一致降序排列。基本分值采用偶值而不是自然数列，主要是为了统计上拉开各级的分值距离。指标分值的统计算式采用多目标线性加权函数法。

$$S = \sum_{j=10}^{m} \left(\sum_{i=1}^{n} A_{ij} B_{ij} \right) C_j$$

式中，S 为总得分；

A_{ij} 为第 j 个要素中第 i 项单项指标的分值；

B_{ij} 为第 j 个要素中第 i 项单项指标的权重；

C_j 为第 j 个要素的权重；

n 为第 j 项要素中具体指标的个数；

m 为准则层因子的个数，本模型取 10。

根据上述算式，传统生态知识丰富度评估结果分值最高 10 分，最低 0 分。见表 5 – 8。

表 5 – 8　语言中传统生态知识丰富度评估分级表

等级	最佳	良好	一般	较差	差	极差
得分（分）	8.5～10（含8.5分）	6.5～8.5（含6.5分）	5～6.5（含5分）	3.5～5（含3.5分）	1.5～3.5（含1.5分）	0～1.5

二、传统生态知识传承率的测定

传统生态知识传承率的测定，即了解传统生态知识的传承情况，明确其是否真的被侵蚀、保留或增加，事实上就是传统生态知识活力状况的测定。比如语界以 Stanford Zent 为首的研究人员设计了世界首个传统环境知识的历时定量评估方案，并对若干社区跟踪评估和监测代际间的传统环境知识传承。[①] 传承率的测定一般应在完成丰富度调查的基础上进行，基本步骤如下。

---

① ZENT S, MAFFI L. Methodology for Developing a Vitality Index of Traditional Environmental Knowledge（VITEK）for the Project "Global Indicators of the Status and Trends of Linguistic Diversity and Traditional Knowledge." Final Report on Indicator No. 2. Terralingua：Salt Spring Island, 2010.

（一）设计传统生态知识测试表

（1）分配测试表各项分值。完成丰富度调查后，先根据当地实际情况，组织当地专家根据实际情况对测试表中的几大内容领域设置分值（总分100分），譬如植物类15分、动物类10分等。比如西双版纳傣族传统生态知识测试表分值经咨询后可设置如下。见表5-9。

表5-9　西双版纳傣族传统生态知识测试表

内容领域	分值（分）
动物知识	10
植物知识	15
地理气候类知识	10
农业知识	15
畜牧业知识	5
食物制作、处理知识	20
传统医药知识	15
民间工艺知识	5
建筑知识	5

（2）设置题目。测试表应该分为两个类型的题目：一是封闭性题型，采用多项选择、是/否选择题、问答题等类型的题目，主要用于概念性知识的测试。二是开放性试题，通过提问、引导，启发调查者回答。比如提问，你是否造过捕鸟器？如果回答是，就要接着提问，最近一次制作捕鸟器是什么时候？是怎么制作的？注意测试表的内容多少需要与其分值统一，如植物类知识领域分值最高，其题量也是最多。

（二）对测试对象进行分组

（1）测试对象应按年龄分成不同组别，如可分四个组60～74岁、45～59岁、30～44岁、15～29岁，这样可以了解至少连续几代人的传统生态知识传承情况。

（2）测试对象应该分成男女不同组别，而且考虑到男女熟悉的生态知识领域不同，最好针对男女性别设计内容不同的测试表。

（三）开展测试并计分

通过测试表等对调查者开展测试和调查，并对其结果进行得分统计，总分100分。

（四）通过公式计算传统生态知识传承指数

传统生态知识传承指数主要是指用来计算和评估传统生态知识代际传承率的指数，具体可包括两个内容：一是"两代间的传承率"；二是"累计传承率"。

（1）两代间的传承率（RG），即任意连续两个年龄段之间的群体的传统生态知识传承情况。

公式为：

$$RG_t = g_t/g_r$$

式中，g_t是目标年龄段的平均分值，g_r是参考年龄段的平均分值。

目标内最老一代的RG_t值设为1。

可以根据得分将传承情况分为五个等级，见表5-10。

表5-10　传承情况表

传承率得分（分）	传承情况
0.8～1.0	传统知识传承情况好，绝大部分传统知识都得到传承
0.6～0.8（含0.8）	传统知识传承情况较好，大部分传统知识得到传承
0.4～0.6（含0.6）	传统知识传承情况一般，只有部分传统生态知识得到传承
0.2～0.4（含0.4）	传统生态知识传承情况较差，只有少数传统生态知识得到传承
0.0～0.2（含0.2）	传统生态知识传承情况极差，传统生态知识接近断层或已经断层

（2）累计传承率（RC），即目标内所有年龄段的人对传统生态知识的传承率累积起来得出的传承情况。

公式为：

$$RC_t = RC_r 10^{\log(RGt)}$$

目标内最老一代的RC_t值设为1。

对于一些传统生态知识传承情况不太乐观的族群，可以通过计算某一特定年龄段群体对传统生态知识掌握情况的年度变化率，以对传统生态知识的变化情况进行周期性的监测。

传统生态知识年度变化率的公式为：

$$CA_t = （RC_t - 1）/yg_t$$

yg_t是目标年龄组间隔的时间长度。

第四节 传统生态知识传承率测定示例
——以西双版纳勐腊县傣族为例

一、西双版纳勐腊县傣族概况

勐腊县，是云南省西双版纳傣族自治州下辖县之一，县境位于西双版纳自治州东南部，总面积 7056 平方千米。勐腊县境东、南被老挝半包，西南隅与缅甸隔澜沧江相望，西北紧靠自治州首府景洪市，北面则与普洱市的江城哈尼族彝族自治县相邻。

勐腊县位于云南省最南端，地处北纬 21°08′ 至 22°25′，东经 101°06′ 至 100°50′ 之间，辖区国土面积 6860.84 平方千米，山地占 95.63%，山间盆地（坝子）占 4.37%。勐腊县自然条件十分优越，地处北回归线以南，属亚热带季风气候，终年暖热，冬无严寒，夏无酷暑，县城海拔 640 米。县内平均气温 22℃，年平均最高气温 29.2℃，年平均最低气温 18.4℃；平均相对湿度为 86%，最低点 76%，出现于 3 月，最高点 91%，出现于 8 月，是云南省 3 个湿度最大的县份之一（另两个是屏边和麻栗坡）；年降水量 1941.8 毫米；年日照时数只有 1745.2 小时左右。

勐腊县是中国热带植物园所在地，是普洱茶的原产地，素有"动物王国"和"物种基因库"的美称。植物种类很多，有不少珍稀植物。到目前为止已识别的植物有 4000 多种，占全国植物总数的 12% 左右，其中有重要保护价值的有 300 余种，已被列为国家重点保护的有 52 种。主要树种有望天树、版纳青梅、四薮木、隐翼、团花、华南石栎等。境内有保存完好的原始森林 400 多万亩，森林覆盖率达 86.24%。当地动物数量也非常丰富，现已知的动物有 6000 多种，其中，鸟类 427 种，占全国鸟类总数的 16%，陆栖脊椎动物 500 种，占全国总数的 25%，被国家列为重点保护动物 97 种。主要动物有亚洲象、野牛、巨蟒、孔雀、白鹇等。县内还蕴藏着丰富的矿产资源，主要有铜、铁、铅、锌、石盐、钾盐等 13 种，既有外生矿产，又有内生矿床。

傣族是勐腊地区的最主要民族，居住区域大都集中在河谷及平坝，其日常生活、生产活动、医药卫生和宗教信仰等都与山上的热带森林和江河的水密切相关。降水充沛，河流纵横，森林茂盛，动植物种类繁多，这样的环境为他们创造了接触各种动植物的外在条件，加上主观上对"有用"

动植物的需求，而形成了丰富的、独特的民族传统知识体系。

二、测试过程

1. 设计测试试卷

调查员先采集样本，通过对当地人的咨询，选取一些当地的特色动植物（均有传统的傣语名称），并一一拍照或利用已有照片做成彩色图片，然后设计试卷，具体见表 5 – 11。

表 5 – 11　西双版纳傣族 TEK 传承率测试问卷（试用）

姓名		民族		年龄	
性别		职业		教育程度	

1.（1）依次说出下列图中植物的傣语名字？（6分）

图 1（具体到哪种竹）

图 2

图 3

图 4

续表

（2）请在下图中任意选择两种植物说说它们常生活在哪些地方。（4分）

图 5

图 6

2.（1）请依次说出以下动物的名称。（4分）

（2）请在下图中随意选择三种动物说说它们常吃的食物。（6分）

图 1

图 2

图 3

图 4

续表

3. 这种捕鱼器具的傣语名称是什么？为何在底部留有小孔？（5 分）

4. 请问这种傣族食物的名称是什么？说说它的制作材料。（5 分）

5. 请讲讲当地糯稻米耕种过程。（5 分）

6. 传统傣族民族干栏式竹楼建筑流程如何？（5 分）

7. 跌打损伤可以用哪些野生植物治疗？（还需说出使用方法）（5 分，说出一种得 1 分）

8. 抵抗湿气热毒可以用哪些野生草药？（还需说出使用方法）（5 分，说出一种得 1 分）

9. 傣族口功疗法基本程序是什么？（5 分）

续表

10. 制作傣族传统服装时，可以用哪些植物做染料以染不同颜色？（5分，说出一种得1分）
11. 知道哪些传统气候谚语？或能说出哪些征兆预示天气会发生变化，发生何种变化？（10分，说出一种得1分）
12. 请说说你所知道的传统农业工具及其用途。（10分，说出一种得1分）
13. 请说说傣族酿造米酒的过程。（10分）
14. 竹笋可以做成哪些食品？如何制作？（5分，说出一种得1分）
15. 哪些食物可以作为家养小黑猪的主食？（5分）

2. 选择调查对象

共计104人参与测试，测试者均为勐腊县勐仑镇本地傣族居民，涉及四个年龄段，男女各半，具体见表5-12。

表5-12

年龄（岁）	60～74		45～59		30～44		15～29	
人数（人）	26		26		26		26	
	男13	女13	男13	女13	男13	女13	男13	女13

3. 开展测试

本研究综合运用了实物引导法、个体访谈法等对测试卷的内容对测试者进行TEK传承率的测试。为保证测试结果的准确性，每个测试者都是单独进行测试的，由两名测试员（会傣语）通过引导、提问来进行测试。测试前先让测试者了解测试的内容、过程，再进行正式测试。试卷中前四题通过让测试者观看图片再进行提问，后四题直接进行提问，整个过程录音，并将答案写在试卷上。

4. 进行打分并分组统计

根据测试情况进行打分，总分100分。本次测试104名测试者的得分情况见表5-13。

表5-13　勐腊县傣族传统生态知识传承率测试得分

编号	性别	年龄（岁）	受教育程度	得分（分）	编号	性别	年龄（岁）	受教育程度	得分（分）
1	男	74	文盲	96	31	女	43	文盲	89
2	女	73	文盲	98	32	女	43	文盲	90
3	男	73	文盲	94	33	女	42	文盲	89
4	女	72	文盲	93	34	男	41	小学	88
5	男	71	文盲	92	35	男	41	文盲	89
6	男	71	文盲	91	36	男	41	小学	89
7	女	70	文盲	98	37	女	41	小学	89
8	女	70	文盲	96	38	女	40	初中	75
9	男	70	文盲	98	39	男	40	初中	78
10	男	69	文盲	97	40	男	39	初中	78
11	女	69	文盲	90	41	女	39	初中	78
12	男	69	文盲	95	42	男	39	初中	66
13	女	68	文盲	98	43	女	38	初中	78
14	女	68	文盲	95	44	男	38	初中	78
15	男	68	小学	95	45	男	38	小学	87
16	男	67	文盲	96	46	男	38	小学	77
17	女	67	文盲	94	47	男	37	高中	70
18	女	66	小学	94	48	男	37	初中	75
19	女	66	文盲	92	49	男	37	初中	80
20	男	66	小学	93	50	男	36	初中	77
21	男	66	文盲	93	51	女	36	大专及以上	65
22	男	64	文盲	93	52	女	35	高中	70
23	女	64	文盲	95	53	女	35	初中	76
24	女	64	文盲	90	54	女	33	高中	80
25	女	62	文盲	92	55	男	33	初中	76
26	男	60	文盲	92	56	男	32	高中	76
27	男	59	小学	92	57	男	27	初中	75
28	女	58	文盲	90	58	女	27	初中	87
29	男	56	小学	96	59	女	26	小学	65
30	女	55	小学	96	60	女	26	初中	60

续表

编号	性别	年龄（岁）	受教育程度	得分（分）	编号	性别	年龄（岁）	受教育程度	得分（分）
61	男	55	文盲	96	83	男	25	高中	60
62	女	55	小学	95	84	男	24	大专及以上	35
63	男	55	文盲	92	85	男	24	大专及以上	55
64	男	54	初中	87	86	男	24	初中	76
65	女	54	文盲	98	87	男	24	初中	60
66	女	54	小学	91	88	女	23	初中	60
67	男	53	文盲	89	89	女	23	高中	60
68	男	53	初中	87	90	女	23	高中	76
69	男	52	文盲	89	91	女	22	初中	60
70	女	50	小学	85	92	女	21	初中	60
71	女	50	文盲	88	93	男	21	初中	60
72	女	50	文盲	85	94	男	21	初中	60
73	男	50	文盲	85	95	女	20	大专及以上	55
74	男	50	文盲	85	96	男	20	高中	76
75	男	49	文盲	85	97	女	20	初中	60
76	男	49	初中	84	98	女	19	初中	86
77	女	49	初中	87	99	男	19	高中	55
78	女	49	小学	84	100	男	19	高中	60
79	女	48	文盲	83	101	男	18	高中	45
80	女	47	小学	95	102	女	18	初中	60
81	男	46	小学	84	103	女	18	初中	69
82	女	45	小学	89	104	女	16	高中	60

再分组统计得分情况，不同年龄组平均得分情况见表5-14。

表5-14 不同年龄组平均得分情况

年龄组（岁）	平均得分（分）
老年组60～74	94.2
中年组45～59	89.1

续表

年龄组（岁）	平均得分（分）
壮年组 30～44	79.3
青年组 15～29	62.9

不同性别组的平均得分情况见表 5 – 15。

表 5 – 15　不同性别组的平均得分情况

性别组	平均得分（分）
男性组	81.8
女性组	80.9

通过公式计算两代间的传承率：

两代间的传承率（RG），即任意连续两个年龄段之间的群体的传统生态知识传承情况。

公式为：

$$RG_t = g_t / g_r$$

式中，g_t 是目标年龄段的平均分值，g_r 是参考年龄段的平均分值。

目标内最老一代的 RG_t 值设为 1。

根据这个公式，老年组、中年组、壮年组、青年组四组的传承率分别如下：

（1）中年组—老年组的传承率 = 89.1/94.2 = 0.95

（2）壮年组—中年组的传承率 = 79.3/89.1 = 0.89

（3）青年组—壮年组的传承率 = 62.9/79.3 = 0.79

由此可见，代际传承率在逐渐降低。

5. 结果分析

从调查结果来看，勐腊县傣族 TEK 传承存在明显的年龄级差。年龄超过 50 岁，特别是 60 岁以上的高龄老人能够掌握大量的传统生态知识，并且对多种植物的形态特征、生长环境、药用价值及使用方法十分熟悉，但年龄处在 45 岁至 59 岁的中年人掌握的植物词在数量上要少于 60 岁以上的老人。30 岁至 44 岁的调查者也能掌握较多的传统生态知识，但开始与中老年人拉开一定的差距，掌握的 TEK 词数量较中老年调查者更少，对动植物利用价值的了解也不如年纪更大的调查者。这部分调查者往往只了解药物的一部分疗效，在陈述药物的功效和用法时语气也更为犹豫。而 30 岁以下的青年调查者掌握的传统生态词汇则十分有限，只能识别少数几种常见的动植物名称。

一方面，不同年龄段的群体传统生态知识有些许不同，这是与个人生活经验有关联。传统生态知识在不同年龄段的不同传承情况，也反映出个人实践与语言的关系。语言使用者年龄越大，个人的生活实践便越丰富，其个人积累的传统生态知识也会随之增长。40 岁以上的中老年人，大多数拥有长期的农业、家庭生活经验，善于关注各个家庭成员的身体状况、处理多种疾病发作情况，因此他们能够在长期的生活实践中，逐渐积累起数量众多的动植物词汇和传统生态知识。而 30 岁至 40 岁的青年人，往往处于婚后家庭生活的初级阶段，仍在不断学习传统知识的过程中，其所积累下来的传统生态知识虽然不及中老年人丰富，但也有一定的数量。而年龄不及 30 岁的青年人，由于照顾家庭的经验不足，又缺少专门学习传统生态知识的意识，因此没能掌握傣语中的部分传统生态词汇和知识。

另一方面，测试结果显示这种代际传承率逐渐降低，且降低幅度较大，说明傣族 TEK 传承面临危机，这种危机是跟自然环境变化、生存生活方式改变息息相关的。

首先，生态环境改变是 TEK 传承率下降的主要影响因素。近年来，西双版纳地区由于城市扩张疯狂建设、大量砍伐树木、大规模种植茶叶及橡胶树等造成生态环境的急剧变化，动植物种类逐渐缩减。于是，人们越来越少记起传统生态词汇和俗语，而语汇蕴含着的各种价值亦逐渐枯竭。

其次，生产生活方式转变也是 TEK 变化的主要影响因素。近年来随着现代化进程加速，傣族的生产生计方式发生了转变，自给自足的种养殖生活正在慢慢被现代化生产所替代。60 岁以上的老人出生在 20 世纪 60 年代以前，在那个基础设施落后、医疗技术水平欠发达的年代，他们要上山砍柴作燃料、用中草药来治病，便经常行走于山岭、野外，也就不得不与周围生长的各种动植物打交道。而随着时代的变化，城市化的推进改变了他们的生活方式，他们不再需要从山林中直接获取生活资源，现代科学体系的建立也使得他们减少了对传统生态学知识的关注，致使一些传统生态知识逐渐淡忘。

针对以上原因，我们对提高勐腊县傣族传统生态知识传承率提出如下建议：

1. 做好传统生态知识的记录和保存

对傣族 TEK 进行田野调查，在此基础上摸清傣族传统生态知识的现实存量、濒危现状、传承与保护现状、主要传承人或知识持有者等。并对传统生态知识进行记录，既要利用口述方式、书面纸质材料，也要利用现代科学技术，如拍照、录音、摄像等现代多媒体技术，更加生动、形象地将傣族传统生态知识记录下来。根据所获得的第一手资料，对处于不同保留现状的各类传统生态知识进行分级、分类保护。将那些拥有浓厚文化底蕴、丰富生态知识的傣族村落和极具价值的、处于濒危状态的传统生态知识作为重点保护对象，实施相应的保护措施。

2. 增强傣族文化自信

国家应就传统知识的价值表明态度，加强对传统知识的重视，对传统知识包含的精华部分进行宣传和讲解，为各族地方性知识的传承与保护创造良好的社会氛围，起到政策导向的作用，增强知识持有者及其所在群体的文化自觉和文化自信，使他们自觉自发地进行知识的传承与保护。

3. 结合传统知识发展地方产业

傣族保留和传承的传统知识可以深入探索与实践，发展特色产业，例如，通过科技提高传统品种产量，通过育种栽培可持续利用药用植物，通过饮食产业传承地方知识和文化等。生态移民安置区需因地制宜，充分尊重移民意愿，在产业结构上充分考虑傣族的优秀传统知识，增强发展的内生动力。如对发展傣族中药材产业、地方特色产品进行专项扶持、给予种子（种苗）补贴、加大技术培训和科技指导力度等。

4. 加强生态环境的修护

各级林业、环保、土地部门要严格执法，严肃查处砍伐森林，减少或禁止经济林开发，禁止对森林、竹林进行砍伐等，持续增加生态林面积等。只有生态环境得到修护，TEK才能得到持续传承的土壤。